江苏高校优势学科建设工程资助项目

周晓虹 主编

紫\金\社\会\学\论\丛

权益、关系与制度

——十年(2001—2011)劳工研究

刘林平 著

中国社会科学出版社

图书在版编目（CIP）数据

权益、关系与制度：十年（2001—2011）劳工研究/刘林平著.
北京：中国社会科学出版社，2012.4
ISBN 978 - 7 - 5161 - 0705 - 8

Ⅰ.①权… Ⅱ.①刘… Ⅲ.①珠江三角洲—民工—社会保障
制度—研究 Ⅳ.①F323.89

中国版本图书馆 CIP 数据核字（2012）第 065966 号

权益、关系与制度：十年（2001—2011）劳工研究　　刘林平著

出 版 人	赵剑英
策划编辑	王　茵
责任编辑	王　茵
责任校对	刘晓红
封面设计	大鹏工作室
技术编辑	王炳图

出版发行	中国社会科学出版社
社　　址	北京鼓楼西大街甲 158 号　　邮　编　100720
电　　话	010 - 84029451（编辑）　64058741（宣传）　64070619（网站）
	010 - 64030272（批发）　64046282（团购）　84029450（零售）
网　　址	http：//www.csspw.cn（中文域名：中国社科网）
经　　销	新华书店
印　　刷	北京君升印刷有限公司　　装　订　廊坊市广阳区广增装订厂
版　　次	2012 年 4 月第 1 版　　　印　次　2012 年 4 月第 1 次印刷
开　　本	710×1000　1/16
印　　张	18.25　　　　　　　　　　插　页　2
字　　数	300 千字
定　　价	49.00 元

社会学学术共同体的锻造与延续（代序）

周晓虹

　　《紫金社会学论丛》的"紫金"取意南京大学仙林校区所毗邻的紫金山麓，钟灵毓秀的中山陵和明孝陵静卧其间，是古都南京的标志与象征；而"论丛"编辑的直接动因自然与江苏省人民政府 2010 年启动的"江苏高校优势学科建设工程"有关，在这一年里，经过学校申报、资格初审、专家评审和网上公示等程序，江苏省人民政府共在 29 所高等学校确立了 92 个学科作为一期建设的立项学科，南京大学社会学院所属的社会学学科有幸忝列其中，成为南京大学入选"江苏省优势学科"的七个人文社会科学学科之一，[①] 也是江苏省高等学校入选的唯一的社会学学科；但从更为深刻和广远的动因上说，编辑这样一套丛书其实不仅为了体现改革开放暨社会学重建 30 年来南京大学社会学学术共同体的锻造与学术思想的积累，也为了反映自 1928 年起南京大学社会学系之前身原中央大学社会学系和金陵大学社会学系的精神传承与学术脉络的延续。这其实也是在编辑出版这套十六卷本的《紫金社会学论丛》的同时，我们开始与社会科学文献出版社合作，编辑出版《孙本文文集》（十卷本）和《柯象峰文选》（一卷本）、《乔启明文选》（一卷本）的原因所在。从某种程度上说，这两套丛书，就是 80 余年来（自然其中有 30 年的断裂）南京大学社会学学科的主要精华之所在。

---

　　① 　南京大学入选"江苏省优势学科"的七个人文社会科学学科是中国语言文学、历史学、哲学、外国语言文学、社会学、理论经济学和工商管理学，另外入选的还有数学、物理学、化学、天文学等十一个自然科学学科。

一 学科发展与学术积累

80余年前，即1928年，位居南京的国立中央大学建立了社会学系，在其鼎盛时期由著名社会学家孙本文教授担任系主任；稍后，1910年成立的私立金陵大学也建立了社会学系，先后由著名社会学家吴景超、柯象峰教授担任系主任。1949年前，虽然旧中国兵荒马乱、民不聊生，但两所大学社会学系的师生们却为中国社会学的建设和社会学学科的本土化作出了自己的贡献。曾担任国民政府高教司司长的孙本文教授，在兼任繁忙的行政工作的同时，写出了至今仍有较高学术价值的《社会学原理》、《社会心理学》和《现代中国社会问题》等著作，成为当时的中国社会学综合学派的代表人物，并且至今仍然影响着海峡两岸的社会学和社会心理学的发展；而柯象峰教授则通过广泛的社会调查，表现了社会学家的民生情怀，他撰写的《中国人口政策》、《社会救济》和《中国贫穷问题》等著作，一样成为旧中国社会学的经典之作。而且，无论是孙本文，还是柯象峰，他们的社会学研究都表现出了"面向中国"的鲜明特色，他们的中国意识和本土化努力，不仅促进了1949年前社会学在中国的健康发展，而且为今天的南京大学社会学积累了丰富的历史底蕴。

1952年，由原中央大学文理学院和金陵大学文理学院组成的南京大学，受当时的政治氛围之影响，在院系调整中停办了社会学系。此后30余年社会学学术薪火的失传，至今仍是南京大学每一位社会学学子的心头之痛。

感谢1978年开始的改革开放，它在彻底扭转中国社会的走向、改变13亿中国人民命运的同时，也使社会学这样一门在中国被取缔30年之久的学科枯木逢春。1983年，在中国社会全面开放的大背景下，在社会学被取消30余年后，南京大学成立了社会学研究室，由葛林教授担任研究室主任。1986年，在葛林教授主持下，南京大学建立了社会学硕士点，开始招收社会学研究生，成为国内第一批恢复社会学的综合性大学之一；1988年10月，在多方奔走和呼吁之下，在时任南京大学校长的曲钦岳院士、主管文科的副校长余绍裔教授的支持下，南京大学成立社会学系，由宋林飞教授担任系主任。此后的13年间，南京大学社会学学科获得了诸多发展：1996年继北京大学和中国人民大学之后，南京大学成为国内高等学校中第三个拥有社会学博士学位授予权的单位；社会学系教师也从 7 人增长到 21 人。

2001 年 5 月 16 日，周晓虹教授接替宋林飞教授，出任社会学系主任，社会学系也在当年秋季并入公共管理学院。在时任南京大学校长蒋树声教授、主管文科的副校长洪银兴教授以及公共管理学院院长张永桃教授的支持下，社会学系的发展开始进入新的历史时期。在这一时期，社会学系的发展朝向正规化和国际化两个方向迈进。就正规化而言，社会学系开始从教学到科研、从教师到学生进行了一系列的卓有成效的改革，这些改革措施包括：

为了保证学术薪火的有效传承，从 2001 年起，我们开始尝试建立完善的教学体系。首先根据专业的需要，全面充实、完善了社会学教学计划；自 2001 年秋季开始，连续 10 年印制了《研究生教学手册》和《本科生教学手册》，使学生能够对他们未来 4 年（本科）甚至 10 年（本科—博士）的学术训练有所了解。

也是在同一时期，社会学系开始设立访问教授制度，在每年的暑假邀请国内外著名的社会学家、人类学家、心理学家为研究生和本科生开设学分性课程。10 年来，除了邀请费孝通、郑杭生、陆学艺、金耀基、林南、裴宜理（Elizabeth Perry）、傅高义（Ezra Vogel）、怀默霆（Martin Wyhte）、Edward Friedman、Thomas Bernstein、苏黛瑞（Dorothy J. Solinger）、Mark Selden、David Goodman 等中外社会学家和社会科学家前来讲学，我们还邀请了李培林、李强、马戎、李路路、王铭铭、张静、渠敬东、应星、陈向明、Bryan Turner、Charles Stafford、金光亿、西原和久和 Flemming Christiansen 等数十位社会学家、人类学家、心理学家和教育学家担任访问教授，为学生开设了相应的学分性课程，不但扩展了青年学生的学术视野，也促进了青年教师与学术界的联系和交流。

我们在国内率先建立了拥有 25 部 IPP 电话和 25 台电脑的"电话访问中心"，2003 年 SARS 期间组织研究生进行了全国 5 大城市 2000 户居民的"SARS 流行的公众反应和社会后果调查"；2006 年则与本校新闻传播学院合作，组织了有 130 位师生参加的规模浩大的全国 10 大名村"社会主义新农村建设"调查，为学生了解中国社会、了解普通百姓提供各种便利。

我们向学生提供经济和学术支持，连续 10 年编辑出版了学生刊物《视野》，为年轻学子们的最初的学术眺望搭建了观景平台；《视野》的出版不仅为学生们的作品提供了发表的园地，也培养了学生们的学术品位和学术兴趣，单单一个《视野》编辑部在最近 10 年中就有许多同学前往剑桥大学、哈佛大学、耶鲁大学、康乃尔大学、加州大学和其他多所海外著名大学深造就说明了这一点。

就国际化而言，2001 年后，南京大学社会学系在其所属的各个领域同样迈开了坚实的步伐，采取了一系列举措，力图打破在先前的发展中因地域等因素带来的视野瓶颈。这些举措包括：

将"当代中国研究"确立为南京大学社会学学科的重点研究领域，不但接续了自中央大学和金陵大学起"面向中国"的社会学传统，而且也找到了与国际社会学界和当代中国研究学界积极对话的渠道与空间。2002 年、2007 年和 2008 年，三次"中国社会与中国研究"国际学术研讨会，不但规模越来越大、主题越来越多，而且研讨会本身也越来越受到国际学术界的关注和支持；而自 2010 年起，我们与哈佛大学、世界大学联盟（WUN）、悉尼大学、利兹大学联合举办的"中国研究国际暑期班"同样赢得了国际诸多高校和研究机构的目光，他们派出了优秀的教师和学生参加教学和研讨，南京大学已经成为中国研究重要的本土基地。

在积极从事国际学术交流的同时，社会学系还在师资建设和人才引进方面制定了积极的国际化战略。自 2001 年起，10 余位毕业于海外著名大学的社会学、人类学、人口学、社会工作和心理学博士加盟南京大学社会学系，他们带来了新的学术理念和学术活力；与此同时，越来越多的社会学系教师也走向世界各地，或访学，或参加国际研讨会，或进行国际合作，频繁的交流为南京大学社会学学科带来了前所未有的活力。

经过多年的努力，上述正规化和国际化的举措带来了南京大学社会学学科与整个社会学系的进步。2001 年，南京大学社会学学科被江苏省人民政府列为重点学科；2002 年，南京大学社会学系获准建立社会学一级学科博士后流动站；2007 年，南京大学社会学学科被教育部列为"国家重点学科"，并在同年被江苏省人民政府列为江苏省一级重点学科；2010年，南京大学社会学学科获得一级学科博士授予权，同年入选江苏省高校重点优势学科。在 2008 年教育部主持的学科评估中，南京大学社会学学科名列国内社会学学科第 3 名，这也是南京大学人文社会科学诸多学科在全国学科评估中获得的最好排名。

在学科发展的同时，社会学系的教师和专业规模也不断扩大：2008

年，社会学系教师增长到 40 人，其中不仅拥有博士学位者几乎达到
100%（这也是南京大学第一个教师拥有 100% 博士学位的学科），而且
1/3 以上拥有海外大学的博士学位，教师们的学科背景也延展到社会学以
外的人类学、心理学以及社会工作与社会政策等领域；与此相应，社会学
系下属的本科、硕士和博士专业也从社会学延展到心理学、人类学、社会
工作及其他相关专业。这样一种学科构架的变动，决定了原有的社会学系
的构架不再适应学科的发展。2008 年 10 月 24 日，经学校批准，南京大
学社会学系正式扩建为社会学院（School of Social and Behavioral Sci-
ences），下设社会学、心理学、社会工作与社会政策三个系和社会人类学
研究所，社会学院开始进入多学科竞争与繁荣的新阶段。

二 学术共同体的锻造与延续

在讨论南京大学社会学学科的发展历程之时，美国科学史家托马斯·
库恩关于科学或科学家共同体的论述是有借鉴意义的。在库恩看来，科学
尽管是由个人进行的，科学知识在本质上却都是集团的产物。正是基于这
种知识群体的特殊性，科学家共同体或我们这里称呼的学术共同体自然会
成为科学社会学的研究对象。从库恩的观点出发，广义的科学家共同体是
指所有从事科学研究工作的个体和群体的集合；而狭义的科学家共同体则
指的是共有同一科学范式的群体成员。具体说来，"一个科学家共同体由
同一个科学专业领域中的工作者组成。在一种绝大多数其他领域无法比拟
的程度上，他们都经受过近似的教育和专业训练；在这个过程中，他们都
钻研过同样的技术文献，并从中获取许多同样的教益。通常这种标准文献
的范围标出了一个科学学科的界限，每个科学共同体一般有一个它自己的
主题"（Kuhn，1970：177）。

南京大学社会学学科团队的建设过程，从根本上说，就是一个学术共
同体的形成过程。在这一过程中，2001 年是一个具有重要意义的转折。
在这一年，从美国哈佛大学费正清东亚研究所访问归来的周晓虹教授，受
到海外尤其是美国当代中国研究日渐成为显学的启发（Perry，1999；周
晓虹，2010），决定通过一系列的举措，将南京大学的社会学研究与海外
日渐兴盛的中国研究相结合。这些举措包括：在博士学位训练中设立
"当代中国研究"的课程，引导年轻学子研讨中国研究领域内的中英文文

献，培养他们关注中国现实的想象力和学术情怀；在本系社会学、人口学和人类学等专业中积极引进受过国外社会科学训练、具有博士学位的教师，通过他们的学术训练和人脉关系，建立与国外中国研究机构和学者的常规联系；与国内外研究机构共同主办"中国社会与中国研究"国际学术讨论会，以及在此基础上衍生出的"中国研究国际暑期班"；通过与社会科学文献出版社合作，在中国国内首次出版《中国研究》的专业刊物，围绕这一刊物在国内形成更广范围内的中国研究的学术影响和相应的学术共同体。

我们之所以决定以"社会学与中国研究"为主题，作为当时的社会学系的学术发展方向和研究团队即社会学学术共同体的共同兴趣，既考虑到了原中央大学和金陵大学社会学系既有的"面向中国"的社会学学术传统的承继；也考虑到了当时的社会学系所具有的教师特点和其他学术资源的利用；同样也照顾到了在一个单一的社会学系下，如何同时使得人类学、人口学、社会工作与社会政策以及心理学学科都能够获得彼此协同、相互促进的发展。

经过前 13 年和后 10 年的积累与发展，在社会学与中国研究领域终于凝聚起一支力量雄厚、结构合理的教学和研究团队。现在，在南京大学社会学一级学科的 30 余位专职教师中，① 已有教授 16 人（其中博士研究生导师 13 人）、副教授 14 人、讲师 6 人；在职教师大多拥有博士学位，其中具有美国、英国、德国、日本和中国香港等海外博士学位者 13 人，超过专职教师的 1/3。从年龄结构上说，在这一学科中，40 年代出生的教授 2 人，50 年代出生的教授 7 人，60 年代出生的教授 7 人；副教授年龄则大多在 40 岁以下。

上述 16 位教授在中国社会学以及相关的人类学、人口学、社会保障和工作学界，大多具有较高的学术贡献和相应的学术声望。具体说来，16 位教授中有 1 人为国务院社会学学科评议组成员（1 人为上一届成员）、3 人为国家社会科学基金社会学评审专家、1 人为国家级有突出贡献专家、

---

① 南京大学社会学学科的教师不但包括了社会学院社会学系、社会工作与社会政策系、人类学研究所的全部教师，以及心理学系的部分教师（他们以社会心理学研究作为自己的学术方向），而且包括了现在政府管理学院劳动与社会保障系的部分教师，比如童星、庞绍唐、林闽钢和周沛教授等，他们不但在 2005 年前隶属于社会学系（有些还担任过系里的领导工作），而且至今还在从事社会学及相关学科研究，是我们优势学科的重要组成部分。

1人为江苏省有突出贡献专家、1人为教育部优秀教师奖获得者、3人为教育部新世纪人才、6人获得政府特殊津贴。同时，有1人担任中国社会学会会长、1人担任中国社会学会常务理事、1人担任中国社会心理学会副会长、1人担任江苏省社会学会会长、多人担任江苏省社会学会副会长及常务理事和理事，另有1人担任教育部社会学教学指导委员会副主任委员。

教授们的学术贡献和学术声望，是建立在长期以来其所从事的相应领域的研究工作及其成果之上的。以社会学研究为例，南京大学的社会学与中国研究团队的整体研究水准一直处在国内社会学学科的前沿水平，长期以来该学科承担并先后完成了诸多国家以及省部级的研究课题。其中最为重要的是，自2005年国家和教育部在人文社会科学领域先后设立重大招标和攻关课题以来，本研究团队的7位教授就成功地获得7项研究课题的立项。具体包括：

（1）周晓虹教授主持的"国外社会建设理论的比较研究"（国家社会科学基金2005年重大招标课题）；

（2）宋林飞教授主持的"城市化进程中农民工问题研究"（国家社会科学基金2005年重大招标课题）；

（3）张鸿雁教授主持的"城市化理论重构与中国城市化发展战略研究"（教育部人文社会科学2005年重大攻关课题）；

（4）童星教授主持的"建立健全社会预警机制和应急管理体系研究"（国家社会科学基金2006年重大招标课题）；

（5）风笑天教授主持的"中国独生子女问题研究"（教育部人文社会科学2006年重大攻关课题）；

（6）翟学伟教授主持的"我国社会信用制度建设研究"（国家社会科学基金2009年重大招标项目）；

（7）彭华民教授主持的"中国适度普惠型社会福利和制度建构研究"（教育部人文社会科学2010年重大攻关课题）。

在一个只有16位教授的学术团队中，在短短6年里就获得了7项国家和教育部的重大课题，其比例无论在南京大学的人文社会科学各个学科中，还是在中国高校的社会学学科中，都是十分难得的。这不仅表明南京大学社会学与中国研究学术团队的研究水准和学术影响力，而且也说明教授们的学术兴趣是与国家的经济与社会发展密切联系的。

除了研究课题以外，学术论文和著作更是一个学术共同体的创造力和影响力的直接体现。长期以来，南京大学社会学与中国研究团队出版和发表了大量的学术著作和研究论文。据统计，最近 10 年来（2001—2010年），无论是发表论文的总数、还是论文被引用的总数，或是发表的一流CSSCI 学术论文，南京大学社会学学科均名列全国高等学校第三或第四位。① 同时，这些论文和著作还获得了教育部和江苏省的诸多奖项。通过上述学术论文、研究著作以及人才培养工作，社会学与中国研究团队的学术观点对国家和江苏省的经济与社会发展及学术进步做出了自己应有的贡献，也因此使得南京大学成为中国社会学的学术重镇之一。

同一般的科学或科学家共同体一样，南京大学的社会学与中国研究学术团队，除了通过学术成果、学术见解和政策论证对社会进步产生影响外，在社会学系及现在的社会学院教师内部也产生了诸多积极作用。这些影响包括在"社会学与中国研究"学术共同体中形成了良好的学术交流氛围，不仅如前所述社会学系每年都会邀请国内外学者开设暑期班，社会学系还设有常规的"社会学研讨会"（sociological seminar）、社会学人类学影视茶座以及"人类学谋思谈"；② 同样，也因为这一学术共同体的存在，形成了持续不辍的科研能力和学术传统，诸多教授和教师们都围绕社会学与中国研究之主题，在各自的领域出版和发表了大量的学术著作和专业论文，也带动学生们对中国社会的关注，提高了他们对学术研究的兴趣。

三　面向中国：历史使命与学术特色

如果从中央大学和金陵大学两所大学的社会学系的历史开始计算，南京大学社会学的历史迄今已逾 80 年之久。在此之间，从 1952—1982 年，

---

① 具体说来，发表的论文总数和被引总数都仅次于中国人民大学和北京大学名列第三，在《中国社会科学》和《社会学研究》两种一流 CSSCI 刊物上的发文数名列第四（仅次于北京大学、中国人民大学、清华大学），本文所引的数据参见南京大学社会科学处、南京大学中国社会科学研究评价中心，2011，《南京大学人文社会科学研究成果统计报告》，第 44—47 页。

② 2011 年，自举办了 100 期研讨会后，考虑到社会学院的多学科现状，原有的"社会学研讨会"已经一分为二：一为"孙本文社会学研讨会"，一为"潘菽心理学研讨会"，用以纪念南京大学之前身中央大学社会学和心理学学科的两位奠基人——孙本文教授和潘菽教授。

和中国大陆任何一所高校一样，南京大学的社会学也停办了整整30年。

尽管社会学专业停办了30年，并且如前所述，导致了社会学学术薪火的失传，但重建后的南京大学社会学却在"面向中国"这个重要的结点上和历史或传统进行了有效的对接，并因此形成了其历史使命和学术特色。

我们之所以将南京大学社会学的历史使命和学术特色归结为"面向中国"，是因为自社会学20世纪初传入中国以来，包括孙本文和柯象峰在内的中国社会学家就一直以了解中国、改造社会为使命，孙本文的《现代中国社会问题》和柯象峰的《中国贫困问题》等一系列著作都为践行这一历史使命作出了自己的贡献；而1980年代南京大学社会学恢复以来，一样以中国社会和中国问题为面向，到2001年后更是自觉地将社会学与中国研究相结合，并因此寻找到社会学本土化和国际化相结合的有效途径。

众所周知，作为舶来品的社会学，近代以来在中国的发展所面临的首要问题就是如何中国化。而在中国化或者本土化策略上的讨论和尝试，又可谓是众说纷纭、莫衷一是，但有一点可能是毋庸置疑的，即中国社会学应当关注自身社会中的重大议题，也就是要有敏锐而切实的本土关怀和"问题意识"。在这一点上，拜南京大学社会学素有"面向中国"之传统，同样拜改革开放在给中国社会带来巨大改变的同时也提出了诸多挑战，南京大学社会学学科虽经不断扩展，但却始终能够紧扣中国社会现实和转型时代的重大问题。当然，在问题的切入点和分析的立足点上，又呈现出各自的独特性和开拓性。

经过20余年尤其是最近10年的努力，南京大学的社会学与中国研究团队在社会学、社会心理学、人类学、人口学以及社会工作和社会政策研究领域形成了自己的优势和特色。具体来说，在社会学理论与方法、社会心理学、城乡社会学、社会与文化人类学、社会福利与人口发展、社会风险与社会保障6个主要的研究方向上，在国内社会学界和中国研究学界都具有一定的竞争力，而这六个主要的研究方向也无一不体现出鲜明的"面向中国"的学术特色：

1. 社会学理论与方法。这一研究方向的学术带头人有宋林飞、周晓虹、成伯清和风笑天诸位教授。具体说来，（1）在社会学理论研究中，周晓虹教授在古典社会学理论、宋林飞教授在现代社会学理论、成伯清教授在当代社会学理论上各有造诣，形成了较为完备的理论梯队；而翟学伟教授在中国人行动逻辑方面、汪和建教授在经济社会学理论方面、贺晓星教授在教育社会学理论方面也都各有建树，这使得本学术团队在社会学诸多领域中的理论探索都有亮点，并且体现出了鲜明的理论本土化探索特征；（2）在社会学方法研究中，除了风笑天教授对中国社会学界的方法研究素有影响以外，整个团队大多具有良好的数理功底，其中不少具有数学专业本科或研究生学历，并且能够开设包括数理统计、定量和定性研究方法以及社会科学统计软件在内的系统课程，他们为南京大学社会学研究的科学化作出了贡献。

2. 社会心理学。在社会心理学中素有"心理学的社会心理学"和"社会学的社会心理学"之分，在中国社会心理学尤其是"社会学的社会心理学"的重建过程中，南京大学社会心理学研究所起到了重要作用。早在 1990 年代早期，周晓虹教授就先后完成了《现代社会心理学》、《现代社会心理学史》、《西方现代社会心理学流派》和《现代社会心理学名著精华》等著作，为中国社会心理学学科体系建设做出了自己的贡献；而自 1990 年代后期起，翟学伟教授则通过《中国人的脸面观》、《中国人社会行动的逻辑》等一系列著作，参与和推动了中国社会心理学的本土化进程。

3. 城乡社会学。改革开放以来，中国城乡发生了巨大的变化，这也使得城乡社会研究一直吸引着社会学家们的眼光。在城市社会学研究方面，张鸿雁教授数十年来倾注了全部心血，出版和发表了诸多著作和学术论文，并做出了中国"城市社会"正在到来的预测；而在农村社会学研究方面，自宋林飞教授对剩余农村劳动力的研究之后，周晓虹教授出版了《传统与变迁：江浙农民的社会心理及其近代以来的嬗变》（1998），张玉林教授则在日本出版了《转型期中国的国家与农民（1978—1998）》（2001）。前者以昆山周庄镇和乐清虹桥镇为对象，探讨了中国农民的价值观、生活态度和社会行为模式的变化，为我们理解中国农村和中国农民提供了全新的视角；而后者则在国家与社会的框架下，深入探讨了改革开放后中国农民的生存状况与人生境遇。

4. 社会和文化人类学。我们的人类学虽然起步较晚，但现在已有一支具有相当竞争力的、国际化背景鲜明的科研和教学队伍。其中范可教授获美国华盛顿大学博士学位、邵京教授获芝加哥大学博士学位、杨德睿副教授获英国伦敦经济学院博士学位。作为学科带头人的范可教授，在人类学领域耕耘多年，在认同政治、华南穆斯林、全球化与跨国主义等领域颇有成就；而邵京教授凭其对中国艾滋病人的人类学研究赢得国际人类学界关注，2007 年获得美国文化人类学会的第六届"文化视野奖"。可以说，他们的加入，使得南京大学的文化人类学研究呈现出一派勃勃生机。

5. 社会福利与人口发展。本研究方向的学术带头人是获得香港中文大学社会福利博士学位的彭华民教授和获得德国马尔堡大学博士学位的陈友华教授。彭华民教授在社会学界辛勤耕耘多年，尤以社会福利和社会工作领域的研究见长，她的著作《福利三角中的社会排斥：对中国城市新贫穷社群的一个实证研究》（2007）受到国内社会福利界的关注，而她多次主持的社会福利和社会工作领域的学术研讨会更是有效地推动了中国社会福利和社会工作研究的进步；陈友华教授从事人口学研究多年，在婚姻挤压方面素有影响，2007 年曾获得中国人口学会首届"全国青年人口学者奖十佳学者"称号（得票第一），近年来他关于调整计划生育政策的建议和观点也赢得相当广泛的瞩目。

6. 社会风险与社会保障。进入 21 世纪以来，中国社会在 GDP 继续高速增长的同时，开始进入高风险时代，党和国家也开始提出"构建社会主义和谐社会"。围绕这一宏大目标，南京大学社会学学科的童星、林闽钢和朱力诸教授，开始围绕中国转型期的社会问题、社会风险和社会保障进行了深入细致的研究。事实上，早在 1990 年代，童星教授在国内就最先提出了"社会管理"的基本概念，并因此成为这一领域的先行者。最近几年来他关于转型时期中国社会的风险管理及其预警机制的研究，更是引起了整个社会和学术界的关注；和童星教授一样，林闽钢和朱力诸教授也在各自擅长的领域，为南京大学社会学学科的成长和进步做出了自己的贡献。

应该说，在"面向中国"的同时，南京大学社会学与中国研究团队也意识到了养成国际视野的重要性。这不仅包括上述引进海外学术背景的人才，进行国际学术交流，更重要的是从全球体系的视角来理解中国社会的处境和发展路径。譬如，作为全球化时代的文化—意识形态的消费主义在中国的蔓延，就深刻地改变着社会价值观念和行为取向；再比如网络社会的崛起和数字鸿沟的扩大，就给我们这个发展中国家增添了新的机遇和挑战；再比如风险社会——风险社会内在地就是全球化的——的来临，许多突生的社会问题，超出了我们传统的范畴。面对如此深刻变化，我们意识到，必须拓展社会学想象力，从全球系统的结构性制约中来探索和思考自身社会的问题和出路。

30 年过去了。在改革开放的 30 年尤其是进入新世纪的最近 10 年中，我们一方面关注中国社会的特殊性，致力于解释"中国经验"的社会背景和政策选择，评估"小康社会"建设的进程；另一方面则从本土的视角探索"中国体验"，即中国人的价值观和社会行为嬗变，以揭示中国社会和文化的深层结构和逻辑；我们一方面注重西方社会学理论的引进，另一方面也本着创新的精神，建构自己的学科体系，从社会心理学到文化人类学，从城乡社会学到经济社会学，从研究方法到表征策略的本土化，都有艰辛的尝试；我们一方面紧扣时代的重大主题，关心国计民生，从农村到城市，从人口到环境，从独生子女到教育，从族群到宗教，都有专门的研究，另一方面也不忽视学科本身的建设，从基础教材的编写到理论体系的建构，都在稳步前进；我们一方面坚守书斋，上下求索，另一方面也奔向田野，从事调查，参与规划，为政府和企业提供智力支撑。可以说，现在呈现在这里的十六卷论著，就是南京大学社会学学科教授们的殚精竭虑之作，就是我们精神世界的一次整体呈现。

南京大学社会学与中国研究团队或学术共同体的形成和发展，不仅全面而具体地折射出重建以来的中国社会学的历程，而且其本身也是这一过程中一个非常活跃的参与者，是中国社会学的重镇之一。如果真的如人所说，中国的社会学正在面临着一个前所未有的发展时机，社会学的春天已经来临，那么我们自然应该加倍努力、与时俱进，以精进之学术，助腾飞之民族！

参考文献：

周晓虹，2010，"中国研究的国际视野与本土意义"，上海：《学术月刊》第 9 期。

周晓虹、秦晨，2010，"探求全球化语境中的中国经验与中国体验"，上海：《学术月刊》第 9 期。

Perry, Elizabeth, 1999, Partners at Fifty: American China Studies and the PRC, Washington: Paper for conference on "*Trends in China Watching*".

Kuhn, Thomas S., 1970, *The Structure of Scientific Revolutions*, Chicago: The University of Chicago Press.

目　录

外来人群体中的关系运用[*]

——以深圳"平江村"为个案

在深圳市罗湖区的田心村、盐田区的盐田镇和南山区的赤湾等地，聚集着一批湖南平江人从事汽车运输业务。他们以家庭为单位，每户买一到数部可以拖集装箱的大卡车（称之为"半挂"车），每部车必须请司机一人，有的还请一个跟车的人。根据笔者的调查，平江人的半挂车最少有400台，而人数至少有1200人以上，形成了一定的产业规模。他们一般是聚居，而不是分散居住。平江人之间从经济活动到日常生活互相来往特别多，各种各样的联系使得平江人形成了一个紧密的外来人的群体或社区，我称之为"平江村"，其中尤以田心村最为典型。1999—2000年，我在深圳的平江村中生活了一段时间，进行了实地观察和大量的访谈调查。本文就是建立在这些观察和访谈记录的基础之上。

对平江村的研究可以从多方面进行，本文从关系运用的角度来做描述与分析。笔者所试图解决的问题是：一个从内地山区而来的外来人群体是如何在深圳这个陌生的沿海特区中生存和发展的？在这之中他们凭借或利用了什么样的社会资源①？

---

* 本文最初发表于《中国社会科学》2001年第5期。

① 林南认为：社会资源是通过人们直接和间接的联系而获取的资源，对于这些资源的获取和使用是暂时的和借用的。他又认为，社会资本是人们动用了的社会资源，它主要是从社会网络中得到的（Lin1999）。关于社会资本的概念和理论，可以追溯到布尔迪厄和科尔曼等人，他们已经译成中文的著作有《文化资本和社会炼金术》、《实践与反思》、《社会理论的基础》等；中国学者的著作有张其仔的《社会资本论》等。本文的研究实际上也是社会资本理论中的一个重要方面，为了论题的集中，我不对有关社会资本的理论展开讨论，而专注于关系的概念。

一　关系概念的回顾与反思

关系在华人社会里得到普遍的重视。对中国内地、香港、台湾，以及新加坡以及其他海外华人社会的实证研究表明，关系网络是华人社会里普遍存在的现象并且发挥着重要的作用（Bruce J. Jacobs, 1979；Kwang - Kuo Hwang, 1987；Bian yanjie, 1997；Bian and Ang, 1997；David L. Wank, 1996；彭庆恩，1996；胡必亮，1996；游仲勋，1999；王春光，2000；刘宏，2000）。

1973 年，格兰诺维特（Granovetter）在《美国社会学杂志》（AJS）发表《弱关系的力量》（the strength of weak ties）一文，对美国社会的劳动力流动问题进行了研究，他强调了在市场经济体制下弱关系对于人们寻找工作机会的作用。在这篇论文中，格兰诺维特基于互动的频率、感情强度、亲密程度和互惠交换这四个方面的尺度把人们之间的关系划分为强关系和弱关系。他认为，强关系存在于群体内部，而弱关系则存在于群体之间，因此，二者得到信息的可能是不同的。由于强关系存在于群体内部，群体内部之间的人同质性较强，因而难以得到新的信息；而具有弱关系的人分属于不同的群体，异质性较强，因而弱关系可以当做传递信息的桥梁。弱关系在创造可能的流动机会中是一种重要资源（Granovetter, 1973）。

边燕杰沿着格兰诺维特的思路对华人社会里关系在个人寻找工作过程中的作用进行了研究。其基本观点是：在华人社会里强关系比弱关系更为重要。边燕杰 1988 年对计划体制下的天津和 1994 年对市场体制下的新加坡人们寻找工作的研究都表明：华人社会重视关系，尤其重视强关系（群体、组织内部的关系，如家庭关系、同学关系，等等）。在边燕杰看来，关系在字义上指"联系"或"关联"，但它本质上是促进人们之间恩惠交换的一组个人间的联系（边燕杰，1999：130）。在对天津的研究中，边燕杰建立的最主要的假设是：求职渠道是通过个人网，更多的是通过强关系而非弱关系建立的（Bian yanjie, 1997）。在对新加坡的研究中，边燕杰认为，社会关系网络是生活的重要方面，人情关系的圈子比较广，社会又小，强关系较多（Bian and Ang, 1997）。

格兰诺维特和边燕杰的研究可以互相补充，前者揭示了西方文化背景下人们交往和联系的情况，后者则是对儒家文化背景下华人社会联系状况的一个描述与解释。

我对关系的进一步分析在于：在格兰诺维特和边燕杰的概念中，关系只是被区分为强关系和弱关系，这一概念的区分是建立在一个时点上的。笔者认为，人们之间的关系是发展变化的，是一个动态的过程，因而，对关系的区分至少可以建立在两个时点上：过去和现在。如果有两个人他们过去是同学，交往频密、无话不谈、互相帮助，那么他们之间肯定是强关系；但是，他们毕业了，天各一方，交往慢慢减少、感情慢慢变淡，更谈不上互相帮忙，他们之间的关系难道不是一种弱关系吗？如果用两个时点来判断，我们可以将他们之间的关系称为强弱关系。

用两个时点来定义关系，可能的关系组合就会有六种，见下表。

关系组合

过去	现在	关系组合类型
无	弱	1. 弱
无	强	2. 强
弱	弱	3. 弱弱
弱	强	4. 弱强
强	弱	5. 强弱
强	强	6. 强强

在关系组合表中，过去没有关系而现在是弱关系的关系组合类型 1 和过去是弱关系现在也是弱关系的关系组合类型 3 可以合并，统称为弱关系；过去无关系现在是强关系的关系组合 2 和过去是强关系现在也是强关系的关系组合 6 也可以合并，统称为强关系。这样，可以得出如下四种关系：强关系、弱关系、弱强关系和强弱关系。

这种划分中出现了一个非常有意义的强弱关系。日常生活的实践告诉我们：过去是要好的同学（或朋友、战友、邻居、老乡等），尽管现在很少联系甚至几年、十几年、几十年不来往，但是一当重新见面，潜伏着的关系就被激活，这种关系在中国人这里一般说来是相当靠得住的。不但靠得住，而且还管用，因为他们现在分属于不同的群体，可以提供信息或其他的帮助。

我赞同格兰诺维特的认识：强关系存在于群体内部，群体内部之间的人同质性较强，因而难以得到新的信息；分属于不同群体的人异质性较强，因而弱关系可以当做传递信息的桥梁。但是，笔者认为还要加以补充。

如果只从一种维度来看，一个人只属于一个群体，比如，只从职业的角度来看，你一般只能是一个企业、一个组织或者是一个机构的一员（在这里把第二职业的情况作为例外排除）。可是，从多维的角度来看，一个人并不只是某一群体的一员，而分属多个群体。从这一视野来观察问题，我们就会发现：强关系也是有信息交流的，或者进一步说，强关系也会带来新的信息。

在关系发生作用的过程中，人们常常会发现：并不是某种单一的关系起作用，比如说，是 A 与 B 之间的关系发生作用；更可能的情况是：A 找到 B，B 找到 C，C 又找到 D，D 再找到 E，这样，起作用的是一个关系的链条，这个关系的链条其实也是一种关系的组合。日常生活中的一个可能的情况是：某人来寻找同学办某事，这位同学回家给他老婆一说，老婆说她单位里的某人可以办到。这件事情可能是寻找某种信息或者某种影响力。这样，笔者认为：强关系也可以获得信息，更可以获得某种影响力或资源。但这里的强关系其实是从不同的群体来看的。同学之间是一种强关系，夫妻之间更是一种强关系，同事之间也是一种强关系；三种强关系跨越了不同的群体，信息可以得到，影响力也可能得到。

边燕杰正确地指出了强关系在中国社会中的重要作用。笔者想补充的是：除了信息的传递之外，其实弱关系也会起到另外的作用。这里的前提条件是：和无关系相比较，弱关系尽管弱，但总算聊胜十尢。这样，笔者认为，应该在一种竞争的社会条件下来看待关系的作用。

总之，我认为应该从动态的、多维的、相互联系和相互竞争的角度来看待关系。从这样的角度来看，关系，其实就是一个生产和再生产的连续过程。关系是变动着的，从没有关系可以到有关系，从弱关系可以到强关系，反过来，也可以从强关系到弱关系，从有关系到关系完全破裂，比没有关系更糟糕。即使是在血缘关系中，如果这种生产和再生产的过程中断，它也可能不会发生作用，甚至发生反作用。关系双方的互动对于关系的维持和发展是至关重要的。

二　资本筹集:强关系、强弱关系和弱关系的运用

平江人来搞车,首先要解决的是资本的问题。买一台车多则几十万、十几万,少则几万,对于大部分人来说,这不是一个小数目,完全靠自己积攒的钱起本的人几乎没有。

下面的案例表现了平江人是通过什么样的关系借到钱的。

案例一:父亲等人的帮助 (强关系)

LFH 是平江村里做得相当成功的人,她读过电大,原来在一个镇里的供销社当会计,丈夫则是司机。2000 年她家里在深圳买了 130 多平方的商品房,车子也发展到了 6 部。但是,当初到深圳来时,买第一台车的钱基本上是借的。她父亲把家里的房产证拿出来做抵押到信用社借钱,弟弟也借给她两万,通过堂兄介绍的朋友借了三万,就这样七凑八凑筹足了买车的钱。她回忆说:

> 当时一台车要花到 20 万,我借了很多钱,心理负担太重了。我如果有了钱,最先要还的就是我父亲拿房产证做抵押的那些钱。我最怕连累自己的父亲,自己的亲人,情愿朋友那里多欠些息。我自己毕竟是崽女,莫说孝敬父母,起码莫给父母添麻烦。房产证到期,银行就逼他,父亲就打电话给我,意思是他到如今没有怄过气,要我争气些,拼命还钱。那时节银行的息是一分八厘三。另外借私人朋友的钱,你还要去还人情钱,还要去送礼,实际这些息都合到两三分。就算这些钱你都还了,头一两年,过年回家,你还要去送些礼,要记得人家,莫等人家说你过河拆桥。(LFH)①

案例一中的 LFH 是通过父亲、弟弟和堂兄等人的关系借钱的,她讲到了对父亲所承受的沉重的心理压力,以及通过朋友借钱所需要的人情应酬。很显然,父亲和弟弟都是强关系,但是这种关系并不是说就可以不管不顾,反而使她产生尽快还钱的压力。通过堂兄(强关系,来往很多)介绍的朋友(弱关系)借的钱,由于要还人情债,结果算起来比银行的

① 本文的引文如未注明均系本人的访谈记录,访谈时间为 1999 年 7—8 月。

利息还要高。这两种关系在借钱和还钱的过程中都需要维持、加强。

案例二：同学的帮助（强弱关系）

HWS 和我是中小学的同学，他到深圳最初买的旧车，经常出故障，1998 年下决心换新车。

> 1998 年 1 月份，我买个车。我没有钱，就去想办法，找谁？我的一个女同学，正在信用社，当副主任。我一找她，要借钱。她说如今哪有钱，1997 年开始紧的。我说你要帮我想办法，借些钱。她说你要借好多钱。我说最好借 7 万，最少 5 万。最后她说只有 3 万块钱。我说 3 万块钱管什么用。她说那我帮你想办法，她真好啊，是同学嘛，她搞 5 万块钱给我。（HWS）

在案例二中，要借钱的 HWS 和信用社的副主任是同学，不过其实毕业已经有二十多年，中间的来往并不多，他们之间的关系是强弱关系。但是，老同学来，不好推脱，总有一种同学情分在其中，就按其要求借给了他。

案例三：送礼找熟人（弱关系）

LJG 在深圳平江村是大名鼎鼎的人物，钱赚了几百万，和各方面的联系都很多，他擅长搞关系。

> 那一年我拿了 5 万多块钱带回去，有 4 万多块钱都送了礼。"红塔山"的烟，我是一箱一箱买的。花 4 万多块钱，借了 40 万。第二年我过来，一起就买两台车。实际上，我在信用社、银行借了 36 万块钱。到信用社去借 10 万块钱，打个报告，我有栋新屋做抵押。信用社的主任讲："你是我们信用社成立以来的第一个大户，从来没有一笔借钱超过 10 万块的。"好，单单立据时，信贷员开票，本来写"壹拾万元"，写了个"壹拾"又多写了个"壹"字，将错就错，我就借了 11 万。信用社的主任又笑："到我们信用社借钱，只有少批钱的，从来没有还多借给别人的。你又破了一个天荒！"钱一到手，我就去买。（LJG）

案例三中借钱的 LJG 和信用社的主任只是一般的熟人，是一种弱关系。但是，LJG送了礼，信用社就特别给予照顾，10万写成了11万，将错就错，又多借了1万。可见，对弱关系的加强是有作用的。

三　发货：关系的维持、竞争与破裂

在运输生意这根链条上，有三个结：货主、发货人和运货的车主。平江人在寻找货源的过程中，一部分人慢慢地和货主建立了相对稳定的关系，成了较为专业的经纪人，平江人称之为"发货的"。那么，发货的人和货主以及运货的车主关系是怎样的呢？

案例四：关系的建立与维持（从无关系到弱关系再到强关系）

LFH是平江村里重要的发货人之一，她详细讲了自己和货主建立与维持关系的经过：

> 刚刚来的时候，我丈夫自己开个车，名片用了二三百张，拉一车货就发名片，加上那个时候也好抓老板。我的几个老板还是原先的，从1994年做起。做废塑料的老板那时候是相当小的规模，有时候夜里要两三个车，多至四五个车……
>
> 后来这个老板生意越做越大，有一次就打电话来，要到我屋里，正式要同我把生意谈好，要送往蛮多地方，意思我们两夫妻做事相当认真，没有做砸过，路上没有出过事，车子要好多给他派好多。老板打电话要来看一下地方，靠不靠得住。我是蛮紧张，把人都喊来，我堂兄也来了，正好我弟弟也来了，全部坐在屋里。老板来了，把生意正式谈好，把价格扯好，正正式式发货。1995年下半年生意就做大了。可能也蛮带财，我自己运气好，我喊车子吧，路上没有出过一点事故，日日几十车，你看好新鲜。另外我做事认真，同他安排车子，一定不坐了歇，不打麻将。接着又有一个老板找我，做废塑料的老板就不让我接。意思是我接了他的，就要做他的。我就介绍给我弟弟……（LFH）

案例四中发货的LFH和货主建立关系是偶然的，几乎所有的平江人和货主建立关系都是如此。货主一般是广东人，无论是从地理上、职业上还是社会阶层上和平江人都分别属于不同的群体，以前没有任何关系。平江人把这种关系的建立叫做"捡老板"。"捡老板"的事情不少人都碰到过，但只有很少人能长期维持合作的关系。LFH 认为，她之所以能长期维持与那个进口废塑料的老板的关系主要在于：①做事认真、踏实；②专一；③运气好，没有出过事故。除此之外，他们之间还有一些人情来往。笔者在田心村调查时在 LFH 的家里就看到过那个老板，提了不少水果一类的东西来访，双方很客气。有时，LFH 的丈夫也去陪老板打打麻将。

发货人是一种经纪人，他一边联系着货主，另一边联系着车主。如果只有货而喊不到车，发货的人也做不了。所以，发货的经纪人和拖货的车主的关系也同样要维持好。LFH 的做法主要是：①公平合理地安排车子拖货，比如地点、时间和货物的重量等等都要注意安排好，不让某人觉得特别吃亏；②按时支付运费，不无故克扣运费。一般说来，对于车主，发货人都是认识的，都是平江人，都到深圳来搞车，低头不见抬头见，关系还是比较好的。

作为中间环节的发货人，LFH 认为，无论是对货主还是对车主，信誉都是第一位的。由于长期的合作，LFH 与货老板的关系越来越好，她对我说，现在她的生意别人已抢不去了。

案例五：关系的竞争（强关系与弱关系的较量）

LWG 是 LFH 的弟弟，他是刑满释放人员。从牢里出来后，他首先跟姐姐发了一阵货，然后才自己独立干，并且还赚了不少钱。他的老板是一个香港人，有五六十岁，两人的合作开始干得很好，但是后来那个老板包养了一个情妇，也是平江人，情妇有一个哥哥，也要发货，老板就和 LWG 谈，说自己有一个亲戚，要 LWG 分一部分货给他发。LWG 当然不愿意，但老板的态度很强硬，LWG 只能退让，就提出不用那个人发货，每个月分给他 5000 元。过了一段时间，老板情妇的哥哥不干了，认为拿的钱太少，LWG 又退让，每发一个集装箱给他一百元。又过一段时间，LWG 索性不干了。

LWG 回忆说：

> ……他呢，钱也不要，硬要自己去发货。我说，三份里面最多只能给你一份，因为是我签的合同。他说，要得。我就把一份给他，他就发货，他发不好，我又给他带上一段，带个徒弟样，我忍性真好，心里想，不忍，一点都没有了；忍住，一个月还能挣几万元钱。好，

后来跟着我搞，他就上了手，他也发得好，刚一能发好，就找我要一半。我说，要优先了我以后，要等我发到柜以后你才能发货。他说，要得，就这样发。那个货老板把一批重的货柜都给我，价钱是一样的，重柜要好车才能装，轻的差车也可以装，喊车容易点。他把好柜都给他，差柜都给我，我也没有做声，算了，只要有点我发。最后，搞来搞去重柜也只分我一点点，五分货剩一分，这样也维持了一年多，搞起没有意思，就没有搞了。（LWG）

LWG 和货主的关系也是偶然建立的，只是一种弱关系，比不上货主和他情妇的哥哥这种强关系，只能一步一步退让，最后完全退出来。尽管 LWG 其实和货主有协议，也不管用。由此可见，强关系的确比弱关系有力量，法理性的契约关系与中国特殊的人际关系相比也只能退让。

案例六：关系的破裂（经济手段和非经济手段竞争导致的关系破裂）

LGG 在平江村中也是成功的经纪人之一。但是，在发货过程中，由于平江人之间的恶性竞争，他最终与一些货老板的关系破裂。事情的起因当然是由于 LGG 在发货过程中赚了钱。

一些平江人就看到我眼红，就天光黑夜守到码头上，去凿（钻，打孔）这样的货。他说 55 块钱一吨才接，到拖的人就只有了 50 块钱一吨，你看气死人吧。那个时候，我也没有经验。他是用个什么办法来凿的呢？他拖了一车货在路上，假装说不晓得走，要你告诉他老板的电话。我就告诉了他。生意场上这是说不得的，我对别人不晓得好相信。这也属于我的错误，不应太过分相信别人。他就打个电话给那个老板。那个老板姓 H，比我大一岁，是个副总经理。他跟我说，LGG 啊，有个人打电话给我老总，他可以 55 块钱一吨跑，看你怎么搞。我说，他 55 块就他去拉呢。实际后来发来发去，他也没有发个名堂，发了个万把吨。把个运价挤下来，挤到 55 块钱。我就没有发了。（LGG）

后来，LGG 又联系了新的老板，有人又用原来的办法去凿，但是这次没有起作用。LGG 和老板合作得好，那些人没有得逞。

后来，不晓得谁，采取那种手段真有蛮低劣。那个货带有点走私性质，多装少报，他利用这个，向刑警大队一报，我们的车号都登记得清清楚楚，就选了这些车号拦了。在广深高速上的出口，车子都是装卷板，差不多一车货有30多万，头天扣了3车。一扣，我又没有经验，不晓得怎么去取。老板看到我的车拖了货，货没有到，就找我，给我个小车，我就开起，一个奔驰车，搞了赤湾的SN，他跟某机关关系有蛮好，就去取货。跑去取货时，要罚款，说是走私货。老板不肯出示手续，怕出示手续查他偷税漏税。他一下子就拿了10万块钱给我，把头3车取出来了。运费也没有说什么，也结来了。后来有一天，在广州一下又扣10台，把案子一上交，我们拿钱去取取不出来。

老板看到我这也扣那也扣，后来又扣一次，晓得是我的老乡搞名堂。我说你干脆给他们去跑……（LGG）

LGG的经历表明，随着运力的增加，货源的相对短缺成了突出的问题，经纪人对货源的控制就变得不容易了。案例五的争夺是一种形式，主要是利用特殊的关系。在平江人之中，这并不是一种普遍的方式。因为就和货老板的关系来说，来自内地他乡的平江人和他们并无渊源，只是后来认识的。由于发货抽取佣金的巨大利益，平江人之间必然会争夺老板，平江人把这个叫做"凿老板"。"凿老板"最通常的方式是降低价格，如果降价是在一定的范围内，把过高的价格降下来，那么，这种竞争可以被认为是一种正当竞争，这是市场经济中的常见现象。一家一户的平江人不可能形成严密的价格同盟，更不可能形成价格垄断。但是，不断的降价使得平江人的利润也不断随之下降，在某种程度上，这种竞争就成了恶性的竞争。所以，不少的车主都和笔者讲起过对这种竞争的不满。至于通过告状来搞鬼，是一种非经济手段的恶性竞争，这当然只是少数特殊的案例。但是，从中我们可以看到，一种关系的维持不是一劳永逸的，也不是一维的。关系双方除了要处理好互相之间的事情之外，还要面临着外部力量的竞争。LGG的两次失败，最终导致了和货主关系的终结。

四 事故处理:接通关系链

在深圳平江村搞运输的人当中，还要利用关系的第三种活动，主要是事故的处理。汽车运输是一个高风险的行业，发生车祸是随时可能的事情，加之平江的司机有不少违章操作，而车牌等证件也经常有不完整甚至虚假的情况，车子被扣下的事情时有发生。

平江人是怎样利用关系来处理事故的呢？我们来看看下面的案例。

案例七：LCQ 被扣车的事情。（弱关系组成的关系链）

> 第一次扣车，1995 年 7 月份的时候，我的车在广州被扣了，说我是假牌。拖到广州天河区扣车场。当时我就去取，找到某某办公室，发根烟，拿 500 块钱给他，慢慢地塞给他。他就说，你这是搞什么，你这是行贿，把你这肮脏的东西拿开。我就拿走了。当夜我就通过熟人找到了他，请他在广州白天鹅宾馆花 1400 块钱吃饭，吃完饭就去桑拿、唱歌，唱完歌后他就看中一个坐台的妹子，我就帮他付 200 块钱小费，他就带了她去搞，我又代他付 600 块钱。第二天就好说话多了，再送 3000 块钱礼给他，拿个报纸包好送到他屋里去，他就罚 2 万出些停车费，放车。怎样找到他家里去的？首先是通过北京 HL，就是一个大机关的主任，打个电话给他，他不搭理，HL 也不好出面。后来，我又找到 HL 在广州做石膏生意的老兄。他老兄呢，头年还在平江放鸭，那天我招待他吃饭，他说是我晚饭后喜欢游泳，就带他到天河体育中心洗冷水澡。早晨还要吃个早茶。头年一个冷饭头打个油纸包看鸭的人，第二年就这个名堂。我要他帮忙取车，他就打他老兄的牌子，找广东省某机关的主任，他就再去找那个管扣车的人……（LCQ）

很显然，在这一案例中，关系起了作用。LCQ 首先直接到办公室去，结果被人家骂了出来。后来，又打电话直接去找北京的官（平江老乡），人家也不理。只好转过来去找"做石膏生意的老兄"。他们是熟人，原来是一个小地方的，关系不是特别好，但是至少熟悉，可以算作一种弱关系吧。再通过这位老兄找广州的一个主任，转折找到直接处理的人。在这一事件中的四个人其实都是一般的关系也即弱关系。三种弱关系形成一个链条，把两个互不相识的人连起来了。通过关系链，直接处理的人收下了红包、接受了宴请甚至还接受了女人，最终放了车，解决了问题。如果没有关系，没有接通关系链，后面的事情都难以发生；但是，仅有关系也是不够的，还得给好处。

案例八：HP 处理车祸。（弱关系与强关系组成的关系链）

> 刚跑了三天，就出了个事。押在那里押半个月，好在给我车牌的那个单位好，找关系。当时一个双排座，我的车从后面撞上去，它又撞了前头的车，要 2 万多元钱修。我刚到深圳，还没有跑车，哪里来的钱赔呢？我的车没有进保险，对方的车进了。找关系，七找八找，最后找到一个汽修厂的厂长。交警队的队长与厂长是拜把兄弟。我讲，最多押 1 万元钱，首先要押 5 万，送他几千块钱礼，由厂长去交给交警队——我送交警他不敢收。这才把车取出来。（HP）

案例八，与案例七稍有不同：就是在一连串的关系中有一个强关系——拜把兄弟。车主 HP 给处理该事故的交警送钱，交警不敢收，通过拜把兄弟送过去就没有问题了。和案例七一样，在这里既要关系又要送礼，关系的作用在于让受礼的人敢收。核心的问题是建立信任，接受礼物的人要确保收礼不会发生危险，也就是说送礼的人不会过后翻脸去告状。

平江人在处理事故时之所以要通过一个关系链，而且往往是通过弱关系而不是强关系，是因为平江人在深圳是一个异地迁移来的群体，和当地的社会关系很少，而事故发生的时间、地点都不确定，很难建立固定的关系网络。所以，一发生事故，就必然是一个关系链，而且其中以弱关系为主。

当然，平江人处理事故并不一定都要寻找关系。有人就和笔者讲过这样一段话：

> 要我的钱难，我反正坐在那里不走，要什么手续就什么手续，反正进了保险的，一条原则，按正式程序来，他也拿你没办法。我在广州处理那个事故，我待在那里 17 天。最后你说要我找队长我就找队长，你说要我找交通十三处我就找十三处，看你说要我找谁我就找

谁，我不怕找不到。到了 15 天你不了结，硬是你交警的错。我到时什么钱都付了，你不结案硬是你的错。有时送钱要快，赶时间，我的车扣在里边，香港那号箱子要三百块钱一日，耽误了不行。如果是个净车，随你扣。（LJP）

LJP 认为，"跟交警打交道，就是交钱"。送不送钱，许多平江人都是经过计算的，并不是太盲目，要看车子装的什么东西，急不急。如果不急的话，就可以慢慢来，通过正常的程序，交警也没有办法索贿；如果急的话，就只好行贿，就要接通关系链。

五　讨论：关系的功用、实质、空间、原则和路径

从内地山区来到深圳搞车的平江人是一个异地迁移来的移民群体，他们具有两个特点：一是在深圳缺乏本土性的社会资源；二是由于他们所从事职业的高风险性，群体的内聚力较强，他们是以群体的形式生存和发展的。这样，在群体的外部，他们必须努力去创造社会关系，而在内部，他们尽可能地利用现成的社会关系。他们来到了一个新的地方发展，靠的不是具有较充分的人力资本，也不是因为他们具有充分的金融资本，他们靠的是充分地利用了社会资本。笔者在深圳平江村的调查表明：关系在搞车的平江人当中发挥了巨大的作用。我通过资本的筹集、货源的获得和事故处理这三个方面八个案例的描述，说明了人们之间的关系是处于一个动态的、不断的生产和再生产的过程之中。为了进一步解释这一论点，有必要讨论如下的几个问题。

1. 关系的功用

关系的功用的命题实际上有两个方面：各类具体的关系的功用和关系在社会生活中的功用。

很显然，各类具体的关系（强关系、强弱关系和弱关系等）都具有作用。但是，这种作用是在比较中而存在的。一般说来，关系越强越使关系的双方具有强烈的义务责任感，也就越可能提供帮助。但是，可能提供是一回事，有没有能力提供是另一回事。所以，关系的作用既要考虑义务责任也要考虑能力。从深圳平江村的情况来看，在能力范围内，关系越强

作用越大。案例一、案例五就提供了证明。

但是，由于人的活动范围的扩大，强关系所起作用的区域是有限的。人们就必然要利用弱关系，弱关系的范围一般会比强关系大。我在前面对于关系的分类中提出，从两个时点来判断，两个人之间的关系可能是一种强弱关系。强弱关系超出单纯强关系的活动范围，它既使人由于过去的强关系而产生义务责任感和信任感，又由于各自地位、所属群体、活动区域的不同而可能给对方帮上忙。因而，单纯从两个人的关系来看的话，强弱关系是一种非常有意义也非常有效的关系。案例二就提供了证明。另外一个证明是，在深圳平江村，有笔者一些小学、中学的同学，笔者已经有二十多年没有和他们打过交道了，但当笔者一到那里调查时，他们给了笔者巨大的帮助，他们请我吃饭、喝酒，接受笔者的访谈，给笔者讲了很多平江村的故事，而这些故事外人是听不到的。

在现实生活中，往往一种关系是不够的，就要求形成一个关系链。关系链进一步扩展了关系的作用空间。完全由强关系所构成的关系链比较少，因而，在关系链中一般都会有弱关系起连接作用。在关系链中，如果有一个环节中有一种强关系，特别是通向最后一头的关系是强关系，比完全由弱关系连接起来的关系链更为有用。案例八就提供了证明。

案例七中的关系链也起了作用，但是这里有一个前提条件是这一事件中不存在竞争。

由此得出的结论是：弱关系起作用或主要是由弱关系所构成的关系链起作用的前提是没有竞争者。这也就是说：弱关系总比无关系强。

由上述结论推导出的一个结论是：如果在竞争的条件下，强关系会胜过弱关系。案例五就提供了证明。

下面来讨论关系在社会生活中的功用。从深圳平江村的情况来看，无论是强关系还是弱关系，在筹资、发货和事故处理以及其他方面（比如雇请司机）都会发生作用。这些方面牵涉到经济活动中的资本、劳动、信息等资源，也牵涉到行政方面的权力资源①，牵涉到这些资源的交换、

---

① 吉登斯（Anthony Giddens）说："资源是权力得以实施的媒介，是社会再生产通过具体行为得以实现的常规要素。"他把资源一分为二："一是配置性资源，指对物体、商品或物质现象产生控制的能力，或者更准确地说，指各种形式的转换能力；二是权威性资源，指对人或者说行动者产生控制的各类转换能力。"（吉登斯，1998：77—78、98—99）

借用、涉取。关系是人们获取利益的一种手段，因而，可以说关系是一种资源的配置手段。关系使人们把社会资源与经济资源互相交换；这种交换过程就是关系的生产与再生产的过程。

高伟定（S. B. Redding）认为，华人之所以要生活在社会关系网络中，"问题的核心是信任和可靠性。解决这个问题有两种选择：或者建立一种可以依赖的、由感情纽带连结的关系网，如家庭关系，这种关系网建立在长期和复杂的义务关系的基础上；或者和关系虽然比较远，但由于受到某种心理压力因而行为诚实的人建立起一种稳定的关系。……海外华人就是用这两种办法建立其所需要的信赖关系的"（S. B. Redding，1993：127）。格兰诺维特也非常重视信任问题（Granovetter，1985）。

平江村调查可以为这一观点提供支持。案例四中，LFH 多次强调信任，而案例七和案例八之所以要接通关系链也是为了要建立某种信任。信任可以确立对人的行为的预期性，减少不确定性。从经济交往的角度来说，由关系而带来的信任可以减少交易费用、降低风险成本。

但是，关系对于人们的作用不仅是正面的、积极的，也有负面的、消极的一面。从整个社会的层面来看，人们越是利用关系，也许就意味着这个社会的法制越不健全。此外，在某些个人、小群体、组织中所表现出来的效率可能导致社会整体的低效率或无效率。从个人或小群体的层面来看，也有消极的影响，平江人对此有所认识，特别是对摆脱不了自己原来的小圈子深有感触。有人说：

> 平江以前那些朋友，说句实在话，有时候跟在屁股后团团转，跟你吃、跟你要就可以，但是你要他帮你帮不到。讲实在话，他们到这里也只有带麻烦给我。年年总有乱七八糟一些朋友跑来，总是要带麻烦给我，打架哪，吵架哪，出去惹事搞不定呀……（MJ）

LFH 也说到她对丈夫的期望：

> 我就说如今只要他有时间，就去陪老板，不要陪平江人。不是瞧平江人不起，平江这伙人二流子太多，陪他们没有钱赚，只想搞你的钱。像我丈夫前年下半年起陪老板打牌，要赚也让老板赚，相反如今生意越做越好。（LFH）

　　笔者在平江人那里听到过不少类似的说法。这些说法的意思是：强关系使人难以摆脱，它限制了人，令人得不到新的信息和其他资源，而又有义务必须要给他人提供帮助。这也是吉登斯所强调的："社会系统的所有结构性特征，都兼具制约性与使动性。"而这种制约就是吉登斯所说的"结构性制约"，它"源于行动的情境性，即相对于处于具体情境中的行动者来说，结构性特征的'既定'性"。它主要表现为"在某一既定情境或情境类型下对一个或一群行动者的选择余地有所限制"（吉登斯，1998：280—281）。

2. 关系的实质

　　从深圳平江村的情况看来，人们之间的关系其实是一种利益交换，并且主要体现在直接的经济利益上，因为他们从事的活动是一种经济活动。有人对此深有体会：

> 搞半挂在深圳的生活是全中国最现实的生活：同是老乡，有货你就是大老爷，所有人都来敬你；你没有货别人就不来了，除非是来讨账，看到都不喊你。你有货，老家送来了腊鱼腊肉，家里小孩生日，过年过节，只要逢喜事，你就应接不暇。没钱的人到有钱的人家里随什么都借不到，靠骗一点。（LWG）

　　LWG的话是实在的，还有别人也对笔者讲过类似的话。当然，对利益的理解不能太狭隘。① 也有不少平江人不太管眼前的物质利益而给别人帮助。根据笔者的观察，关系越好、越强，就越可能给别人提供帮助而不需要即时的回报；关系越一般、越弱，就越需要直截了当的回报。案例一、案例二、案例三、案例七和案例八就提供了证明。

　　但是，不论是强关系还是弱关系都是需要回报的。在案例一中，LFH通过父亲、弟弟和其他朋友借了钱，对于父亲，她给予的回报是别让父亲怄气，对其他的朋友则要考虑人情应酬。平江人的一个说法是：朋友介绍

---

　　① 利益也可以理解为效用，贝克尔认为：效用可以来源于市场上的商品或劳务，也可以是声望、尊严等其他一些非货币因素（贝克尔，1995）。

给你了，看你会不会拉。"拉关系"就是生产和再生产关系，不能把关系理解为一个静止的、恒定的东西。再好的朋友，10年没有来往也会生疏，当然也可以重新激活；是仇敌也可能"不打不相识"，转而成为好朋友。案例四、案例五和案例六表明：关系需要建立与维护，在关系的建立与维持中存在竞争，竞争可能导致关系的破裂或终结。关系的生产与再生产的过程就是一个给予回报、建立信任的过程。

从平江人的情况看来，一般地说，具有长期合作的关系需要维护，而那些"一次性消费"的关系则不需要费力去维持。前者如与货主的关系，后者如与处理事故的有关人员的关系。对后者，平江人一当接通了关系链就直截了当地送钱，不再去多花心思；对前者则不同，逢年过节要来往，对方有忧喜两事要送礼，很多人还每周去陪他们打麻将，等等。

从结构的观点来看问题，关系使人们处于一种社会结构之中，它制约着人们的行为。但是，能否把关系看作是一种纯客观存在的社会结构呢？

我认为，不能把关系看作是一种既定的社会结构，是外在于人的活动的。除了先赋的血缘关系之外，人们的关系是一个随着主观努力扩展的过程。笔者在上面列举的案例表明：平江人的很多关系是个人努力创造出来的，是他们用社会资源或经济资源交换出来的，总之，是他们生产出来的。他们努力去打通各种各样的关节，他们通过亲朋好友寻找关系、接通关系链，在一个完全陌生的社会环境中顽强地生存和发展。如果他们不努力，他们就什么也得不到；如果他们不继续维护已有的关系，那么这些关系也是会丧失的。这样，对于关系的理解，不论是从结构还是从功能的视角来看，都应该把它看作是动态的、处于发展变化之中的，是一个连续不断的生产和再生产的过程。

3. 关系的活动空间

笔者们说关系是动态的，它处在不断生产与再生产的过程之中，那么，关系的生产与再生产是在一种什么样的社会条件下进行的呢？或者说，关系的活动空间在哪里呢？

关系的运用在涉及社会公共权力时，其目标大略有二：通过关系购买某种公共权力为自己谋取利益；通过关系保障自己的合法权利而减少公共权力对于个人权益的不当侵害。关系在这里是由于法制的不健全而留下的，很显然，在中国，法制的完善还有一个艰巨的过程。中国的法律还不够细致，往往给执法者留下巨大的解释空间，从而导致随意性。① 执法过程的暗箱操作，对执法者缺乏强有力的监督机制更是加强了这种随意性。案例七、案例八就提供了这样的事例。

在不涉及公共权力的领域，关系活动的空间又在哪里呢？

在经济活动中，在竞争不充分（表现为短缺经济和垄断等情形）、信息不完全（表现为信息不确定、信息不对称或信息成本太高）、规则不完善的条件下，关系就会发生作用。一个成熟的市场经济也总是会存在某一领域、某一行业或某一时段的不充分竞争，而信息的不完全性是任何社会、任何体制都难以避免的现象。在中国不成熟的市场经济条件下，不充分竞争和规则不完善的情况比比皆是。从平江人所从事的汽车运输业来看，由于一家一户经营的分散性，获得信息和发布信息的成本太高，对于关系的利用就是必然的。

从文化传统来看，中国是一种以家族主义为核心价值观的文化，对于家族关系给予了特别的重视（陈艳云、刘林平，1998）。这样，就强化了关系活动的社会氛围。

4. 运用关系的原则和寻找关系的路径

人们并不是在什么情况下都要利用关系。作为一种生产活动，从平江村的情况来看，人们利用关系与否是经过理性计算的，一般说来，如果利用关系的成本大于收益，人们就不会利用关系。成本—利益的比较是运用关系与否的基本原则，前引 LJP 的一段话表明，平江人对这一原则在操作过程中是掌握得很好的。

从深圳平江村的情况来看，总体上，人们寻找关系首先是从家庭、亲戚到朋友再到熟人来进行的，这一顺序就是一个从强关系到弱关系扩展开来的过程。这一路径也就是费孝通所说的差序格局（费孝通，1985）。当然，人们寻找关系的个体活动并不是严格地遵守上面的逻辑顺序的。

5. 进一步讨论的问题

中国社会正处在从计划经济或者说是再分配经济（Victor Nee，

---

① 当然，任何的法律都不可能十全十美，法律总是由人来操作的。所以，建立起怎样的操作制度同确立完善、细致的法律同样重要。

1989）向市场经济过渡的时期，社会转型的本质特点之一就是由国家计划垄断的资源配置方式转向市场配置资源的方式。在这之中，如果关系网络发生巨大作用，那么社会公众的资源就会流向那些拥有重要关系或关系资源丰富的个人、群体或阶层。

很显然，通过关系配置的资源是重要的而不是一般性的，也就是说，这些资源是稀缺的，对人来说是必要的。比如，人们通过关系从银行贷款，在投标中中标，获得好的工作机会，在法律诉讼中胜诉，在提级、提拔中得利，等等。

使用关系网络配置资源是一种特殊主义（帕森斯等，1989）的东西，它只对那些拥有关系的人有利，使得资源的配置难以达到最优化。

无论是公有还是私有的产权形式，在产权代理人和产权所有者利益不一致、对产权代理人缺乏有效的激励机制和监督机制的情况下，产权代理人就会利用关系网络追求个人的私利而损害产权所有者的利益。

在涉及公众利益的条件下，权力寻租由于其不正当性或非法性，是通过关系网络而不是采用市场的方式（如公开招标）来实现的。关系网络会使得正式的规则扭曲、变形、失效，具有相当的破坏作用。在制度合理的条件下，关系的作用是负面的；当制度不合理时，关系的作用则主要是积极的。因而，当关系网络在中国大行其道时，我们最应该反思的问题是：正式的制度是否合理和完善？

在不涉及公众利益的私人领域，理性的经济人不会因为关系而严重违反市场规则。笔者对深圳平江村的调查也说明了这一点，比如降价的竞争就使好不容易建立起来的关系失效。关系的作用主要在于建立信任，确立对人的行为的预期性，使得经济行为嵌入社会结构之中，使得经济交换转化为社会交换，延长交换的时间，变换交换的对象，因而具有合理性。

总而言之，在涉及公众利益时，关系的运用最终是不合理的；在不涉及公众利益时，关系的运用具有一定的合理性。关系网络只能是市场机制的一种补充，它不应该在社会的资源配置方式中占据主导地位。

对于关系合理性的进一步认识也许在于：除了天赋的血缘关系之外，人们的关系都是人的主观努力创造出来的，都是人们生产和再生产出来的，因而，那些具有丰富关系资源的人也许就是非常优秀的人，他们总有某种常人难以具有的特质，也许他们就是那些应该得到较多资源的人，而不论这些资源来自什么地方。在这里，对这些人的评价要超越简单的道德评判。他们也许受教育程度不高，缺乏专门的技能，不是优秀的专业技术人才，但可能是有才能的管理者、组织者，成功的企业家（李路路，1995）或政治家，因而，就此提出的问题是：究竟是谁在关系的生产和再生产中占有优势？他们具有哪些特质或才能？他们凭借这些特质或才能怎样获取丰富的关系资源？他们是不是我们社会中优秀的人才？

联系现实的社会条件，关系的合理性也许在于：在原有资源配置方式失效而新的市场配置方式尚未完全建立、中国的社会转型出现了体制断裂或体制洞（边燕杰、张文宏，2001）的情况下，关系网络是一种重要的补救机制，它使得社会的资源配置得以顺利进行。更进一步的说法也许是：通过关系网络配置资源可以有效地瓦解再分配经济的僵化体制，促使经济资源从缺乏效率的组织体系中转向有效率的组织体系，从而为市场经济体制的最终确立开辟道路。当然，在这一过程中，由于权力而积累的资本怎样摆脱与权力的联系，不至于形成垄断性的资本，并且掌握社会经济的命脉，在竞争中使得民间资本处于不利地位，以至于最终不能形成平等竞争的社会条件，是一个巨大的难题。对此应该作出怎样的制度安排是至关重要的。

当然，关系网络配置资源和市场配置资源是有本质区别的。市场最终是靠价格机制，也就是依赖科技进步和管理效率在竞争中取胜，因而促使企业提高生产率，把蛋糕做大，创造出更多的资源。而关系网络对资源的配置主要不会促使人们去创造资源，而只是资源在不同人之间的分配，只是分蛋糕而已。关系为人们给出的信号是：不需要切切实实的努力，只需要搞好关系，正式的规则是无效的，关系就是一切。

参考文献：

1. 边燕杰："社会网络与求职过程"，涂肇庆、林益民主编：《改革开放与中国社会西方社会学文献述评》，牛津大学出版社 1999 年版。

2. 边燕杰、张文宏："经济体制、社会网络与职业流动"，《中国社会科学》2001年第 2 期。

3. 贝克尔：《人类行为的经济分析》，上海三联书店、上海人民出版社 1995年版。

4. 贝克尔：《家庭论》，商务印书馆 1998 年版。

5. 布尔迪厄：《文化资本和社会炼金术》，上海人民出版社 1997 年版。

6. 布尔迪厄：《实践与反思》，中央编译出版社 1998 年版。

7. 陈艳云、刘林平："论家族主义对东南亚华人的影响"，《中山大学学报》1998年第5期。

8. 费孝通：《乡土中国》，三联书店1995年版。

9. 胡必亮："'关系'规则与资源配置——对湖北、山西、陕西、广东、浙江五省乡镇企业发展的典型调查研究"，《中国社会110·科学季刊》（香港）1996年秋季卷总第16期。

10. 吉登斯：《社会的构成》，三联书店1998年版。

11. 科尔曼：《社会理论的基础》，社会科学文献出版社1999年版。

12. 李路路："社会资本与私营企业家"，《社会学研究》1995年第6期。

13. 刘宏："社会资本与商业网络的建构：当代华人跨国主义的个案研究"，《华侨华人历史研究》2000年第1期。

14. 彭庆恩："关系资本和地位获得——以北京市建筑行业农民包工头的个案为例"，《社会学研究》1996年第4期。

15. 帕森斯、斯梅尔瑟：《经济与社会》，华夏出版社1989年版。

16. S. B. Redding：《海外华人企业家的管理思想——文化背景与风格》（*The Spirit of Chinese Capitalism*），三联书店1993年版。

17. 王春光："流动中的社会网络：温州人在巴黎和北京的行动方式"，《社会学研究》2000年第3期。

18. ［日］游仲勋：《华侨华人的世界性膨胀》，陈文寿主编：《华侨华人的经济透视》，中国社会科学出版社1999年版。

19. 张其仔：《社会资本论》，社会科学文献出版社1999年版。

20. Bian, Yanjie, 1997, "Bringing Strong Ties Back In：Indirect Ties, Network Bridges, and Job Searches in China", *American Sociological Review*, 62.

21. Bian, Yanjie and Soon Ang, 1997, "Guanxi Networks and Job Mobility in China and Singapore", *Social Forces*, 75.

22. Bruce J. Jacobs, 1979, "A Preliminary Model of Particularistic Ties in Chinese Political Alliances：Kan - ching and Kuan - hsi in a Rural Taiwanese Township", *The China Quarterly*, 78.

23. David L. Wank, 1996, "The Institutional Process of Market Clientelism：Guanxi and Private Business in a South China City", *The China Quarterly*, 147.

24. Granovetter, Mark, 1973, "The Strength of Weak Ties", *American Journal of Sociology*, 78.

25. Granovetter, Mark, 1985, "Economy Action and Social Structure：The Problem of Embeddedness", *American Journal of Sociology*, 91.

26. Kwang - Kuo Hwang, 1987, "Face and Favor：The Chinese Power Game", *A-*

merican Journal of Sociology, 92.

27. Lin, nan, 1999, "Social Networks and Status Attainment", *Annual Review of Sociology*, 25.

28. Nee, Victor, 1989, "A Theory of Market Transition: From Redistribution to Markets in State Socialism", *American Sociological* Review, 54.

企业性质、政府缺位、集体协商与外来女工的权益保障[*]

从 2001 年 7 月到 2002 年 1 月，受广东省妇联委托，我们组织了"外来女工的权益保障和生存状况"课题组②，对珠江三角洲地区的外来女工进行了问卷调查。本次调查共发放了 1100 份问卷，回收有效问卷 1039 份，回收率为 94.45%。本文就是以这次问卷调查的资料为基础写成的。由于直接进入企业发放问卷的困难，本次调查未能做到严格的随机抽样。在深圳、中山、东莞和顺德，我们采取了通过当地妇联召集女工的方式，集中发放问卷；在中山和深圳，我们利用私人联系，发放了部分问卷；在广州、东莞和汕头，我们直接进入一些企业随机抽取了一部分外来女工发放问卷。调查样本的基本情况可见表 1：

表 1	样本的基本情况
年龄（N=1029）	16—59 岁（平均 23.96 岁，标准差 5.03 岁）
教育程度 （N=1022）	小学以下 13(1.3%)　小学 59(5.8%)　初中 521(50.1%)　高中 185(18.1%)　中专、技校 173(16.9%)　大专 51(5.0%)　本科 19(1.9%)　研究生及以上 1(0.1%)
企业规模 （N=998）	100 人以下(15.0%)　101—500 人(31.8%)　501—1000 人(21.5%)1001—3000 人(18.2%)　3001 人以上(13.4%)
企业分布 （N=756）	国有 78(10.3%)　乡镇 41(5.4%)　私营 230(30.4%)　欧美 13(1.7%)　日韩 73(9.7%)　港台 321(42.5%)

＊ 本文最初发表于《社会学研究》2004 年第 6 期，署名作者为刘林平、郭志坚。

② 课题组由刘林平、何艳玲、刘米娜、蒋怡、应千飘等人组成，刘林平主持了本项目的研究工作。中山大学社会学系九九级一部分本科生参加了问卷调查，特此感谢！

一 研究回顾与理论假设

外来工的权益保障问题是中国社会最重要的问题之一，但是，从我们对文献的检索情况来看，学术界对这个问题的直接研究是非常不够的。[①]在有关文献中，我们所看到的值得重视的只有几篇。

在《中国社会科学》1995 年第 4 期发表的《珠江三角洲外来农民工状况》一文中，李银河、谭深等人从劳动合同、工资收入、劳动时间、劳动条件、福利待遇等方面对外来农民工的权益保障问题进行了探讨。这篇建立在问卷调查基础上的文章主要是描述性的，没有进行太多的分析。文内的一些论述是有意义的，比如文章说："外来农民工的组织化程度低，权益保障机制尚待发育"（"外来农民工"课题组，1995）。可惜的是，这样的观点既没有展开，也没有论证。

谭深后来对外来工权益问题进行了一些分析。比如，在讲到企业与外来女工权益保障的关系时，她说："从企业状况考察女工的权益状况，一般来说，企业级别高、规模大、效益好，管理也相对规范，工人的权益状况要好些"（谭深，2003a）。"一些跨国公司作为品牌商，在他们的加工企业中推行生产守则，至少在一定范围内直接地起到了保证工人基本权益的作用"（谭深，2003b）。她也看到，"外来工毕竟是外乡人，当地政府对于他们没有责任，当外来工与企业发生矛盾时，很自然地倾向于企业一方"（谭深，2003a）。但是，这些论述并没有得到严格的证明，同时也缺乏更加深入的分析。

中国大规模的工业化和城市化过程在西方已经成为历史，中国社会的外来工权益保障问题，实际上是有中国特色的劳工权益的问题；而在解释工业关系的理论中，主要存在一元论和多元论两种理论取向。一元论认为，合作是工业关系的常态，冲突则是反常的；解决劳资冲突的方法是企

[①] 当然，也有一些学者从社会分层的角度论述了外来工的社会地位，认为他们属于所谓的"底层社会"（孙立平，2002；Li Qiang，2002），从而间接讨论了外来工的权益保障问题，其中有不少学者认为外来工弱势地位的形成和僵化的户口制度以及分割的二元劳动力市场密切相关（李强，2000；蔡昉、都阳、王美艳，2001），还有人直接阐述了外来工的权益受损情况如工资水平低和工资拖欠等问题（李强，2002；王奋宇、李路路等，2001）。

业的管理者关心工人，实行人性化的管理，政府不需要对劳资冲突进行干预。而工会的角色是负面的，20世纪30年代从美国开始的人际关系学派就是这种理论的代表（Elton Mayo，1933）。社会学结构功能主义的代表人物帕森斯也认为，在工业社会中，个人成就和经济效率存在着价值一致。如果公司是成功的，每一个人都可以分享利益，工人可以得到更高的工资和职业保障，劳资冲突会损害大家的利益。冲突是一种系统功能失调（malfuction）的表现，完全消灭罢工也是可能的（Haralambos et al.，2000）。

多元论的观点又可以一分为四：新集体主义（neo - collectivism）、统合主义（corporatism）、新放任主义（neo - laissez - faire）和激进主义（radicalism）。激进主义把劳资双方看成是势不两立的，是一种不可调和的阶级或利益集团的冲突，合作是不可能的事情；新放任主义从个体的立场来看劳资关系，认为解决问题的关键是劳资双方要订立劳动契约；统合主义强调政府的作用，认为要加强国家干预，建立由政府、顾主和劳工代表的三边制度；新集体主义则强调劳工只有以集体的力量才能对抗资方，认为集体协商制度是最公正、最有效率解决劳资冲突的方法（转引自朱柔若，1998）。

大部分社会学家都支持多元论的立场。他们相信，工业社会的权力分散在不同的利益集团之中，所有的利益集团都具有某种权力，工会是雇员利益最主要的代表团体。工人阶级通过工会被资本主义社会所整合。资方和劳方是存在冲突的，但是，冲突可以在一套被认可的规则和程序的框架中被制度化（Haralambos et al.，2000）。达伦多夫认为，制度化解决工业冲突需要三个条件：劳资双方对冲突处境现实和必要性的承认、有代表利益群体的组织和双方认可的游戏规则（Dahrendorf，1959）。

我们认为，在外来工的权益保障问题上，可以从企业、地方政府和外来工自身三个方面来看，这实际上是一个三方博弈的过程。从企业来看，尽可能地压缩劳工的工资和福利成本，是资方的必然选择，但是，这一选择不是无条件的，它和企业对劳工使用的社会成本相关。所谓社会成本，是指企业对劳工权益忽视所付出的代价，包括劳工的反抗和社会舆论的压力，以及由此压力而带来的种种问题。对于地方政府来说，在以经济建设为中心的主流价值引导下，资本短缺而劳动力无限供给的现实使他们对资方的偏袒似乎是一种必然的选择。但是，这一选择也是有条件的，这就是不能付出沉重的社会代价，这个代价可能是社会舆论的压力，也可能是上级政府强有力的干预，或者是劳工的强烈反抗。从外来工自身来看，保障自己的权益是理所当然的，但是，在与资方的博弈中，他们却明显处于弱势。本文研究的是：外来工的弱势地位是怎样形成的呢？他们可以动员的资源是什么？

假设1：外来女工的权益保障和企业的正规化程度相关。企业的正规化程度取决于性质和规模。国际大资本可能按照国际惯例行事，对于外来女工的生活状况和权益保障较为重视，中国的国有企业由于其所有制性质，和欧美、日韩的外资企业一样，正规化程度较高，在权益保障方面做得比较好，港台企业次之，而乡镇企业和私营企业最差；企业的规模越大，正规化程度越高，对工人的权益保障越好，反之亦然。

假设2：外来女工的权益保障和自身的教育程度、社会联系以及组织化程度相关。作为个体的外来女工，教育程度越低则其社会地位越低，权益就越难得到保障。一般来说，由于其外来者的身份，外来女工在当地缺乏社会关系资源，她们的权益保障也就缺乏社会关系的支持。在和资本即企业讨价还价的博弈过程中外来女工是以个体形式出现的，她们的组织化程度太低，因而处于不利地位。

假设3：地方政府具有吸引外资、促进本地发展和保障外来女工权益的双重任务，因而处于一种两难之中。由于资本的强势和劳动力的弱势，地方政府可能对于保护外来女工权益的态度并不积极。

二　企业的性质、规模和外来女工的权益保障

外来女工的权益保障，首先和企业的性质相关。我们依据所有权把企业分为下列六类：①国有；②乡镇；③私营；④欧美；⑤日韩；⑥港台。后三类企业或者是独资的，或者是合资的，对于合资企业没有进一步细分。

我们用下列指标来测量女工的权益。

（1）劳动时间：周劳动时间（小时数）。在测量劳动时间时，我们要求女工填写在调查时点上周一到周日每天上下班的时间，再汇总计算出一周的劳动时间。

（2）工资收入：为了准确地测量工资收入，我们要求女工填写最近

一个月的工资数，这个数字比估计性的月工资收入要准确。另外，我们还要求女工填写其中加班工资的多少。

（3）工作环境：我们从通风状况、照明条件、防火措施和作业空间四个方面来测量工作环境，并用很好（取 2 分）、好（取 1 分）、一般（取 0 分）、差（取 -1 分）和很差（取 -2 分），将上述四项取平均得分作为工作环境的得分。

（4）劳动条件：涉及高温、低温、冷水、毒性、过量负重、噪音、烟尘与粉尘、电磁辐射等物理伤害、潮湿以及长时间立位、蹲位工作十个方面。以没有（得 2 分），轻微（得 1 分），不知道（得 0 分），较严重得（-1 分），很严重得（-2 分），将上述 10 项取平均得分作为劳动条件的得分。

（5）福利待遇：从病假工资、带薪休假、工伤保险、医疗保险、养老保险和产假工资六个方面来测量企业的福利待遇，如果有则得 1 分，没有得 -1 分，然后累计。

（6）人身权利：我们通过询问外来女工是否经历过下面的五种情况来测量这方面的状况：被限定吃饭时间、被管理人员打、被搜查、被怀疑偷窃和被关押。如果经历过则得 -1 分，没有则为 1 分，然后累计。

（7）孕期保护：分为三类情况：有解雇得 1 分，无解雇无带薪休假得 2 分，无解雇有带薪休假得 3 分。

把企业性质作为自变量，把上述 8 个变量作为因变量，可以得出表 2。

在表 2 中，我们先来看企业性质对周劳动时间的影响。由于企业性质是自变量，属于定类测量层次，而周劳动时间是依变量，属于定距层次，要用 E 系数来测量两者的相关情况。从 E = 0.348 可见，企业性质对外来女工一周的劳动时间有相当的影响。表中显示六类不同性质企业的外来女工的周劳动时间有所差异。相比之下，国有企业外来女工的周劳动时间最短，其次是日韩企业，其余的依次排列为港台、欧美私营企业，周劳动时间最长的是乡镇企业。标准差显示日韩企业女工之间的周劳动时间差异最大，其次是乡镇企业，差异最小的是港台企业，其次是国有企业。

我们再来看企业性质对月工资的影响。E = 0.194 表明，企业性质对外来女工月工资有一定的影响。日韩企业的外来女工最近一个月的工资最高，其次是欧美企业；工资最低的是乡镇企业，其次是私营企业。标准差显示港台企业外来女工之间的月工资差异最大，其次是欧美企业，差异最小的是国有企业，其次是乡镇企业。

表2   **企业性质对女工权益的影响**

女工权益	企业性质							E	E²
	国有	乡镇	私营	欧美	日韩	港台	合计		
周劳动时间（小时）	50.26 (15.97)	72.62 (19.07)	69.58 (16.64)	63.75 (16.37)	59.70 (19.58)	61.53 (15.10)	63.27 (17.39)	0.348	0.121
月工资（元）	860.26 (280.94)	719.83 (342.36)	747.33 (380.86)	981.31 (471.47)	1022.31 (379.35)	831.26 (484.08)	824.10 (426.05)	0.194	0.038
加班工资（元）	169.45 (182.87)	65.76 (137.52)	94.17 (135.23)	249.50 (78.54)	255.97 (186.16)	116.86 (124.81)	125.56 (146.51)	0.311	0.097
工作环境	1.05 (0.76)	0.46 (0.88)	0.63 (0.80)	0.62 (0.79)	0.40 (0.77)	0.95 (0.72)	0.78 (0.79)	0.274	0.075
劳动条件	1.66 (0.35)	1.23 (0.61)	1.36 (0.56)	1.59 (0.43)	1.21 (0.51)	1.67 (0.38)	1.51 (0.50)	0.367	0.135
福利待遇	0.06 (0.81)	-0.45 (0.72)	-0.54 (0.61)	0.09 (0.72)	-0.04 (0.76)	0.17 (0.53)	-0.13 (0.70)	0.459	0.211
人身权利	-0.18 (0.17)	-0.12 (0.48)	-0.17 (0.28)	-0.08 (0.42)	-0.13 (0.31)	-0.23 (0.24)	-0.19 (0.28)	0.147	0.022
孕期保护	2.60 (0.69)	2.0 (0.73)	1.89 (0.72)	2.67 (0.52)	2.14 (0.76)	2.59 (0.61)	2.35 (0.74)	0.418	0.175

注：表格中数据均为平均值，括号内为标准差。

与月工资相联系的是加班工资。从 E = 0.311 可见，企业性质对外来女工的加班工资有相当的影响。从表2可以看出，加班工资最高的是日韩企业，依次下来是欧美、国有、港台、私营和乡镇企业。这个排列顺序和月工资收入是一样的。

劳动力的工资收入应该由其市场价值来决定，劳动力的市场价值由其所掌握的工作技能或工作效率和市场需求的稀缺性决定，并不直接、全面反映劳动力的权益保障问题，但是，一般来说，工资收入越高，劳动力的权益保障越好。特别是把劳动时间和工资收入加以对比时，如果劳动时间相对较短，而工资收入相对较高，那么劳动者的权益当然就得到了比较好的保护。

综合分析上述三个指标，劳动时间最长的乡镇企业和私营企业，女工的工资却是最低的；日韩企业劳动时间较短，工资最高；欧美企业的劳动时间比较长，但是，工资收入也比较高；国有企业的劳动时间最短，工资收入处于中等水平。我们把这六类性质企业女工的月工资收入和劳动时间、加班工资和加班时间的比率排列组成表3。

表3　　　　　　　　**不同性质企业外来女工的单位时间工资比较**

企业类型	国有	乡镇	私营	欧美	日韩	港台
每小时工资数（元）	4.28	2.47	2.69	3.85	4.28	3.38
每小时加班工资数（元）	6.77	0.57	0.92	3.16	4.08	1.67

注：每小时工资数 = 月工资 ÷ 4 ÷ 周劳动时间（每月按 4 周计算）

每小时加班工资数 = 加班工资 ÷ 4 ÷（周劳动时间 – 44）

表3清楚地表明：在单位时间里，国有企业的效益最好，日韩企业次之，依次是欧美、港台、私营和乡镇企业。当然，国有企业的加班时间不多，它能给予的工资总额是不高的。

从表2还看出，企业性质对福利待遇、孕期保护和劳动条件都有相当的影响，对工作环境和人身权利也有一定的影响。

相关的还有工资的拖欠与克扣情况，在本次问卷调查中，我们对此进行了测量，结果可见表4。

总体来看，在 743 位回答者中，拖欠工资的比例为 16.6%。拖欠工资的百分比从低到高的排列顺序是：国有、欧美、港台、日韩、私营和乡镇企业；在 738 位回答者中，有 19.8% 的人被克扣过工资，克扣工资的百分比从低到高的排列顺序是：欧美、乡镇、日韩、国有、港台和私营企业。从 tau – y = 0.060（sig. = 0.000）与 tau – y = 0.039（sig. = 0.000）来看，企业性质与有无拖欠和克扣工资之间存在相关关系。这也就是说，不论什么样的企业，都存在着拖欠和克扣工资的情形，只是不同性质的企业在上述两方面的严重程度有差异，在所列六类企业中，乡镇企业拖欠工资的比例最高，而私营企业克扣工资的比例最高。企业是否和工人签订劳动合同是权益保障的重要指标，由于这里的自变量和因变量都是定类变量，它们之间的关系构成了表5。

表4 不同性质企业外来女工的工资拖欠和克扣情况比较

			企业性质					
			国有	乡镇	私营	欧美	日韩	港台	总计
有无拖欠工资	有	百分比	5.3	37.5	26.3	10.5	15.4	12.7	16.6
		平均值（月）	1.75	1.60	1.61	2.00	1.78	1.26	1.54
	没有	百分比	94.7	62.5	73.7	89.5	84.6	87.3	83.4
	N		76	40	228	315	13	71	743

tau－y＝0.060（sig.＝0.000）　X^2＝44.655　df＝5　P＝0.000　（2－sided）

			国有	乡镇	私营	欧美	日韩	港台	总计
有无克扣工资	有	百分比	15.6	15.0	31.3	13.3	15.4	19.4	19.8
		平均值（元）	86.91	118.33	109.48	150.00	127.14	118.74	113.04
	没有	百分比	84.4	85.0	68.7	86.7	84.6	80.6	80.2
	N		77	40	227	309	13	72	738

tau－y＝0.039（sig.＝0.000）　X^2＝28.758　df＝5　P＝0.000　（2－sided）

表5 企业性质与签订劳动合同的关系

企业性质	签订正式劳动合同		N
	没有（%）	有（%）	
国有	24.0	76.0	75
乡镇	45.0	55.0	40
私营	66.8	33.2	226
欧美	38.5	61.5	13
日韩	38.9	61.1	72
港台	25.4	74.6	303
合计	40.7	59.3	729

Tau－y＝0.140（sig.＝0.000）　X^2＝102.263　df＝5　P＝0.000　（2－sided）

在表 5 中，Tau – y = 0. 140，这表明企业性质和签订劳动合同具有一定程度的相关性。

把不同性质的企业在上述变项中的排列顺序总结如下，可以得出表6，结论是：国企第一，其余依次是欧美、港台、日韩、乡镇和私营企业。根据得分，我们还可以把它们分为三个层次：对女工权益保护做得最好的是中国的国有企业和外资的欧美企业，处于中间层次的是港台企业和日韩企业，做得最差的是乡镇企业和私营企业。

表6　　　　　　　　　　　不同性质企业排序得分

权益变项	企业性质					
	国有	乡镇	私营	欧美	日韩	港台
周劳动时间	6	1	2	3	5	4
月工资	4	1	2	5	6	3
加班工资	4	1	2	5	6	3
小时工资	6	1	2	4	5	3
工作环境	6	2	4	3	1	5
劳动条件	5	2	3	4	1	6
福利待遇	4	2	1	5	3	6
人身权利	2	5	3	6	4	1
孕期保护	5	2	1	6	3	4
工资拖欠	6	1	2	5	3	4
工资克扣	3	5	1	6	4	2
劳动合同	6	2	1	4	3	5
总计	57	25	24	56	44	46

说明：得分与排序一致，六类企业在一个变项中的排序是第一得6分，第二得5分，以下类推。

和企业性质一样，企业规模也影响着外来女工的权益保障。以企业规模为自变量，以劳动时间等为因变量，形成表7。

表7 企业规模对女工权益的影响

女工权益	企业规模（人）						E	E²
	100 以下	101—500	501—1000	1001—3000	3000 以上	合计		
周劳动时间（小时）	61.93 (19.62)	65.62 (19.07)	59.77 (16.76)	62.52 (15.52)	53.55 (14.09)	61.68 (17.85)	0.214	0.046
月工资（元）	755.40 (298.67)	745.31 (345.64)	800.60 (346.02)	844.75 (477.25)	983.70 (545.99)	808.95 (404.79)	0.192	0.037
加班工资（元）	88.02 (116.00)	112.49 (139.97)	88.86 (113.22)	142.13 (138.33)	176.36 (163.18)	120.37 (138.55)	0.218	0.048
小时工资（元）	3.59 (2.28)	3.16 (1.98)	3.72 (2.28)	3.70 (2.77)	5.17 (3.50)	3.70 (2.54)	0.239	0.06
工作环境	0.86 (0.83)	0.63 (0.88)	0.88 (0.65)	0.86 (0.65)	1.01 (0.75)	0.81 (0.78)	0.172	0.030
劳动条件	1.48 (0.53)	1.41 (0.58)	1.56 (0.44)	1.54 (0.48)	1.68 (0.42)	1.51 (0.51)	0.171	0.029
人身权利	-0.20 (0.22)	-0.16 (0.33)	-0.18 (0.25)	-0.24 (0.25)	-0.27 (0.16)	-0.20 (0.27)	0.148	0.022
福利待遇	-0.41 (0.70)	-0.27 (0.67)	-0.12 (0.70)	0.11 (0.59)	0.23 (0.60)	-0.11 (0.69)	0.308	0.095
孕期保护	2.30 (0.78)	2.21 (0.76)	2.27 (0.71)	2.52 (0.69)	2.47 (0.65)	2.34 (0.73)	0.172	0.030

注：表格中数据均为平均值，括号内为标准差。

在表7中，除了人身权利一项外，其他的变项都发生了相对有规律的变化，即随着企业规模的扩大，权益变项的得分越高，对外来女工的权益保护越好，当然这种变化并不是直线的。从 E 系数来看，企业规模对上述变量都有影响，其中对福利待遇的影响相对较强。

表 8　　　　　　　　**企业规模和签订劳动合同的关系**

企业规模	正式劳动合同		N
	没有（%）	有（%）	
100 人以下	52.7	47.3	148
101—500 人	54.1	45.9	303
501—1000 人	32.9	67.1	207
1001—3000 人	20.8	79.2	178
3000 人以上	24.0	76.0	121
合计	39.3	60.7	957

tau－y = 0.084（sig. = 0.000）　X^2 = 80.179　df = 4　P = 0.000　（2－sided）

表 8 中的百分比显示，随着企业规模的扩大，签订正式劳动合同的比例基本呈增大趋势。Tau－y = 0.084（sig. = 0.000）也表明，企业规模对是否签订劳动合同有若干影响。

表 9　　　　　　**不同企业规模外来女工的工资拖欠和克扣情况比较**

权益变项			企业规模（人）					
			100 以下	101—500	501—1000	1001—3000	3000 以上	总计
拖欠工资	有	百分比	11.6	21.9	14.6	11.9	11.5	15.6
		平均值（月）	1.71	1.54	1.50	1.29	1.07	1.47
	没有	百分比	88.4	78.1	85.4	88.1	88.5	84.4
	N		147	310	212	177	131	977

tau－y = 0.015（sig. = 0.000）　X^2 = 15.043　df = 4　P = 0.005　（2－sided）

权益变项			100 以下	101—500	501—1000	1001—3000	3000 以上	总计
克扣工资	有	百分比	12.2	19.7	29.7	10.7	8.5	17.6
		平均值（元）	119.25	116.74	81.68	106.00	102.36	102.66
	没有	百分比	87.8	80.3	70.3	89.3	91.5	832.4
	N		147	309	209	178	129	972

tau－y = 0.039（sig. = 0.000）　X^2 = 38.084　df = 4　P = 0.000　（2－sided）

表 9 显示：工资拖欠和克扣的情况随着企业规模的扩大而变化，其规律和下面的企业排序得分基本相同，拖欠工资比例最高的是 101—500 人规模的企业，克扣工资比例最高的则是 501—1000 人的企业。

显然，企业的规模越大，对外来女工的权益保障就越好，但是表 10 又显示，这种状态并非一条直线，101—500 人的企业权益保障得分是最低的，然而低于 100 人的企业又有所升高。

这样，上述关于企业性质和规模对于女工权益保障的数据基本证明了理论假设 1。

表 10　　　　　　　　　　　不同规模的企业排序得分

权益变项	企业规模				
	100 人以下	101—500 人	501—1000 人	1001—3000 人	3000 人以上
周劳动时间（小时）	3	1	4	2	5
月工资（元）	2	1	3	4	5
加班工资（元）	1	3	2	4	5
小时工资（元）	2	1	4	3	5
小时加班工资（元）	1	2	3	4	5
工作环境	2	1	4	3	5
劳动条件	2	1	4	3	5
福利待遇	1	2	3	4	5
人身权利	3	5	4	2	1
孕期保护	3	1	2	5	4
工资拖欠	4	1	2	3	5
工资克扣	3	2	1	4	5
劳动合同	2	1	3	5	4
总计	29	21	39	46	59

三 个体、集体与地方政府的缺位

外来女工的权益保障与个体自身的教育程度相关，请看表11：

表 11　　　　　　　　　　　教育程度对女工权益的影响

女工权益	教育程度							E	E²
	小学以下	初中	高中	中专技校	大专	本科及以上	合计		
周劳动时间（小时）	72.96 (18.30)	64.90 (18.21)	59.17 (18.00)	54.26 (13.70)	50.93 (9.54)	49.42 (9.49)	61.66 (17.94)	0.325	0.106
月工资（元）	576.99 (300.61)	711.84 (290.09)	821.51 (339.70)	892.77 (318.38)	1312.36 (528.73)	2152.35 (804.42)	806.25 (405.40)	0.574	0.329
小时工资（元）	2.23 (1.89)	3.05 (1.73)	3.91 (2.43)	4.36 (20.5)	6.69 (3.04)	11.65 (4.68)	3.69 (2.52)	0.565	0.320
加班工资（元）	93.4 (137.44)	134.82 (144.34)	112.74 (140.54)	116.94 (140.49)	123.10 (145.08)	55.0 (100.14)	122.43 (142.21)	0.111	0.012
工作环境	0.50 (0.83)	0.76 (0.77)	0.80 (0.81)	0.95 (0.69)	1.19 (0.66)	1.33 (0.65)	0.82 (0.78)	0.202	0.041
劳动条件	1.44 (0.63)	1.47 (0.53)	1.52 (0.50)	1.58 (0.44)	1.74 (0.33)	1.84 (0.18)	1.52 (0.51)	0.169	0.029
福利待遇	-0.68 (0.50)	-0.27 (0.64)	0.02 (0.72)	0.23 (0.57)	0.54 (0.58)	0.50 (0.43)	-0.10 (0.69)	0.406	0.165
人身权利	-0.18 (0.28)	-0.18 (0.27)	-0.19 (0.31)	-0.24 (0.23)	-0.30 (0.19)	-0.31 (0.17)	-0.20 (0.27)	0.137	0.019
孕期保护	2.00 (0.59)	2.31 (0.73)	2.30 (0.78)	2.51 (0.66)	2.57 (0.73)	2.88 (0.35)	2.35 (0.73)	0.207	0.043

注：表格中数据均为平均值，括号内为标准差。

表11显示，随着受教育程度的增高，外来女工的劳动时间减少，工资收入增加，单位时间的工资也随之增加；工作环境、劳动条件和福利待遇也随之改善；孕期保护也做得更好。只有人身权利一项却是得分减少，

这和企业规模对这一变量的影响是一致的，我们将在后面来讨论。从 E 系数来看，教育程度对权益变量影响比较强的是月工资、小时工资和福利待遇，对劳动时间也有一定的影响，对其他变量的影响比较弱。

表 12　　　　　　　　　教育程度和签订劳动合同的关系

教育程度	正式劳动合同		N
	没有（%）	有（%）	
小学及以下	70.6	29.4	68
初中	43.0	57.0	495
高中	38.5	61.5	179
中专、技校	23.0	77.0	165
大专	16.0	84.0	50
本科及以上	5.3	94.7	19
合计	38.6	61.4	976

$tau - y = 0.072$（sig. = 0.000）　$X^2 = 70.001$　df = 5　P = 0.000　（2 - sided）

表 13　　　　　　　教育程度和外来女工工资拖欠与克扣情况

权益变项			教育程度						
			小学及以下	初中	高中	中专、技校	大专	本科及以上	总计
拖欠工资	有	百分比	17.1	16.7	17.6	10.5	6.0	20.0	15.4
		平均值（月）	1.64	1.48	1.38	1.47	1.67	1.00	1.47
	没有	百分比	82.9	83.3	82.4	89.5	94.0	80.0	84.6
		N	70	509	182	171	50	20	1002

$tau - y = 0.008$（sig. = 0.139）　$X^2 = 8.335$　df = 5　P = 0.139　（2 - sided）

权益变项			小学及以下	初中	高中	中专、技校	大专	本科及以上	总计
克扣工资	有	百分比	28.6	18.1	16.1	18.8	8.0	5.3	17.8
		平均值（元）	105.3	92.5	83.4	114.3	82.5	999.0	101.7
	没有	百分比	71.4	81.9	83.9	81.2	92.0	94.7	82.2
		N	70	504	180	170	50	19	993

$tau - y = 0.011$（sig. = 0.054）　$X2 = 11.356$　df = 5　P = 0.045　（2 - sided）

表 12 显示，随着教育程度的提高，签订正式劳动合同的百分比逐渐增加。Tau – y = 0.072（sig. = 0.000）表明，教育程度对外来女工是否签订劳动合同有若干影响。

而表 13 表明，教育程度和女工的工资拖欠与克扣情况无关，相应的百分比也显示不出有规律的变化趋势。

下面，我们再从群体的角度来分析。表 14 标示了外来女工的组织程度。

表 14   **外来女工企业的组织及其参与情况**

项目	有，笔者也参加了（%）	有，但笔者没有参加（%）	没有（%）	不清楚（%）	N
工会	28.8	17.4	43.2	10.7	1012
共青团	9.1	14.8	61.7	14.4	1001
党组织	2.8	17.7	62.8	16.8	997
女工组织	10.8	10.0	63.4	15.8	999
同乡会	6.2	3.9	74.8	15.1	991

在被调查的女工中也只有 46.2% 其所在企业有工会，只有 28.8% 参加了工会，其余组织的建立与参加的比例就更小。外来女工的组织化程度是非常低的。

把女工参与工会的情况和企业的性质交互分类，我们就得到表 15：

表 15   **企业性质与工会组织状况**

组织		企业性质					
		国有	乡镇	私营	欧美	日韩	港台
工会	有并参加（%）	55.4	37.5	13.7	15.4	35.6	24.1
	有但没参加（%）	12.2	10.0	9.7	15.4	5.5	22.8
	没有（%）	27.0	37.5	62.8	61.5	49.3	44.4
	不清楚（%）	5.4	15.0	13.7	7.7	9.6	8.7
	N	74	40	226	13	73	311

在表 15 中，可以明显看出，国有企业工会的组织程度最高，乡镇企业次之；港台企业的工会组织超过日韩企业，但是女工的参与度却不如日韩企业；最差的是私营企业，欧美企业尽管不如国有、乡镇、港台和日韩企业，但是它的工会组织健全程度和女工的参与程度都超过了私营企业。

外来女工太低的组织化程度，使得她们几乎不可能和企业进行集体协商。

与外来女工权益保障相联系的还有她们的社会资源。她们没有本地户口①，当然在当地也就没有选举权和被选举权，这使得她们对当地的政治几乎没有任何影响力。也许有人会说，有户口的本地人对政府也未必有影响力。但有本地户口的人，至少在村级选举中可以发挥作用。而在珠江三角洲，村，其实也是一个重要的组织单位，掌握着相当的权力和资源。

根据我们的调查研究，当地政府，主要是镇级政府和市级政府，对外来工人的权益保护采取行动的直接原因有三：①上级乃至中央和省里的重要领导人物有批示；②新闻媒体的报道形成了巨大的舆论压力；③当事人通过私人联系获得了有关人士的帮助。简要地说，就是上级压力、舆论压力和私人压力。

获得上级批示或新闻报道的重要原因是事态很严重，获得私人帮助的条件是必须具备一定的社会关系资源。外来工和本地人比较，最缺乏的就是在当地的社会关系资源，由于他们不是本地人，他们的亲朋好友主要都在家乡，或者是一起来到珠江三角洲打工的老乡或其他的外地人。下面，我们来看看外来女工的朋友数量和朋友构成。

---

① 本次调查的外来女工来源地是：广东省其他地区 269 人，广西 84 人，湖南 200 人，四川 190 人，江西 88 人，湖北 64 人，福建 6 人，其他地区 133 人，还有 5 人未填。她们的户口情况是：农业户口人数最多，为 692 人，占总体的 66.6%；非农业户口的有 292 人，占总体的 28.1%；不清楚自己户口性质的有 29 人，还有 26 人未填。

表 16　　　　　　　　　　外来女工的朋友数量

朋友数	0	1	2	3	4	5	6	7	8	9	10	12	13	16	20	合计
人数	25	60	142	131	83	92	43	17	30	5	259	3	4	1	3	898
%	2.8	6.7	15.8	14.6	9.2	10.2	4.8	1.9	3.3	0.6	28.8	0.3	0.4	0.1	0.3	100

898 名女工共有朋友 4966 名，平均有朋友 5.52 人，有 10 个朋友的人数最多，占了 28.8% 。更重要的，我们要看朋友的构成。

表 17　　　　　　　　　　外来女工的朋友构成

项目		%
是否老乡 N = 975	都是	11.8
	有的是	78.0
	都不是	10.2
是否当地人 N = 921	都是	3.4
	有的是	62.3
	都不是	34.3

猛一看，女工中有当地人朋友的并不少，但是，她们生活的主要圈子是和她们一起工作的同事和老乡。特别是在她们碰到困难时，给予帮助的主要还是自己的亲人和老乡（参见表18）。她们当然也有当地人的朋友，但是，我们在访谈中了解到，这些当地人的朋友主要是房东或其他的社会地位比较低的人，并不能给予她们太大的帮助。所以，从这一点来看，应该提出朋友的有效性或有效朋友的概念。

一般来说，人们的关系纽带是亲缘、地缘、学缘、业缘和趣缘。就亲缘、地缘、学缘来说，外来女工所联系的人大都在她们的家乡；就业缘来说，我们所调查的外来女工主要是在工厂和服务行业工作，她们所联系的人也是和她们一样的外来工。所以，我们的结论是：外来女工作为外来者是天然地缺乏在当地的社会关系资源或社会资本的。

表 18 外来女工寻求帮助情况

项目		家人	亲属	老乡	同事	同学	朋友	企业	社会机构	得不到帮助	没有此类问题	N
经济支持	寻找工作或者调换工作	9.7	13.8	16.1	6.2	3.5	28.2	3.4	3.2	1.6	14.4	1010
	经济上急需帮助	27.8	14.2	12.0	5.2	2.9	25.1	1.8	0.2	0.5	10.3	1017
情感支持	心情不好或感到沮丧	22.7	5.8	7.5	9.0	5.7	41.4	0.1	—	1.4	6.5	1026
	婚姻恋爱问题	19.2	3.3	3.6	3.7	4.0	27.9	0.1	0.5	2.4	35.2	994

上述关于教育程度、组织化程度和社会联系的数据讨论基本证实了理论假设 2。

所以，除非发生了非常严重的情况，否则当地的地方政府重视外来女工的权益保障是不可能的。从理论上来说，地方政府要严格执法，要负担起维护工人权益的责任，但是，实际上，地方政府也是一个利益群体，在以经济建设为中心的主流价值影响下，招商引资是地方政府最喜欢做的事情，也是它的利益所在，工人的权益保障当然就是次要的。

从女工的视角来看，当地政府对她们的权益保护是没有多大作用的。在回答问卷中"你是否有过权益（如工资待遇、劳动保护等）受到侵害的经历"的问题时，1020 位回答者中的 261 人说有过这样的经历，占了回答者的 25.59%。这是一个不小的比例，也就是说有多过 1/4 的人权益受到过侵害。但是，她们中间只有 32 人去向有关部门投诉过，占受侵害者的 12.26%。那么，另外的人为什么不去投诉呢？请看表 19。

表 19 外来女工没有向有关部门投诉的原因

项目	不知道可以投诉	不知道去哪儿投诉	怕被报复	反正也没有用	其他原因	合计
人数	35	62	13	99	20	229
%	15.28	27.07	5.68	43.23	8.73	100

原因是清楚的，结果也是清楚的。上述数据基本证实了理论假设 3。

四 结论和讨论

通过前面的论述，本文所提出的三个理论假设基本得到证明，现在我们要对如下几个问题进行讨论：

（1）我们之所以把企业性质作为基本的自变量，这里所隐含的假设是：不同的产权安排和不同的法治、文化传统对工人的权益保障是有影响的。这个变量的重要性还在于，当中国加入 WTO 与国际商业规则接轨时，中国的劳工权益保护标准也要向国际标准靠拢（常凯，2002）。本文的数据基本证实企业性质对外来女工权益的保障是有影响的。然而，值得注意的是，国有企业的其他方面都做得比较好的同时，"人身权利"和"工资克扣"方面得分很低。关于工资克扣，一个可能的推测与企业管理制度及女工理解的误差有关；然而根据我们对"人身权利"设置的问题，是不可能出现误解的。只能说，国企在外来女工人身权利方面存在比较严重的问题。这里的原因可能有：一是国企内的农民工被歧视；二是向市场转型中，国企中的劳动关系发生变化。不论哪一种情况，都值得进一步研究。

同样，将企业规模作为基本的自变量是因为"规模更可能被视为一种能造就和决定其他结构变量的独立变量"（斯格特，2002：244）。我们在这里把企业规模与对女工的权益保障直接联系起来，数据证明了它们之间的相关关系。然而需要指出的是，规模较大的企业在为外来女工提供了较高待遇的同时，人身权利方面却表现欠佳。这和我们的观察是一致的。无论怎样，关于企业的性质和规模与外来女工权益保障相关的结论，不仅具有理论意义，而且还具有实践意义，它为政府对企业的监管提供了一个清晰的指引。

（2）社会网络学派特别重视人们的社会关系或社会资本在市场活动中的作用，比如在求职过程中的作用（边燕杰，1999）。本项研究力图把外来女工的社会关系和她们的权益保障联系起来，也就是从经济的层面扩展到政治和社会的层面来重视社会关系的变量，并且用一些初步的数据证明了这种联系。

当然，人的社会关系并不是固定的，而是动态的，关系是可以通过主观努力创造的（刘林平，2001、2002）。不过，由于外来女工的工作岗位、时间和金钱的限制，她们要获得新的社会关系是相当困难的。

问卷对社会关系的测量往往容易把人的社会关系凝固化，在今后的研究中，怎样在一个动态的过程中来进行，这是需要加以认真探讨的。

社会关系和组织化程度的变量与教育程度的变量不同，引入了这两个变量就会使得我们在探讨外来女工的权益保障问题时，从个体的角度扩展到群体，因而会深化对这一问题的认识。

（3）本文所力图建构的理论框架是企业、政府和外来女工三方面的一个结合体。实际上，研究这个问题离不开社会的大背景，这个大背景既有资本相对稀缺和劳动力无限供给的现实社会状况，也离不开基本的经济、政治、社会制度安排以及文化传统，离不开经济发展的阶段性以及在全球化背景下的国际经济分工体系。

从社会转型的角度来看，外来女工或外来工的问题是中国工业化和城市化过程中的问题，他们被城里人称为"农民工"，他们既是农民又是工人，表明他们身份的双重性、中介性和不确定性，也表明中国从计划经济到市场经济的社会转型和大规模的工业化、城市化的过程远未定型与结束；而他们却是这个过程中社会苦难的主要承受者。

更具体地说，外来工或农民工的问题和当今中国的产权安排（如土地制度）、社会身份制度（如户口制度）、社会福利和社会保障制度等直接相联系，因而，进一步的研究必然和最基本的制度安排相联系。①

　　与本地人（或城里人）比较，外来工或农民工没有当地户口，当然也没有享受由户口而派生出来的种种福利的权利，② 并且缺乏当地社会关系资源；与国有企业的正式工人比较，他们缺乏体制惯性的保障；与知识分子比较，他们缺乏人力资本。他们几乎是当今中国社会最弱势的群体。而他们可以动用的最重要的资源其实就是他们自己，就是他们组织起来，以群体的形式和企业去进行集体协商、讨价还价。因为，说到底，最为关心自己利益的人只能是自己，而怎么组织起来，中国老一代共产党人已经留下了宝贵的财富，现存的体制性的障碍有待克服，这是中国政治文明和社会进步绕不过的话题。

参考文献：

1. 边燕杰："社会网络与求职过程"，载涂肇庆、林益民主编《改革开放与中国社会——西方社会学文献述评》，牛津大学出版社 1999 年版。

2. 常凯："WTO、劳工标准与劳工权益保障"，《中国社会科学》2002 年第 1 期。

3. 蔡日方、都阳、王美艳："户籍制度与劳动力市场保护"，《经济研究》2001 年第 12 期。

4. 李强："中国城市中的二元劳动力市场与底层精英问题"，《清华社会学评论》特辑 1，2000 年。

李强：《转型时期中国社会分层结构》，黑龙江人民出版社 2002 年版。

5. 刘林平："外来人群体中的关系运用——以深圳"平江村"为个案"，《中国社会科学》2001 年第 5 期。

6. 刘林平：《关系、社会资本与社会转型——深圳"平江村"研究》，中国社会科学出版社 2002 年版。

7. 孙立平："资源重新积累背景下的底层社会形成"，《战略与管理》2002 年第 1 期。

---

　　① 学术界讨论外来工问题以往的文献主要集中在运用理性选择理论、社会网络理论上，对新经济社会学的制度理论讨论较少，以后的研究也许要注重对制度理论的运用、检验和讨论。当然，这种研究的困难在于：怎样既将问题置于宏观视野中，而又是可以使用实证材料检验的。

　　② 关于外来工的户口问题，许多学者都发表过意见。我们认为，户口自由迁移的前提条件是明晰产权。这有两个方面的含义：一是外来工在他们的家乡要明晰产权，特别是明晰他们对于土地的产权；二是在外来工要迁入的当地要明晰产权，明晰当地居民对土地、企业的产权。这样，外来人的迁入就不会造成如土地分红、企业股份分红等的纠纷。如果当地政权与经济利益脱钩了的话，给予外来人选举权和被选举权就是可以接受的了。此处不仔细分析。

8. 谭深:《珠江三角洲外来女工与外资企业、当地政府和社会之间的关系》,杜芳琴等主编《妇女与社会性别研究在中国 (1987—2003)》,天津人民出版社 2003 年版。

9. 谭深:《跨国公司的社会责任:劳工权益保护的资源?》,谭深、刘开明主编:《跨国公司的社会责任与中国社会》,社会科学文献出版社 2003 年版。

10. "外来农民工"课题组:"珠江三角洲外来农民工状况",《中国社会科学》1995 年第 4 期。

11. 王奋宇、李路路等:《中国城市劳动力流动》,北京出版社 2001 年版。

12. 朱柔若:《社会变迁中的劳工问题》,台北:扬智文化事业股份有限公司 1998 年版。

13. W. 理查德·斯格特:《组织理论》,黄洋、李霞、申薇、席侃译,华夏出版社 2002 年版。

14. Elton Mayo, 1933, *The Human Problems of an Industrial Civilization*, Macmillan, New York.

15. Michael Haralambos, Martin Holborn and Robin Heald, 2000, *Sociology: Themes and Perspectives*, HarperCollins Publishers Limited, London.

16. Li, Qiang, 2002, *Stratification in Chian's Resident Registration and Peasant Workers' Social Status*, Social Sciences in China, Spring.

17. Relf Dahrendorf, 1959, *Class and Class Conflict in Industrial Society*, Stanford University Press.

二元性、半合法性、松散性和农民工问题[*]

中国改革开放以来，作为社会阶层变化的重要现象之一，就是涌现出了一个庞大的农民工②（或外来工）阶层。这个阶层是伴随着中国的工业化和城市化进程，以及大规模的外资进入沿海地区将中国经济纳入世界经济体系并形成一定的国际经济分工格局的发展而成长的。这个庞大阶层的出现，是当代中国经济、社会最重要的变化之一，因而也理所当然地成为国内外社会科学最重要的话题之一。

关于农民工问题，从20世纪90年代以来，国内有关研究一开始关注的重点是所谓的"民工潮"的问题，一些论文研究"民工潮"形成的原因、特点、社会作用以及历史过程（宋林飞，1995；王洪春，1997；池子华，1998）。或者讨论农村劳动力转移的问题，研究这种转移的动力、路径、组织方式和后果等（蔡昉，1997；"中国农村劳动力流动"课题组，1997；陈阿红，1997；黄平，1998）；后来，这些研究扩展开来，牵涉到农民工的诸多方面，如他们外出打工对家庭关系的影响（龚维斌，1999）；流入城市的农民工的分化（李强，1999；唐灿、冯小双，2000）；农民工在城市的非正规就业（李强、唐壮，2002）；外来工的行业性和地域性聚集以及大城市中外来人社区的社会联系和运

---

　　* 本文最初发表于《中山大学学报（社会科学版）》2005年第2期，署名作者为刘林平、万向东、王翊。

　　② 农民工和外来工的概念很大程度上是重合的，但是也有区别：外来工是相对本地人来说的，绝大部分的外来工是农民工，但是也有一些城镇的失业下岗人员。本文把两者基本上看作是同一的。

行机制（王春光，1995；刘林平，2001、2002）；外来工的权益受损情况（李强，2002）；外来工的社会分层地位（孙立平，2002；Li Qiang，2002）；外来工弱势地位的形成原因（李强，2000；蔡昉、都阳、王美艳，2001）；等等。

上述种种研究，大多有实证资料的支持，其中不少观点是很有见地并发人深思的，但是，对农民工问题的全面的、整体性的理论反思似乎有所不足。因而，本文力图在这一方面作出努力。

一 二元性：农民工特点之概括

在对中国经济特点的认识上，二元结构也许是学界的一种共识。

二元经济的概念，在最初提出的刘易斯那里，是现代经济和传统经济的划分、差异和对立。现代经济和传统经济，主要是工业和农业。在发展中国家，无限供给的剩余农业劳动力会转移到工业领域来。而这种工业和农业的二元结构，在地理上表现为城市和乡村的差异与对立（阿瑟·刘易斯，1989）。

杨小凯从专业分工的角度对二元经济结构的形成和消失有过论述："在经济从低分工水平向高分工水平过渡的转型阶段，用生产力差别和商业化收入差别表示的城乡二元结构就会发生。但是，不同地区之间以及不同职业之间的自由流动，会使城乡之间人均真实收入均等化……随着交易效率持续提高，经济将演进到一种完全分工状态。此时城乡二元结构就会消失"（杨小凯，2003）。当然，这里的前提条件是劳动力的自由迁徙。

中国的改革开放所实现的经济转轨不但是一个工业化和城市化的过程，而且是一个从计划经济到市场经济的体制转变过程，是一个经济逐步从集权到分权、再到自由化的过程。所以，在中国，二元结构既是传统经济和现代经济的对立、农业和工业的对立，也是市场和计划的对立。农民工就是这种对立和紧张状态尴尬的社会体现。

农民工（或外来工）的概念本身就表现出了这种二元对立。如果放在相应的坐标体系里，和农民工的对应群体至少有三：

1. 农民——农民工——工人（国有企业工人）；
2. 乡下人——农民工——城里人；
3. 外地人——外来工——本地人。

放在这三个组合中来看，农民工的二元性就一目了然。在第一个组合中，农民工既是农民，又是工人，是从农民转化来的工人，但是这种转化是不彻底的，退回去就是农民，走出来就是工人。

农民工的这种特殊身份，其实有一个历史发展过程。在改革开放之前，1970 年代，中国农村就开办社队企业，当时的用工制度就有所谓的"半工半农"、"亦工亦农"，农忙时是农民，农闲时当工人，这种用工制度带有季节性。改革开放后，农民可以进城了，从乡下走进城里的农民工，就夹在了乡下人和城里人之间，他们在城里干城里人不愿意干的活，城里人把他们叫做农民工或民工，并不把他们当做城里人。而这些农民工在农忙时又会回到农村去。他们在农村和城里两头跑，有点像"候鸟"。

沿海地区经济的高速发展，外资大规模涌入，需要大量的工人，于是农民们离开了家乡，来到他乡，他们成了外来工。外来工和本地人是不一样的，尽管他们在当地工作，但是他们没有当地户口和与户口捆绑在一起的社会权利与福利待遇。

从经济和社会转型的角度来看，中国二元结构的经济、社会形态，典型地表现为农民工，他们具有双重身份：既是农民，又是工人；既是乡下人，又在城里工作；既是外地人，又在当地打工。他们既是跨二元结构的，又受制于二元结构：中国市场经济的发展为他们提供了生存空间，但是作为计划经济的重要管理方式的户口又是他们难以逾越的障碍；农村是他们的出身之所在和最可能的归宿，但是他们只有到城里才能挣到钱；农业是他们的安身立命之处，但是工业化的潮流又裹挟着他们，把他们带入机器流水作业的车间。他们是工人，但是前面又要加上特定的限定词：农民。于是，这个看起来矛盾的词，却正因为它的矛盾性，真实地反映了这个庞大群体的真实身份和社会处境。他们的身份表现为不确定性、模糊性、过渡性和二元性。

因而，很难想象的是，这么一个庞大的群体却是这么的不确定，他们在农村和城市、内地和沿海、市场和计划之间徘徊、游荡，正规体制和主流社会还没有接纳他们，体制外的生存使得他们总体上处于边缘状态①，工厂和城市一有风吹草动，农民工就要回到他们的家乡。尽管工业化和城市化的过程是不可逆的，但是，对于每一个个体的农民工来说，未来大多是不确定的：他们会成为真正的工人，成为真正的城里人，还是工厂和城市只是他们生命中的一个驿站？

从更为宏观的中国渐进改革的特点来看农民工的二元性，我们认为，中国经济改革和社会转型的渐进性不但体现在没有激烈的产权变革及与之相伴随的政治体制的彻底改变，而且也体现为农民工这样一个庞大的社会阶层在社会身份上的二元性、模糊性或不彻底性。

二　半合法性：农民工困境的深层原因

从制度学派的逻辑来看，农民工在城里的尴尬地位，是由于他们身份的合法性问题造成的。而合法性身份问题又来源于中国二元结构的社会制度。我们把二元体制的主要内容和特点概括如下：（1）土地产权不明确。在这样的情况下形成了产权和使用权相脱离的农村家庭联产承包责任制；（2）严格的、僵化的、城乡分割的户籍制度，以及建立在这个基础上的以暂住证为核心的流动人口管理制度；（3）和户籍制度捆绑在一起的选

---

① 关于农民工的边缘性问题，有学者从农民工的权益经常受到侵犯来认识（中国社会科学院社会学研究所"农村外出务工女性"课题组：《农民流动与性别》，中原农民出版社 2000 年版）；也有人从居住条件、物质生活、教育、健康和生活方式等方面论述了农民工的弱势地位，认为他们是一个边缘群体，造成这种边缘地位的原因是户籍管理方面的暂住证制度、城市产权及其收益分配制度等制度性因素和资源配置传统规则的惰性与农民工群体自身素质等非制度性因素（张敦福：《城市农民工的边缘地位》，《青年研究》2000 年第 9 期）。还有人认为，除了上述因素之外，城里人对农民工的歧视观念也是造成农民工边缘地位的因素之一（肖海燕：《论我国城市化进城中的"边缘阶层"》，《河北大学成人教育学院学报》2003 年第 5 卷第 2 期）。有人把农民工这种边缘性归纳为"空间边缘"、"身份边缘"和"文化边缘"，认为农民工对城市既有依赖性又有敌意态，他们对城市和农村既逃避又对抗（罗惠缙：《"城市边缘人"的逃避与对抗——关于农民工问题的文化解读》，《民族论坛》2003 年第 1 期）。还有人认为，新生代的农民工在城市里处于边缘状态，他们又不愿回到农村去，他们也不会干活，成为一种"双重边缘人"（唐斌：《"双重边缘人"：城市农民工的自我认同的形成及社会影响》，《中南民族大学学报》（人文社会科学版）2002 年第 22 卷）。不管怎样理解农民工的边缘性问题，大部分学者都认为农民工的边缘性主要表现为他们在社会保障方面和城里人是完全不一样的〔孙树菡、张恩圆：《都市边缘群体及其社会保障权益》，《经济与管理研究》2002 年第 6 期；魏丽艳：《边缘群体——城市农民工的社会保障探析》，《江西行政学院学报》第 5 卷第 1 期（2003 年 3 月）〕。

举制度以及劳动就业、教育、医疗、住房等社会福利和保障制度。（4）财政上的中央和地方分灶吃饭，地域分割的利益格局。这样，就形成了社会公共产品的城市化和属地化。

上述制度的积极方面可能表现在：（1）实际上，使得伴随着大规模工业化和城市化的潮水般的农民涌入城市的过程变得平稳，因而避免了激烈的社会震荡、对抗和冲突，这种制度安排成了大规模的、快速的社会变迁的缓冲器、减震器；（2）充分发挥了中国廉价劳动力在世界经济市场上的竞争力；（3）给农民的自由流动和自我发展留下了一定的空间，也给他们留下了一条退路。

上述制度的消极方面可能表现为：（1）长期维持了二元体制下的社会不平等，农民和工人、乡下人和城里人之间在经济收入、就业机会、政治参与、社会权利、社会声誉和发展机会上持续性的、制度性的不平等，这种不平等也造成了城市和乡村、沿海与内地的区域发展不平衡或严重失调；（2）工业化和城市化进程的不彻底，城市化滞后于工业化，社会流动受到阻碍，不能完成真正的人口迁移和稳定的劳动力职业转化；（3）对农村来说，土地难以大规模集中，规模农业和农业的产业化都被严重阻碍；（4）由此而造成了严重的社会问题，比如外来人口的犯罪问题。

这种二元结构的制度安排正好反映了中国渐进改革的特点。为什么这样的制度安排能够避免造成大规模的、激烈的社会冲突呢？这是因为：以户口为核心的隔离鸿沟为把农民当成事实上的二等公民制造了制度上的合法性，进而这种制度合法性被农民无奈接受，又转化为他们心理承受力的合法性，进一步降低了农民工的心理预期。①

在评论上述二元体制时，杨小凯、张永生说："中国的二元经济很大程度上是人为的二元经济，由于户口制度、基本商品（特别是住房）的配给制及政府的职业分配制度，限制了自由择业和自由移居，所以形成了人为的二元经济现象"（杨小凯、张永生，2000）。他们还认为，自由市场和私人经济较之国有经济，对促进工业化和城市化、消除城乡二元结构的作用要有效得多。杨小凯还认为，土地私有化是消除二元结

---

① 我们认为，进城农民工的心理承受力主要来源于：（1）对制度的被动接受；（2）打工与农业的比较利益；（3）对自己人力资本价格的认定；（4）留有土地保留退路；（5）对社会保障的较低预期。

构的前提条件。

对于户口制度，中国和西方的研究者看法大都相同，指出这是城乡隔离的基本制度，这种制度人为地把人分为城市户口和农村户口，划分了不同的社会等级，限制了人口迁移，制度性地使得农民工不能分享城市公民所享用的服务、权利和资源，当然改革开放和市场经济的发展对户口制度形成了巨大的冲击（苏黛瑞，2001；俞德鹏，2002；陆益龙，2003）。还有的西方研究者认为，对农民工实行的暂住证制度，实质是将农民工降为二等公民或不自由的劳工（Chan Anita，1998）。

我们要进一步指出的是：以户口制度为核心的二元体制，一方面既使得农民工进入城市成为"二等市民"具有了制度上的"合法性"，另一方面使得农民工在城市的生存和平等权利的获得丧失了事实上的合法性，而从整体上沦为边缘群体。这种互相矛盾的状况，也许可以用"半合法性"来概括。尽管市场取向的改革给农民工在城市提供了生存空间，但是，这种空间是有限的，是可以人为控制的。

三 松散性：从网络到正式组织的艰难

在现代西方关于劳资关系的理论中，有一种观点被称为新集体主义。这种理论强调劳工只有以集体的力量才能对抗资方，认为集体协商制度是最公正、最有效率解决劳资冲突的方法（朱柔若，1998）。西方大部分的社会学家相信，工业社会的权力分散在不同的利益集团之中，所有的利益集团都具有某种权力，工会是雇员利益最主要的代表团体，工人阶级通过工会被资本主义社会所整合。资方和劳方是存在冲突的，但是，冲突可以在一套被认可的规则和程序的框架中被制度化（Michael，2000）。达伦多夫认为，制度化解决工业冲突需要三个条件：劳资双方对冲突处境现实和必要性的承认、有代表利益群体的组织和双方认可的游戏规则（Dahrendorf，1959）。

因而，组织化的问题，对于农民工来说，是解决其弱势地位的关键所在。

从网络理论来看，农民工利用自己的私人网络和社会关系，是乡土社会的必然产物，是对一个信息不充分、不对称、不完全，乃至信息虚假的劳动力市场的必然的理性选择（李培林，2000；刘林平，2001、2002）。

以往的实证研究证明：现存的官方、半官方的组织方式在保护农民工的权益方面很难发挥作用，而在现有体制下农民工基本不可能有自己的正规组织，当农民工权益受到侵害时，给他们提供支持的基本上是私人社会关系（"农村外出务工女性"课题组，2000；刘林平、郭志坚，2004）。

那么，为什么松散的农民工不能组织起来呢？他们所利用的种种私人的社会联系或社会网络为什么不能改变为正式的组织或制度呢？

第一，中国的政治体制没有为农民工提供集体行动的合法性基础，迫使农民工的行动原子化。

第二，农民工人力资本的缺乏和职业化程度太低，他们在劳动力市场上的激烈竞争使得他们难以团结起来，即使有团结，也容易被分化、瓦解。[①]

第三，和国有企业的工人不同，农民工自身缺乏集体意识的传统（李静君，1999），而二元结构体制则加强了这一点。二元体制使农民工认识到了作为"乡下人"、"外来人"的"我们"和"城里人"、"本地人"的"他们"是不一样的，这种"我群"意识使得农民工和城里人区隔开来，强化了传统的血缘、宗族、地域的集体意识，但是却阻碍了现代阶级意识的形成。对农民来说，缺乏组织和集体行动的文化传统，形成了对传统的血缘、地缘关系的路径依赖。

第四，根据交易费用理论的逻辑，农民工从事组织活动，组织后的利益要超过组织过程中的交易成本，组织才有可能。对从事组织活动的个人来说，进行组织所付出的代价，要在今后的组织利益中得到补偿。对被组织起来的成员来说，由于在组织中监控代理人的困难，他们对领导者也往往缺乏信任。从理性选择的角度看，农民注重眼前利益，而对长远的预期利益一般不太相信，农民理性计算的特点往往是对预期利益没有把握，讲究现实利益的"兑现"。加之组织而成集体行动往往伴随着"搭便车"现象，进一步分化了农民工在进行组织前付出成本的信心。因而，在农民工中要涌现从事组织活动的领导人物是非常困难的事情。

第五，由于农民工人力资本、社会资本和金融资本的缺乏，即使在社

---

① 斯科奇波尔认为，被统治者的大众动员要求他们之间的团结。如果被统治者必须在商业化的劳动力市场上和其他竞争性资源分配机制中互相竞争，团结程度会相应的下降（参见乔纳森·特纳《社会学理论的结构》（上），华夏出版社 2001 年版）。

会政治条件宽松的状况下，农民工要组织起来也存在资源集聚以及诸多技术上的困难。

因而，一个没有组织性的松散的群体，尽管人数众多，却只能是弱势的。农民工可以通过什么途径组织起来转变成一个有组织的现代力量呢？如果不能让他们合法地、正式地组织起来，不合法的组织就会乘虚而入，这个问题已经迫切地摆在人们的面前。

四　趋势与对策

改革开放20多年来，对农民工的管理积累了深刻的经验、教训。现在，中国的经济社会发展进入了新的阶段，我们认为，未来农民工流动将出现新的特点，与之相应的管理也需要有一个大的变革。

1. 新一代农民工的变化。从20世纪80年代出来的第一代、第二代农民工由于其生命周期的影响，在逐步退出这一群体（其中女性更为突出），新一代的农民工正逐步取代他们。相比而言，新一代的农民工受教育程度更高，他们大多是初、高中毕业，不少是中专和大专毕业。他们对工作和生活有更高的预期，对法律、对城市、对社会、对世界有更多的了解，对个人价值实现有更多的追求，他们已经很难接受父兄辈的生活和工作标准。

2. 农民工供给能力下降。多项调查表明，现在农村的大部分劳动力已经脱离农村来到城镇和沿海，储存在农村的剩余劳动力数量大大下降。世界产业转移和中国工业化进程加速对劳动力的需求进一步增加；同时，和以前相比农民工的收入增加缓慢，而生活成本增加较大，农民工打工收益明显下降，这样，造成了劳动力市场供求关系的变化。这种变化的信号之一就是在一些地区今年初步出现的"民工荒"（肖敏捷，2004）。

3. 现阶段工业化进程对农民工职业转化的要求。与以前从事粗加工、苦力活为主并且季节性较强的农民工相比较，现阶段和未来农民工从事的工作将逐步要求较多的专业性和技术性，需要工人有专业训练，长期稳定从事某一专门职业。从而更加要求农民工从"临时性"向"长期性"到"永久性"的职业转化。中国工业化程度越高，这种职业的转化要求越强烈。由于"工业"往往是和"城市"联系在一起的，因此，这种转变要求同时也意味着农民工身份需要从"农民"向"市民"转化。

4. 农民工的管理需要适应世界经济一体化的进程。在世界经济一体化的发展进程中，世界各国之间、区域之间、企业之间以及人与人之间的交往越来越多，联系越来越紧密，信息越来越公开，相互间的依赖和影响越来越大。世界经济一体化进程反映到对劳工和企业的影响方面，至少是通过越来越多的国家、企业和组织接受企业应该具备相应的社会责任（谭深、刘开明，2003），从而影响和调节工人和企业之间的关系，也将调整国家从事社会管理，协调企业、工人之间的关系时的态度、措施和方法。总体上来说，国际社会对企业社会责任的认同，新一代农民工对公平、人权、理想的追求，正形成内外两股越来越大的社会力量，强烈地冲击着我国原来僵化的农民工管理体制。

总之，基于以上认识，我们认为，我国对农民工管理的政策、方针、制度，需要开始着手进行重大调整，才能适应不断发展的经济社会的要求，才能适应国际社会发展的要求，才能顺应社会发展的规律，从而推动社会经济的可持续发展。

1. 彻底改革农村土地所有制，让农民成为土地的真正所有者。土地一天不能成为农民自己的资产，农民就将依附于土地一天。目前农民对承包土地只有经营权，不但无权处置土地资产，而且还必须保持对土地的持续使用，否则他可能失去土地的经营权，也就是失去生存的依靠。因此，与土地所有权分离的经营权成了农民迁移流动的最大障碍。在土地不能自由流动的情况下，农民被户口"画地为牢"地捆绑在户籍所在地。土地所有权与土地所有者在空间上是可以分离的，而土地经营权和土地经营者在空间上却是不能分离的，因此，在农民只有土地经营权的情况下，农民在空间上也是被拴住了的。相反，只有土地成为自己的资产，农民才可能独立处置土地：租、种、卖。农民作为一个理性人，他的选择应该是最适合自己利益的。至少从迁移流动和职业变换来看，土地产权的明晰是对农民的再次解放。

从农民工迁入地来看，土地和企业的产权必须明晰。在产权明晰的条件下，外地人的迁入才不会影响当地人的既有经济利益，当地人也就不会对"外来人"的进入产生抵触。

2. 逐步改变与"户口"捆绑在一起的劳动就业、教育、医疗、住房等社会福利和保障制度。二元户籍制度造成了地区之间、城乡之间利益的分割，进而在制度上造成维持农民工"二等公民"的合法化。农村户口和城市户口的转换，初期可以通过增加农民工获得城市户口的渠道，放宽条件，降低门槛；后期则应该通过立法，确定转为城市户口的条件、期限等，使户口的转变规范、有序、公开、公平地进行。在这些变革之中，我们认为，最重要的是改变地方和中央在劳动就业、教育、医疗、住房等社会福利和社会保障方面的财政分割，建立全国相对统一的社会福利和社会保障制度，从利益机制上打破目前维护地方之间、城乡之间、农民工和城市人之间的不平等制度。

3. 建立维护农民工利益的工会组织。社会上一个群体的产生、发展和壮大，或迟或早总要产生代表其群体利益的组织，合法的、正规的组织不建立起来，非法的组织就会介入。在一个规范的社会中，劳资双方的利益是既对立又统一的，双方谁也离不开谁，工会组织的建立，其主要职能是代表劳方利益。政府的职能则是调解劳资之间的利益纠纷。

4. 确立尊重人权、以人为本的农民工管理的基本理念，要把这样的理念凝固在法律制度里面，贯彻到各项政策之中，体现到各级管理机构及管理人员的具体事务上。改善对农民工的管理过程，也将是相关社会管理结构的改革过程，不仅会影响和调整各有关机构的利益，更需要从思想上充分认识到农民工作为社会一个平等的群体，必须对其权益予以充分的尊重。政府管理机构能否认识和建立这样的理念，能否把这种理念贯彻到各项工作中去，是否能改变目前对农民工的种种不公正对待，是检验其能否适应社会经济发展要求的试金石之一。

5. 建立一个完善的社会监督机制。这个监督机制的主体是现有社会团体如工会、妇联、消费者协会等，各种形式的 NGO 和新闻媒体。通过他们，在社会公众中形成新的价值观和社会氛围，以保障农民工的利益。

参考文献：

1. 阿瑟·刘易斯：《二元经济论》，北京经济学院出版社 1989 年版。

2. 池子华："中国'民工潮'的历史考察"，《社会学研究》1998 年第 4 期。

3. 蔡昉："劳动力转移和流动的经济学分析"，《中国社会科学季刊》1996 年春季卷。

4. 陈阿江："农村劳动力外出就业与形成中的农村劳动力市场"，《社会学研究》1997 年第 1 期。

5. 蔡昉、都阳、王美艳："户籍制度与劳动力市场保护"，《经济研究》2001 年第 12 期。

6. 项飚：《跨越边界的社区——北京"浙江村"的生活史》，三联书店 2000 年版。

7. 龚维斌，"农村劳动力外出就业与家庭关系变迁"，《社会学研究》1999 年第 1 期。

8. 黄平、E. 克莱尔："对农业的促进或冲击：中国农民外出务工的村级研究"，《社会学研究》1998 年第 3 期。

9. 李静君：《劳工与性别：西方学界对中国的分析》，研讨会发言稿，1999 年。

10. 李培林、张翼、赵延东：《就业与制度变迁——两个特殊群体的求职过程》，浙江人民出版社 2000 年版。

11. 李强："中国大陆城市农民工的职业流动"，《社会学研究》1999 年第 3 期。

12. 李强："中国城市中的二元劳动力市场与底层精英问题"，《清华社会学评论》特辑 1，2000 年。

13. 李强、唐壮："城市农民工与城市中的非正规就业"，《社会学研究》2002 年第 6 期。

14. 李强：《转型时期中国社会分层结构》，黑龙江人民出版社 2002 年版。

15. 刘林平："外来人群体中的关系运用——以深圳'平江村'为个案"，《中国社会科学》2001 年第 5 期。

16. 刘林平：《关系、社会资本与社会转型——深圳"平江村"研究》，中国社会科学出版社 2002 年版。

17. 刘林平、郭志坚："企业性质、政府缺位、集体协商和外来女工的权益保障"，《社会学研究》2004 年第 6 期。

18. 陆益龙：《户籍制度——控制与社会差别》，商务印书馆 2003 年版。

19. "农村劳动力流动的组织化特征"课题组："农村劳动力流动的组织化特征"，《社会学研究》1997 年第 1 期。

20. 宋林飞："'民工潮'的形成、趋势与对策"，《中国社会科学》1995 年第 4 期。

21. 孙立平："资源重新积累背景下的底层社会形成"，《战略与管理》2002 年第 1 期。

22. 苏黛瑞（Dorothy Solinger）：《中国的人口流动》，张敏杰主编：《中国的第二次革命——西方学者看中国》，商务印书馆 2001 年版。

23. 唐灿、冯小双："'河南村'流动农民的分化"，《社会学研究》2000 年第 4 期。

24. 谭深、刘开明：《跨国公司的社会责任与中国社会》，社会科学文献出版社 2003 年版。

25. 王洪春："中国'民工潮'与经济发展"，《社会学研究》1997 年第 4 期。

26. 王春光：《社会流动和社会重构——京城"浙江村"研究》，浙江人民出版社 1995 年版。

27. 王奋宇、李路路等：《中国城市劳动力流动》，北京出版社 2001 年版。

28. 肖敏捷：《中国人手短缺日益明显，劳动力市场发生结构性变化》，《经济学人》2004 年 10 月 19 日。

29. 俞德鹏：《城乡社会：从隔离走向开放——中国户籍制度与户籍法研究》，山东人民出版社 2002 年版。

30. 杨小凯：《发展经济学——超边际与边际分析》，社会科学文献出版社 2003 年版。

31. 杨小凯、张永生：《新兴古典经济学和超边际分析》，中国人民大学出版社 2000 年版。

32. "中国农村劳动力流动"课题组："农村劳动力外出就业决策的多因素分析模型"，《社会学研究》1997 年第 1 期。

33. 朱柔若：《社会变迁中的劳工问题》，扬智文化事业股份有限公司 1998 年版。

34. 中国社会科学院社会学研究所"农村外出务工女性"课题组：《农民流动与性别》，中原农民出版社 2000 年版。

35. Chan Anita, 1998, "Labor Standards and Human Rights: The Case of Chinese Workers Under Market Socialism", *Human Rights Quarterly*, 20 (4).

36. Michael Haralambos, Martin Holborn and Robin Heald, 2000, *Sociology: Themes and Perspectives*, HarperCollins Publishers Limited, London.

37. Relf Dahrendorf, 1959, *Class and Class Conflict in Industrial Society*, Stanford University Press.

企业的社会资本:概念反思和测量途径[*]

——兼评边燕杰、丘海雄的《企业的社会资本及其功效》

在对社会资本的研究当中，企业的社会资本是一个非常重要的概念。在现代社会里，经济活动的主体主要是企业。对于企业从事经济活动的社会学研究，社会资本是一个很好的切入点。但是，对于什么是企业的社会资本，这一概念的内涵到底是什么、应该用什么样的指标去测量等问题，还有待进一步的深入探讨。

一 概念内涵和测量指标的矛盾

在中文的话语体系中，边燕杰是最早对企业的社会资本问题进行研究的学者，许多观点发人深思。其中重要的一篇文章是边燕杰和丘海雄署名的《企业的社会资本及其功效》，在这篇文章中，他们提出了企业的社会资本的概念。他们认为"社会资本是行动主体与社会的联系以及通过这种联系摄取稀缺资源的能力，能够通过这些联系而摄取稀缺资源是企业的一种能力，这种能力就是企业的社会资本"。他们还进一步将企业的社会联系分为三类：纵向联系、横向联系和社会联系。所谓纵向联系是指"企业与上级领导机关、当地政府部门以及下属企业部门的联系"；所谓横向联系"指的是企业与其他企业的联系"（边燕杰、丘海雄，2000）；所谓社会联系，文中没有明说，实际上指的是企业除纵向、横向联系之外的其他社会联系。

* 本文最初发表于《社会学研究》2006 年第 2 期。

　　而后，文章用了三个指标对此进行了测量：第一个指标是企业法人代表是否在上级领导机关任过职；第二个指标是企业的法人代表是否在跨行业的其他任何企业工作过及出任过管理、经营等领导职务；第三个指标是企业法人代表的社会交往和联系是否广泛。

　　不可否认，企业法人代表对企业的活动具有非常重要的作用，但毕竟不是企业活动的全部，尤其在所有权和经营权分离的企业，法人代表活动的局限性就更加明显了。边燕杰和丘海雄也认为："企业的法人代表是整个企业的核心，也是一个企业形成、发展和运用社会资本的关键人物。""但企业的社会资本不限于企业的法人代表。企业的其他管理者和经营者，其中层经理和专业技术人员以及从事生产、销售的第一线工作人员，也都可能在形成、发展、运用企业社会资本的过程中发挥作用。"但如果按照上述三个指标对企业的有关人员进行测量，就会发现，这是一个非常困难的工作。如果要对一个大型的企业（一个数千人、数万人乃至数十万人的企业）进行这样的测量，几乎是不可能的。

　　以企业法人代表的社会联系替代整个企业的社会联系有着相当大的局限性，其所得出的结果只是企业法人代表的社会资本，而不是企业的社会资本。

　　接下来的问题是：企业法人代表的社会联系或社会资本就一定能为企业所用吗？边燕杰和丘海雄的文章没有明确的论述，但显然他们对此是肯定的。

　　在一个产权明确、制度合理的企业中，企业法人代表的社会资本是可以并且会为企业所利用的。比如，在中国的私有企业中，法人代表就是产权所有者（或主要所有者），并且也大都直接经营企业，他的社会资本当然会为自己的企业所利用。但是在国有企业或集体企业中情况显然就不同了。正因为如此，引发了学术界种种关于企业产权制度、代理人制度、治理结构等问题的讨论。如果国有企业的领导人（包括法人代表和管理经营者）都是全心全意为企业服务的，国有企业的改革也不会如此艰难。现实的情况是：企业法人代表的社会联系或社会资本有可能为企业所用也可能不为企业所用，或者部分为企业所用，或者企业的社会联系或社会资本为企业领导人所用，用来为个人谋私利。

　　第三个问题是：即使企业法人代表个人的社会联系可以为企业所用，但是，这种社会联系就是社会资本吗？换句话说，社会网络就是社会资本吗？答案没有这么简单。

边燕杰和丘海雄认为，"社会资本是行动主体与社会的联系以及通过这种联系摄取稀缺资源的能力"。在这里，如果说"社会资本是行动主体与社会的联系"，那么，就可以说，社会网络就是社会资本。但是，如果说社会资本是通过社会"联系摄取稀缺资源的能力"，那么，能力应该不完全等同于社会网络。能力是从社会网络中来的，但是，有的网络是有用的，有的网络是没有用的。换句话说，只有有效使用的网络才具有摄取稀缺资源的能力。

把上面的问题总结一下，我认为：企业法人代表的社会联系并不等同于企业的社会联系，企业法人代表的社会联系或社会网络不一定为企业所用，只有有效使用的社会网络才是社会资本。而边燕杰和丘海雄用三个指标所进行的测量，实际上只是测量了企业法人代表的社会联系或社会网络，而不是企业的社会资本。这种测量是有意义的，因为它建立了企业法人代表的社会网络和企业产出的相关关系。但是，其局限性也显而易见。

二　社会资源和社会资本

资本是这样的一种东西，它是要投入经济生产活动之中并且得到产出的。[①] 一般的人力物力并不是资本，比如，金钱并不是资本，但是用来投资的金钱就是资本。我们可以用金钱来进行消费，也可以用来投资，只有用来投资的金钱才是资本。同样，对于社会网络和社会资本的关系也可以作这样的理解，即社会网络并不是社会资本，投入生产经营活动中的社会网络才是社会资本。

最早提出社会资本概念的是布尔迪厄（Bourdieu）。在他看来，资本是积累的劳动，这种劳动使得占有者以具体化的方式占有社会资源。资本是获取生产利润的潜在能力，也是进行自身再生产的潜在能力。在这样的意义上，"资本包含了一种坚持其自身存在的意向，它是一种被铭写在事物客观性之中的力量……资本……体现了社会世界的内在结构，即铭写在这个世界的现实中的一整套强制性因素，这些强制性因素以一种持久的方

---

① 　亚当·斯密（Adam Smith）把资本划分为流动资本和固定资本，马克思把资本看成是资本家用来剥削工人剩余价值的东西。参见 *A Dictionary of Sociology*, *edited by Gordon Marshall*, Oxford University Press 1998, p. 52.

式控制了它所产生的作用，并决定了实践成功的可能性"（布尔迪厄，1997：190）。布尔迪厄把资本划分为三种基本的形态：经济资本、文化资本和社会资本。"社会资本是实际的或潜在的资源的集合体，那些资源是同对某种持久性的网络的占有密不可分的，这一网络是大家共同熟悉的、得到公认的，而且是一种体制化关系的网络"（布尔迪厄，1997：202）。

布尔迪厄是从社会网络的角度来看社会资本的。"特定行动者占有的社会资本的数量，依赖于行动者可以有效加以运用的联系网络的规模的大小，依赖于和他有联系的每个人以自己的权力所占有的（经济的、文化的、象征的）资本数量的多少。"（布尔迪厄，1997：202）

但是在上面这段话中，布尔迪厄并没有把社会网络和社会资本完全等同起来，网络并不等于社会资本，只有"可以有效加以运用的"网络才是社会资本。

科尔曼在对社会资本的论述中，把社会结构资源作为个人拥有的资本财产，即社会资本。"社会资本的定义由其功能而来，它不是某种单独的实体，而是具有各种形式的不同实体。其共同特征有两个：它们由构成社会结构的各个要素所组成；它们为结构内部的个人行动提供便利。……社会资本是生产性的，是否拥有社会资本，决定了人们是否可能实现某些既定目标。……社会资本存在于人际关系的结构之中，它既不依附于独立的个人，也不存在于物质生产的过程之中"（科尔曼，1999：354）。科尔曼特别强调社会资本的生产性。"物质资本和人力资本为生产活动提供了便利，社会资本具有同样作用"（科尔曼，1999：356）。

科尔曼对社会资本生产性的强调表明，尽管他认为"社会资本存在于人际关系的结构之中"，但是，只有投入使用的才是资本。

在对社会资本的研究中，林南作出了重要的贡献。他认为，社会资源是通过人们直接和间接的联系而获取的资源，对于这些资源的获取和使用是暂时的和借用的；而社会资本是人们动用了的社会资源，它主要是从社会网络中得到的（Lin，1999）。在2001年发表的一篇论文中，林南说："资本是在市场中具有预期回报价值的资源投资，而社会资本是嵌入于社会网络中，在有目的之行动中可以获得或调用的一种资源"（林南，2001：3）。

从上述三人的论述中，笔者得出的结论是：我们要从"有效使用"和"生产性"来理解社会资本，进而来测量社会资本。其中关键的问题是:要区分社会资源和社会资本。资源是潜在的资本,资本是动用了的、用来投资的资源。社会网络是社会资源而不直接就是社会资本;社会资本是动用了的、用来从事生产性的经济活动的社会网络或社会资源。

进一步推论,实际上,所谓资本,就是人们投入的成本或付出的代价。人们为了发展社会关系,要投入的东西无非是可以用金钱来计价的物质的东西,可以用时间来计算的时间成本,以及难以计价的对对方的顺从、尊重、高度评价和配合,等等。人们用金钱、时间和尊重等来获得社会联系或社会关系,而社会网络就是这种社会关系的形式化的描述。在这样的理解上,我们再来讨论测量社会资本的问题。

三　网络测量和费用测量

对于社会资本测量的思路之一是网络测量。边燕杰和丘海雄的文章《企业的社会资本及其功效》以及格兰诺维特、波特、林南等的研究就是这些测量的典型例证(Granovetter,1973;Burt,1992;林南,2001;Bian,1997;Bian&Ang,1997)。①

在此后的研究中,边燕杰发展了对于社会资本概念的理解以及测量方法。2004 年,边燕杰在《城市居民社会资本的来源及作用:网络观点与调查发现》一文中进一步提出,社会资本的"存在形式是社会行动者之间的关系网络,本质是这种关系网络所蕴含的、在社会行动者之间可转移的资源。任何社会行动者都不能单方面拥有这种资源,必须通过关系网络发展、积累和运用这种资源"(边燕杰,2004)。该文实际上已经把社会网络与社会资本的概念作了区分,社会资本蕴涵于网络之中,但是不等于就是网络。如果没有曲解其中含义的话,实际上,边燕杰把社会资本看成是"通过关系网络发展、积累和运用这种资源"的能力。这种理解与林南基本是一致的(Lin,2001)。

但是,从测量的角度出发,怎样把从网络中得到资源的能力和网络本

---

①　网络测量的方法可以追溯到 1969 年 Wellman 等人对于加拿大多伦多附近的 East Yorker 镇所做的调查,他们通过 845 个样本调查了个人日常生活的社会支持来源成员名单(熊瑞梅,2001)。也有研究者认为,"社会网络分析发端于 20 世纪 30 年代,是在心理学、社会学、人类学以及数学领域中发展起来的。"(刘军,2004:55)很多人讲到社会资本的测量时,只是谈及网络测量(张其仔,1999;张文宏,2003)。

身区分开来，这是一件困难的事情。边燕杰也认为，"这些问题容易被理解，但在研究中极难操作"（边燕杰，2004）。所以，他对中国城市居民社会资本的测量还是从网络来进行的，具体地说，是从网络规模、网顶、网差和网络构成四个角度测量的。这样，一方面，把人们的社会联系完全形式化，促进了对于微观社会结构明晰的、图示的和数量化的认识；另一方面，从生产的角度来看，它摸清楚了人们的社会资源。

然而，从网络角度测量企业和社会组织的社会资本，遇到的问题是：首先，测量的主体不是个人，而是作为群体的企业或社会组织；个人的网络关系是清楚的、相对简单的，而群体的网络是复杂的、纵横交错的，并且，群体的网络也并不是群体中个人网络的简单相加，群体越大，其网络越复杂，其网络规模甚至可能成倍数的增长。其次，群体网络和群体中的个人网络具有相容、相异或不相容的问题。企业中的个人，即使是董事长或总经理一类的人，他的活动也可以分为为了企业的公务活动和为自己个人的私人活动，这两类活动在人们的日常生活中经常交错在一起。如前所述，在产权不明以及没有一个合理的企业治理结构和委托—代理制度的情况下，公私之间的网络就纠缠在一起，很难分清。再次，如果按照科尔曼的理论把社会组织作为法人行动者[①]来理解，那么是否存在不依赖组织内个人的作为组织整体的法人社会网络和社会资本呢？[②] 如果这样的网络存在，那么和企业或社会组织中的个人又有什么关系呢？

不妨换一个角度来考虑。布尔迪厄认为，社会资本的生产是人们在社交活动中时间、精力和经济资本的投入过程（Bourdieu，1986）。这一观点提醒我们，对于社会资本的测量可以从生产投入的角度来进行。

在经济活动中，实际上，企业的投入可以划分为三部分：一是物质资本的投入；二是人力资本的投入；三是社会资本的投入。[③] 物质资本的投

---

① 科尔曼说，"我们可以将很多公司视为行为人来进行行为系统的分析，而不用深入到公司内部的众多个人。……视法人为一个拥有全部财产的行为人也很合理。"（转引自理查德·斯威德伯格，2003：69）

② 这一点，是在本文作者和中山大学社会学系蔡禾教授讨论过程中，由蔡禾教授提出来的。

③ 经济学家基本上不承认社会资本的作用，或者把社会关系的作用视为经济活动的外生变量。比如，在传统马克思主义的理解中，人类的生产活动被划分为生产力和生产关系，而并没有把社会关系的投入纳入生产力之中（马克思，1975）。即使是在经济学中的交易成本学派看来，经济活动中的社会关系也被理解为组织和管理的问题（迈克尔·迪屈奇，1999）。

入人们是用金钱来衡量的，人力资本的投入也是用金钱来衡量的，那为什么社会资本的投入不可以用金钱来衡量呢？社会资本的投入，笔者认为，就是企业花费在社会关系上的费用。

从投入费用的角度来测量社会资本的主要好处在于：①把对社会资本的计量与对物质资本和人力资本的计量统一起来，可以互相比较；②如上所说，逐一理清企业广泛的社会联系是很困难的研究工作，上述测量方法可避免这一难题；③可以非常明确地推算企业社会资本的投入产出，建立相应的会计制度。

四 费用测量的一个案例

2004 年 5—10 月，笔者对珠江三角洲的女性企业家进行了一次问卷调查。① 由于随机抽样的困难，本次调查采用方便抽样，共回收了有效问卷 200 份，其中私营企业家填写了 84 份，其余为职业经理人。

在问卷中，笔者对企业的社会资本用两个指标进行了测量：一是干股；二是公关费用。

在开办企业过程中，私营企业也可能采取股份制的形式，其中有些股东拿的是干股，即并不实际投入金钱和物质的东西，但还是占有一定的股份，并可以分红。据了解，现实经济生活中的干股有两种：一种是技术入股，实际上是人力资本投入；另外一种是关系入股，实际上就是社会资本投入。

问卷中首先采用了一组四个问题来测量干股：①您企业注册登记时共有几位股东？②他们当中有没有人拿干股？③干股占您的企业的全部股份百分之多少？④拿干股的股东是因为有技术或者专利吗？

结果有 57 人回答了问题①：其中有 13 人说只有 1 位股东，有 44 人回答说有 2 位以上的股东，有 1 人说的她的企业有 188 位股东（这家企业是由国有企业改制而来的）。如果把只有 1 位股东和有 188 位股东的企业

① 本次调查是笔者所主持的 2003 年度国家社会科学基金项目——《市场转型中的精英女性——珠江三角洲女私营企业家研究》（03BSH007）的主要研究内容之一。在问卷设计过程中，得到香港科技大学社会科学部教授边燕杰博士的热情帮助，边燕杰教授对我的问卷初稿做了详细的审阅和修订，特此感谢！

排除，那么，在这 43 家企业中，股东最少的是 2 位，最多的是 28 位，平均为 4.79 位股东；52 人回答了股东中有没有人拿干股的问题：其中 20 人说有，32 人说没有；18 人回答了问题②：最小值为 2%，最大值为 80%，平均值是 19.03%；17 人回答了问题③：其中 11 人肯定是技术或专利的干股，6 人说不是。这样，84 家私有企业开办时，有 6 家的股东占有了非技术的干股，其中除 1 人的股份比例缺失外，有 3 家企业的干股是全部股份的 10%，1 家是 37.5%，还有 1 家高达 80%。

然后，问卷问到目前企业的股东中有没有人拿干股的问题，结果 53 人对这个问题作了明确回答：其中 21 人说有，32 人说没有。进一步，有 19 人回答了干股占企业股份的比例：最小值为 8%，最大值为 37.5%，平均值为 19.08%。其中有 13 人说她们企业股东中拿干股的人是因为有技术或专利，另外 6 人的回答则不是。在这 6 家有股东占有非技术干股的企业中，有 2 人没有回答所占比例，有 1 家占 11%，1 家占 13%，还有 2 家都占 20%。

这两组数据的结果非常接近，使我们认识到：对企业的干股进行测量是可能的，当然也不是太容易的，这从数据的缺失可以看出来。

如果说以非技术干股或关系干股的方式可以测量出与企业建立了稳定社会关系的收益，或者企业向相关人士购买社会关系的投入，那么，从企业公共关系费用的开支则可以看出企业在处理外在社会关系的花费或投入。①

问卷要求填写 2003 年度企业的支出情况，在所列举的 10 项开支中，有 99 人（其中包括有在企业担任高级职位的职业经理人）回答了企业的公关、招待费用情况：最小值为 0，最大值为 40%，中位值为 5%，众数

---

① 当然，任何测量都是有局限的。在企业公共关系费用中难以体现的是：（1）先赋性关系。有一些企业的开办者，原来利用种种权力或资源给他人以帮助，现在他创办企业，别人给予回报，并不需要现在花费公关费用。另外是企业创办者利用父母一类人的关系获利，前人栽树，后人乘凉，也不需要现在花费太多的公关费用。（2）社会性冲销。有一些企业，特别是国有企业，以安排人员等方式给对方以回报，直接的公关费用花费不大。而从个人的角度来看，人们之间的社会交换是模糊的、非即时的、可替代的和情感性的，因而与经济交换不同，很难完全用金钱尺度来测量。（3）时间成本。企业的一些负责人或有关方面人士花费了大量的时间在公关上，这些时间很难计量，并且在企业中是以工资的形式支出的，表面上是人力资本支出。这些东西就构成了社会资本具有不可测量的一面，或社会资本的不可测性。

为 10% ，平均值为 6.65% 。[①]此外，还有 62 人回答了企业开支中各种捐赠的情况：最小值为 0 ，最大值 13% ，中位值为 1.4% ，众数为 0 ，平均值为 2.36% 。企业的公关、招待费用就是直接在社会关系上的花费，企业的捐赠也和处理公共关系有关，但是，前者更多的是企业和私人（或企业）建立和维持社会网络的费用，后者则更可能是在对社会公众塑造企业形象的花费。

那么，企业的社会资本投入是有效的吗？

本次调查中用营业额（销售收入）[②]的客观指标和企业家对本企业在本市同行业中地位评价[③]的主观指标来测量企业的绩效。用公关招待费作为自变量，营业额和企业家评价作为因变量，来看它们之间的相关情况。

营业额被平均分为三个部分，最小、居中和最高；公关费用也分成三个部分：4.6% 及以下，5% —8% ，8% 以上，以保证三组数量均衡。结果显示：在公关比例与营业额之间的 Gamma 系数是 -0.271 ，显著度是 sig = 0.037 ，表明两者是负相关，即公关费用越高，营业额越低，或者营业额越高，公关费用越低。

至于公关费用比例与企业家对自己企业的主观排名关系上，在控制营业额前提下，两者在各组的 Gamma 系数是：在营业额最低一组中，$G = -0.0842$ ，显著度 0.824 ；在营业额居中的那组，$G = -0.661$ ，显著度为 0.001 ；在最高一组，$G = -0.417$ ，显著度为 0.237 。由此可见，除了营业额最低的一组 Gamma 系数为正以外，在其他两组都是呈负相关；其中中间组公关费用比例越高，企业家在行业中的自我评价越低，或者，自我评价越高，公关费用越低。

这几个指标的测量也许有偏颇之处，所得相关关系也许还可以做出别的解释，但是显然，企业所投入的建构社会关系网络的费用和企业绩效之

---

① 说明：由于直接询问费用金额多少的困难，只要求回答所占比例。

② 问卷中将营业额划分为 9 等：（1）50 万元以下；（2）50 万—100 万（含 100 万）；（3）100 万—300 万；（4）300 万—500 万；（5）500 万—1000 万；（6）1000 万—3000 万；（7）3000 万—15000 万；（8）15000 万—3 亿；（9）3 亿以上。

③ 问卷中对企业家自我地位评价的答案是：（1）处于本市前三位；（2）属于中上水平；（3）属于中等水平；（4）低于平均水平。

间并不如人们所期待的那样有强烈的正相关关系，① 也即是说，社会资本对企业的作用未必是正向的、强烈的相关关系。

五 结论与讨论

通过上述讨论，本文得出如下结论：

1. 社会网络不等于社会资本。两者的区别是资源与资本的区别：资源是潜在的资本，资本是动用了的、用来投资的资源。社会网络是社会资源而不直接就是社会资本；社会资本是动用了的、用来从事生产性的经济活动的社会网络或社会资源。

2. 对于社会资本的测量方法之一是网络测量，这种测量的意义是：一方面，把人们的社会联系完全形式化，促进了对于微观社会结构明晰的、图示的和数量化的认识；另一方面，从生产的角度来看，它摸清楚了人们的社会资源。但是，其缺陷也是显然易见的：一方面，在个人的层次上，网络测量相对容易；在群体或社会组织的层次上，网络测量相对困难。这种困难随着群体或社会组织规模的扩大而增大，随着企业或社会组织的复杂化而复杂化。而对大型企业或组织来说，网络测量几乎不可能。另一方面，这种测量容易混淆企业或组织的个人网络和企业网络的关系，而在中国许多企业产权不明和委托—代理制度不完善的情况下，这一缺陷更显突出。

3. 对于企业社会资本测量的另一种方法是费用测量。这里所指的费用就是企业用于建构关系网络的费用，具体表现为处理公共关系上的费用，它以相对固定的形式在股份制企业中表现为非技术性的干股，而在所有的企业中，它都表现为企业的公关、招待费用。这些具体的形式可能是

---

① 企业所投入的公关费用与企业绩效没有正相关关系，但是，这并不等于对企业没有功效。一个可能的解释是：这种公关费用的主要作用不在于直接获得利润，而是为了企业的正常运转。就像机器中所使用的润滑油一样，它的作用并不是直接体现在机器的功效上，而是减少摩擦力。如果从交易费用的逻辑来看，社会资本在宏观视野里对经济运行的作用并不是积极的，即使从微观的角度来看，社会资本的投入增加了交易费用，对企业的绩效未必有正面的影响。柯武刚（Wolfgang Kasper）、史曼飞（Manfred E. Streit）说："生意人将会告诉你，他们的企业能常常保持竞争性，主要是靠专注于如何在企业内部以及与供应商和客户的交往中节约协调成本"（柯武刚、史曼飞，2003：153）。

干股、提成、红包和直接的招待费。费用测量的优点是：①把对社会资本的计量与对物质资本和人力资本的计量统一起来，都用金钱作为衡量的尺度，使得这三种资本的投入可以互相比较；②它通过直接的费用投入避免了网络测量对社会资源和社会资本的混淆；③可以非常明确地推算企业社会资本的投入产出，建立相应的会计制度。但是，费用测量也存在着一些基本的缺陷，这主要表现为对先赋性关系、社会性冲销和时间成本的忽略。

对于社会资本概念深刻反思，本文还想在更广阔的范围里进一步讨论。

鲍威尔将社会经济组织形式分成市场、等级制和网络，网络是一种"既非市场又非等级制度"的独特形式，它以关系作为其沟通方式，它是开放和互惠的，介于市场和等级制（组织）之间（转引自斯格特，2002）。

人类以市场、组织和网络三种形式从事经济活动，而经济组织（企业）是在市场和网络中活动的。在布尔迪厄、科尔曼、林南等人的观念中，社会资本来自于关系网络，而不是市场或组织，尽管在市场、组织和网络之间并没有不可跨越的鸿沟。科斯、威廉姆森等人从交易费用的角度，认为市场和组织是可以互相替代和转换的（科斯，2004；威廉姆森，1996）。

基于这样的理解，笔者认为对社会资本不应作过于宽泛的解释，如把人们的组织、社区等等都归之于社会资本（普特南，2000）。因而，也就并不存在和企业外部社会联系相对应的企业内部的社会资本。因为企业与外部社会联系建立的是网络关系，而企业对内部员工的关系则是组织关系。当然，在这里要注意区分的是社会资本的主体层次，比如，在企业内部，作为一个整体组织的企业不存在社会资本的问题，但是，作为组织中的个人，企业的员工却会有种种私人网络关系及其蕴涵在这种网络关系中的社会资本。

社会资本就是一种交易费用，它并不来自于人们之间一般的社会关系，比如市场关系和组织关系，而是存在于社会网络中，是个人、企业或社会组织建构其关系网络的交易费用。笔者所看到的西方新制度经济学关于交易费用的论述，强调的是市场中的交易费用和企业内部的交易费用，而很少明确提及关系网络中的交易费用。① 本文想对此给予清楚的界定。

因而，想重复并对上述结论给予补充：所谓企业的社会资本，就是企业动用了的、用来从事生产经营活动的社会网络或社会资源，它本质上是企业为了其生产经营活动建构自己的关系网络的交易费用。进一步的仔细解释是：社会资本蕴涵在关系网络之中，表现为利用关系网络借用资源的能力，而这种关系网络的使用并不是没有成本的，它的成本就是经济活动的主体（个人或企业）建构关系网络的投入或所花费的费用，即网络中的交易费用，它在企业中可能以非技术性干股（比较固定的社会关系的表征）和公关费用的形式显现。而社会资本的功效，应该直接体现在企业借用的资源量和间接体现在所借用的资源对企业经济绩效的影响上。

进一步的研究也许要探讨关系网络的有效使用、企业或个人的资源借用能力，以及这种能力的生产与再生产问题；探讨人们在什么样的制度条件下，以及对社会资本的使用问题；探讨社会资本对微观企业、宏观市场与社会的影响等问题。

总而言之，这是一个值得深入研究的问题。边燕杰把西方社会学的相关理论和研究方法应用到对中国企业的研究之中，从社会网络的角度给了人们理解中国企业活动的新视角，他已经开了一个很好的头。国内的研究者应该在此基础上更进一步，因为我们毕竟长期生活在自己的国度里，有着理解、解释自己社会和文化的天然责任。当然，边燕杰的研究也在不断深入，人们盼望着他新的论著早日发表。本文幼稚的批评或许能给他新的研究提供某种参考，这也是本文写作的初衷。

参考文献：

1. 奥利弗·威廉姆森：《生产的纵向一体化：市场失灵的考察》，陈梨译；《交易费用经济学：契约关系的规制》，李崇新译，均载陈郁编《企业制度与市场组织——交易费用经济学文选》，上海三联书店、上海人民出版社1996年版。

2. 边燕杰："城市居民社会资本的来源及作用：网络观点与调查发现"，《中国社会科学》2004年第3期。

---

① 如 E. 菲吕伯顿和 R. 瑞切特说："交易成本的典型例子是利用市场的费用（"市场交易成本"）和在企业内部使行政命令这种权利的费用（"管理性交易成本"）……（还有）一组与某一政治实体的制度结构的运作和调整相关的费用（"政治性交易成本"）……"（转引自亚历山德拉·贝纳姆和李·贝拉姆，2003：428）

3. 边燕杰、丘海雄："企业的社会资本及其功效"，《中国社会科学》2000 年第 2 期。

4. 布尔迪厄：《文化资本与社会炼金术》，包亚明译，上海人民出版社 1997 年版。

5. 科尔曼：《社会理论的基础》，邓方译，社会科学文献出版社 1999 年版。

6. 科斯：《社会成本问题》，龚柏华、张乃根译；《企业的性质》，陈郁译，均载盛洪主编《现代制度经济学》（上卷），北京大学出版社 2004 年版。

7. 柯武刚、史曼飞：《制度经济学：社会秩序与公共政策》，韩潮华译，商务印书馆 2003 年版。

8. 林南："社会资本：争鸣的范式和实证的检验"，《香港社会学学报》2001 年第 2 期。

9. 刘军：《社会网络分析导论》，社会科学文献出版社 2004 年版。

10. 理查德·斯威德伯格：《经济学与社会学》，安佳译，商务印书馆 2003 年版。

11. 理查德·斯格特：《组织理论》，黄洋、李霞、申薇、席侃译，华夏出版社 2002 年版。

12. 罗伯特·普特南：《繁荣的社群——社会资本与公共生活》，杨蓉编译；《独自打保龄球：美国下降的社会资本》，宛洁编译，均载李惠斌、杨雪东主编《社会资本与社会发展》，社会科学文献出版社 2000 年版。

13. 马克思：《资本论》第一卷，人民出版社 1975 年版。

14. 迈克尔·迪屈奇：《交易成本经济学——关于公司的新的经济意义》，王铁生、葛立成译，经济科学出版社 1999 年版。

15. 熊瑞梅：《性别、个人网络与社会资本》，载边燕杰、涂肇庆、苏耀昌主编《华人社会的调查研究》，牛津大学出版社 2001 年版。

16. 亚历山德拉·贝纳姆、李·贝拉姆：《交换成本的测量》，载克劳德·梅纳尔主编《制度、契约与组织——从新制度经济学角度的透视》，经济科学出版社 2003 年版。

17. 张其仔：《社会资本论——社会资本与经济增长》，社会科学文献出版社 1999 年版。

18. 张文宏："社会资本：理论争辩与经验研究"，《社会学研究》2003 年第 4 期。

19. Bian, Yanjie., 1997, "Bringing Strong Ties Back In: Indirect Ties, Network Bridges, and Job Searches in China", *American Sociological Review*, Volume 62 Number 3 June 1997.

20. Bian, Yanjie and Soon Ang., 1997, "Guanxi Networks and Job Mobility in China and Singapore", *Social Forces*, 75.

21. Bourdieu, Pierre, 1986, "The Forms of Social Capital", in *Handbook of Theory*

and Research for the Sociology of Education, (ed.) by Barry Wellman, Boulder, Co.: Westview.

22. Burt, Ronald S., 1992, *Structural Holes: The Social Structure of Competition*, Cambridge, MA: Harvard University Press.

22. Granovetter, Mark, 1973, "The Strength of Weak Ties", *American Journal of Sociology*, 78.

23. Lin, nan., 1999, "Social Networks and Status Attainment", *Annual Review of Sociology*, 25.

24. Lin nan., 2001, Social Capital: A Theory of Social Structure and Action, *New York: Cambridge University Press.*

制度短缺与劳工短缺[*]

——"民工荒"问题研究

一 认识逻辑与理论假设

1. 文献回顾

从大约 2003 年开始，在珠江三角洲、长江三角洲以及其他地区发生了较为严重的工人短缺现象，舆论称之为"民工荒"。对于这一现象，各种报刊议论纷纷，众说纷纭。这些说法实质上可以归结为这样的问题：究竟应该怎样判别民工荒的性质、规模以及形成原因？

一般来讲，中国有着庞大的剩余劳动力，普通工人的供给应该不是问题，因而，较为一致的判断是：这是总量供给剩余下的民工短缺问题；这是一种结构性短缺，短缺的工人主要是 25 岁以下的年轻女工（章铮，2005）；短缺的企业主要是那些工资较低的企业，比如工人月平均工资在 700 元以下的企业（劳动保障部课题组，2004）。如果我们承认这样的判断较为准确的话，那么可能造成的原因是：第一，信息不对称。劳动力市场信息不对称，需求的信息不能转达到供给方，供给的信息也不能传达给需求方。同时，供给方由于对企业的工资福利和权益保障等心存疑问，不敢贸然进入企业工作（王俊霞、王孟欣，2005）。第二，结构性问题。需求方所要求的工人，不是供给方所能提供的工人，这样导致供需错位，可以从年龄、性别和受教育程度等来进行分析（劳动保障部课题组，2004；章铮，2005；章铮、谭琴，2005；乔纳森·安德森，2005；李传志，

---

* 本文最初发表于《中国工业经济》2006 年第 8 期，署名作者为刘林平、万向东、张永宏。

2005；蔡昉、都阳、王美艳，2005）。第三，工资福利和权益保障问题。外来工（或农民工）符合需求方的要求，但是需求方不能提供他们所要求的工资福利待遇和权益保障，因而不愿意进入企业工作（劳动保障部课题组，2004；侯志阳，2004；乔纳森·安德森，2005；许经勇，2005；王俊霞、王孟欣，2005）。第四，区域与行业分流。由于其他地区，特别是中西部地区的发展，对劳动力的需求增加，使沿海地区的劳动力供给相应减少。中央给予农业的优惠政策见效，一部分农民工回家务农，或者减少了农民外出打工（鲁志国、刘志雄，2005）。以上这些认识各有其合理之处，但是，综合起来看，这些研究有如下几点缺陷：所提出的看法、观点或假设大都缺乏实证支持；从各自的学科立场出发，难以形成一个一以贯之的认识或理论逻辑；对制度条件的认识或不具体，或缺深度，流于表面。

2. 理论假设

有鉴于此，本文试图根据实际调查数据资料，以新制度主义的理论立场作为出发点来理解"民工荒"问题。我们认为，外来工在劳动力市场上流动，这些看似盲目实则有序的流动一定遵循着某种制度逻辑，将他们的个体行动纳入制度的轨道。外来工的工作变换频繁或工作不稳定，一定是制度环境不能给农民工提供稳定的就业预期或就业现实所致。而在其中，最重要的影响变量是信息、工资等外显因素和隐藏在背后的制度条件或制度环境。从这样的认识逻辑出发，我们提出如下基本假设。

假设1：人们寻找工作的方式或途径与劳动力市场信息充分与否相关。如果劳动力市场信息是充分的，那么，外来工就会以市场的方式去寻找工作；反之，就会利用私人网络去寻找工作。主要由强关系组成的关系网络是外来工寻找工作的主要方式。

假设2：人们寻找工作的频率与所得到工作结果的好坏相关。如果外来工利用关系网络寻找工作的结果是好的，那么他们就会在所在企业安心工作，劳动力市场的流动就不会太过频繁。反之，他们就会继续流动。

假设3：外来工的流动频率与他们的工资水平相关。工资水平高则不流动，反之则流动。一般流向是从工资水平较低的企业或地区流向工资水平较高的企业或地区。

假设4：作为个体的外来工的工资水平主要由其人力资本决定，但是，作为群体的外来工工资水平则由政府的最低工资标准调节。如果外来工的工资水平过低，那么则是最低工资标准过低或丧失调节劳动力市场的作用。

在以上的四个假设中，我们认为，工资和信息是最重要的变量，工资决定流动动机，信息决定流动途径，它们都对流动方向有影响。但是，在信息和工资背后，还有着与之紧密联系的制度条件。我们认为，在总量供给剩余的条件下，劳动力市场信息不充分和外来工工资水平过低一定有更为深刻的制度原因。基于上述假设，我们组织了大规模的问卷调查，力图验证这些假设。

3. 样本的基本情况

本次调查的外来工样本主要分布在珠三角和长三角，这两个地方的有效样本各为 512 个，同时，我们还在中西部的郑州、长沙、成都和贵阳各调查了 100 个样本。在抽样过程中，我们基本上参考了各城市外来务工人员的总体数量、行业、企业（特别是制造业）分布及样本工人的性别等因素，采取了控制措施，加之样本总量较大，估计这一样本的集合在一定程度上代表了这两个地区的外来工的总体，但未能进行严格的概率抽样，因而不能准确地计算这一样本与总体之间的误差。样本的基本情况见表 1。

表 1　　　　　　　　　　　　外来工样本的基本情况

年龄（N = 1422）	15—58 岁（平均 27.33 岁，标准差 8.22 岁）
性别（N = 1424）	男性 871 人（61.2%），女性 553 人（38.8%）
户口性质（N = 1424）	农业 1162 人（81.6%），非农业 220 人（15.4%），不清楚 42 人（2.9%）
教育程度（N = 1420）	小学以下 44 人（3.1%），小学 194 人（13.7%），初中 706 人（49.7%）高中 196 人（13.8%），中专、技校 185 人（13.0%），大专 95 人（6.7%）
婚姻状况（N = 1424）	未婚 743 人（52.2%），有配偶 660 人（46.3%）离婚 14 人（1.0%），丧偶 7 人（0.5%）
企业性质（N = 1408）	国有 120 人（8.5%），乡镇 79 人（5.6%），私营 833 人（59.2%）外资或合资 255 人（18.1%），个体户 101 人（7.2%），其他 20 人（1.4%）
企业规模（N = 1392）	100 人以下 607 人（43.6%）；100—499 人 450 人（32.3%）；500—999 人 174 人（12.5%）；1000—2999 人 102 人（7.3%）；3000 人以上 59 人（4.2%）

二 信息、网络、流动与工资

1. 找工途径

西方社会学对于劳动力市场的研究表明，人们大多利用关系网络去寻找信息而获得工作，而不论这些关系网络是由强关系还是弱关系所构成。当然，地位较低的蓝领工人更可能利用强关系，而地位较高的白领则更多地利用弱关系（Granovetter，1974；Marsden & Hurlbert，1988；Wegener，1991）。对于儒家文化背景下的中国内地、新加坡和日本等地的研究表明，人们更多地利用强关系去寻找工作，而不论是计划经济体制还是市场经

表 2 　　　　　　　　外来工所用求职途径情况

流动方式		具体求职过程中使用的求职途径情况					
		第一次	第二次	第三次	第四次	第五次	目前
组织	技校组织	27(3.6%)	1(0.3%)	1(0.7%)	0	0	40(2.8%)
	政府组织	8(1.1%)	1(0.3%)	1(0.7%)	0	0	16(1.1%)
	小计	35(4.7%)	2(0.6%)	2(1.4%)	0	0	56(3.9%)
网络	亲友介绍	466(61.9%)	223(59.2%)	70(51.9%)	20(44.4%)	12(57.1%)	838(59.6%)
市场	劳务或中介	75(10.0%)	41(10.9%)	17(12.6%)	6(13.3%)	3(14.3%)	140(10.0%)
	互联网	4(0.5%)	3(0.8%)	1(0.7%)	1(2.2%)	0	17(1.2%)
	其他媒体	12(1.6%)	4(1.1%)	3(2.2%)	1(2.2%)	0	24(1.7%)
	街头广告	58(7.7%)	31(8.2%)	13(9.6%)	5(11.1%)	1(4.8%)	83(5.9%)
	企业直招	83(11.0%)	56(14.9%)	19(14.1%)	9(20.0%)	4(19.0%)	205(14.6%)
	小计	232(30.8%)	135(35.8%)	53(39.3%)	22(48.9%)	8(38.1%)	469(33.3%)
其他		20(2.7%)	17(4.5%)	10(7.4%)	3(6.7%)	1(4.8%)	44(3.1%)
合计		753(100%)	377(100%)	135(100%)	45(100%)	21(100%)	1407(100%)

济体制（Bian，1997；Bian & Ang，1997；Watanabe，1987）。这些研究告诉我们：劳动力市场中的信息总是不充分的，在这样的社会条件下，人们就会利用某种关系网络来获得信息。但是，这不等于说，在市场经济完善的美国社会和市场体系不完善的中国社会，信息的不充分是一样的。劳动力市场信息的充分与否和市场体系是否完善相关，边燕杰（1999）为此而提出的假设是："越是市场化的经济，越要求信息的多方传递，弱关系的作用越大；而市场化程度越低，人情关系越重要，强关系的作用就越大。"

显然，外来工是在一个市场的体制下寻找工作的，这和传统国有企业的工人形成鲜明对比。那么，在市场体系下寻找工作的外来工是否也要利用关系网络呢？我们对此进行了测量，其结果可以总结为表2。在表2中，我们看到：外来工第一次找到工作以及找到目前的工作的主要途径是亲友介绍，分别占找工途径的61.9%和59.6%。这样，外来工的确是主要利用强关系所组成的网络来寻找工作的。

表3　　　　　　　　　　**外来工在找工和工作中所求助的关系类型**

关系类型 / 帮助内容	亲戚	老乡	同学	企业内的熟人			外面的熟人
				主管	企业负责人	工人	
提供信息	599（1）	572（2）	208（3）	42（6）	27（7）	53（5）	156（4）
介绍关系	516（1）	486（2）	162（3）	41（5）	31（7）	36（6）	127（4）
陪同见工	341（2）	376（1）	144（3）	118（4）	72（5）	37（7）	68（6）
技术帮助	156（5）	179（3）	63（6）	352（1）	173（4）	288（2）	37（7）
加工资提拔	58（3）	45（4）	16（6）	381（1）	329（2）	27（5）	11（7）

注：本表中的数字是外来工对给予帮助的人的选择频数，括号里的数字是排序。

问卷调查中所得到的其他数据也支持了这一观点。表3显示，在"提供信息"、"介绍关系"和"陪同见工"这几个方面，给予外来工帮助排在前三位的都是亲戚、老乡和同学，而且，和熟人比较，亲戚和老乡的选择频数要高出很多。这有力地支持了上面的结论。

这里，我们所要讨论的主要不是外来工找工作的网络构成或网络类型。要想说明的是：外来工主要利用强关系所组成的网络来找工，这说明了他们所面对的劳动力市场是信息不充分的，甚至是很不充分的。这样，我们所提出的研究假设1就得到了证明。

2. 找工途径与工资收入

外来工通过网络寻找工作，他们能够得到好的工作吗？好的工作当然是一个模糊的概念，在这里，我们主要以工资作为测量指标，也就是说，工资高的就是好的工作，工资低的就是差的工作。将外来工第一次找工和目前找工的途径与他们得到的月工资收入交互分类，我们得到了表4。在表4中，我们看不到找工途径和所获得的工作的工资有明确的相关关系。如果以找工途径作为自变量，以所获得的工作的工资作为因变量，计算它们之间的相关关系，所得到的相关系数（eta）为0.198（第一次）和0.186（目前）。这说明这两个变量之间只有低度相关。

这样，我们的基本结论是：找工途径和外来工所获得的工资收入之间没有明显的相关关系。这就是说，人们无论通过关系网络还是市场或组织的方式找工，它们的结果并没有明显的差异。这一结论推翻了假设2。也就是说，通过网络的途径并不一定会比其他途径给外来工带来好的工资收入，那么他们就有进一步流动的可能性。

3. 找工成本

那么，为什么外来工主要通过网络的方式来寻找工作呢？既然网络方式和市场与组织方式对找工结果没有显著影响，是不是找工方式和找工成本相关呢？是不是通过网络的方式可以节省找工的成本呢？将外来工第一次找工所花费的金钱、时间和途径交互分类，我们得出表5。从表5可以看出，找工途径与找工时间的相关系数值 $\lambda = 0.063$，$E = 0.262$，显示两者之间存在低度相关。找工途径与找工所花费金钱的相关系数值是 $\lambda = 0.143$，$E = 0.384$，显示两者之间存在一定的相关。

表 4　　　　　外来工找工途径和工资收入的交互分类

流动方式		第一次工作				目前工作			
		月工资收入（元）				月工资收入（元）			
		≤350	350—1000	≥1000	合计	≤350	350—1000	≥1000	合计
组织	技校组织	1 (0.9%)	23 (4.0%)	3 (4.8%)	27	6 (2.4%)	20 (2.7%)	13 (3.4%)	39
	政府组织	0	8 (1.4%)	0	8	4 (1.6%)	7 (0.9%)	4 (1.0%)	15
网络	亲友介绍	78 (72.2%)	346 (60.6%)	32 (50.8%)	456	153 (61.2%)	451 (60.2%)	218 (56.5%)	822
	劳务中介	2 (1.9%)	64 (11.2%)	9 (14.3%)	75	12 (4.8%)	72 (9.6%)	54 (14.0%)	138
市场	互联网	0	1 (0.2%)	3 (4.8%)	4	2 (0.8%)	12 (1.6%)	3 (0.8%)	17
	其他媒体	2 (1.9%)	10 (1.8%)	0	12	1 (0.4%)	14 (1.9%)	9 (2.3%)	24
	街头广告	5 (4.6%)	51 (8.9%)	2 (3.2%)	58	20 (8.0%)	53 (7.1%)	10 (2.6%)	83
	企业直招	13 (12.0%)	58 (10.2%)	12 (19.0%)	83	36 (14.4%)	103 (13.8%)	64 (16.6%)	203
其　他		7 (6.5%)	10 (1.7%)	2 (3.1%)	19	16 (6.4%)	17 (2.3%)	11 (2.8%)	44
合　计		108 (100%)	571 (100%)	63 (100%)	742	250 (100%)	749 (100%)	386 (100%)	1385

表5　　　　　　　　　　　找工成本与找工途径的交互分类

成本		找工途径				合计
		组织	网络	市场	其他	
时间（天）	0—2	13 (1.78%)	129 (17.70%)	59 (8.09%)	2 (0.27%)	203 (27.85%)
	3—7	9 (1.23%)	114 (15.64%)	53 (7.27%)	8 (1.10%)	184 (25.24%)
	8—18	4 (0.55%)	103 (14.13%)	45 (6.17%)	2 (0.27%)	154 (21.12%)
	>18	7 (0.96%)	111 (15.23%)	65 (8.92%)	5 (0.69%)	188 (25.79%)
合计		33 (4.53%)	457 (62.69%)	222 (30.45%)	17 (2.33%)	729 (100%)

$$M = 25.65 \quad \lambda = 0.063 \quad sig = 0.002 \quad E = 0.262$$

钱（元）	<100	10 (1.33%)	140 (18.59%)	75 (9.96%)	9 (1.19%)	234 (31.08%)
	100—230	7 (0.93%)	84 (11.16%)	42 (5.58%)	4 (0.53%)	137 (18.19%)
	231—440	8 (1.06%)	125 (16.60%)	54 (7.17%)	0	187 (24.83%)
	>440	10 (1.33%)	117 (15.54%)	61 (8.10%)	7 (0.93%)	195 (25.90%)
合计		35 (4.65%)	466 (61.89%)	232 (30.81%)	20 (2.66%)	753 (100%)

$$M = 343.79 \quad \lambda = 0.143 \quad sig = 0.000 \quad E = 0.384$$

注：M 为样本平均值（Means）；λ 可用来分析定类变量与定序变量之间的相关关系，其统计值介于 0 与 1 之间；sig 为相伴概率值，也称为显著水平，统计学上一般规定若相伴概率值小于或等于某显著性水平 a，则拒绝原假设 H_0，相反，若相伴概率值大于显著性水平 a，则不拒绝原假设 H_0；E 为 eta 系数，可用来分析定类变量与定距变量之间的相关关系。

　　我们将组织、网络、市场和其他四种找工途径所花时间与金钱计算出平均值，可以得出表6。非常明显，在四种途径中，组织的途径是最节省成本的，因为组织意味着已经联系好之后，外来工才外出，当然就会节省时间和金钱的花费。与组织相比，网络的方式花费要大一些，主要表现在时间是组织方式的一倍多。但是，和市场相比，网络更节省时间和金钱。因为采用组织的方式较少，网络和市场是最主要的找工途径或方式，而网络比之市场节省找工成本，所以，我们得出的结论就是：网络的作用之一是节省找工成本，所以外来工主要采用网络的方式来找工。

表6　　　　　　　　　　不同找工途径成本比较

成本	找工途径			
	组织	网络	市场	其他
时间（天）	11.06	24.55	29.52	43.35
钱（元）	303.57	322.65	349.63	312.25

外来工通过网络方式找工不一定能得到高的工资收入，但是可以节省找工成本，这是他们利用网络的重要原因之一。当然，离开本乡本土到异地他乡去工作的外来工，在劳动力市场信息不充分的条件下，不敢贸然进入某一家企业工作，这是他们要利用个人网络的更为重要的原因。

4. 流动与工资

在一个信息不充分的劳动力市场，外来工主要通过私人关系网络寻找工作。利用关系网络寻找工作的方式不一定给外来工带来较高的工资收入，但是，却可以使他们不会上当受骗，同时也可以节省找工成本，这就是外来工之所以主要利用关系网络找工的基本理由。但是，这样造成的后果之一是：外来工不能在所在企业安心工作，流动频率较高。在表7中，我们看到，在2000年，外来女工的换工人数比高过50%，而5年后，与我们调查的总体相比，这个比例大致维持不变，当然珠三角地区则高出8.6个百分点；而换工者的换工次数则有明显增加，在珠三角更为突出。这说明，在劳动力市场上，外来工的流动频率相当高，或者说，他们中有半数以上的人难以安心工作而频繁换工。

表7　　　　　　　　　　外来工的流动次数

		换工人数比	换工次数		
			最小值	最大值	平均值
2000年数据（N = 1023）		56%	1	8	1.76
2005年数据	总体（N = 1420）	55.4%	1	30	2.24
	珠三角（N = 511）	64.6%	1	30	2.67

注：本表中的2000年数据是刘林平对珠江三角洲1000多个外来女工所做的问卷调查，2005年数据是本次调查数据。

外来工之所以频繁流动当然和工资相关，一般来说，他们每流动一次，工资就会增加，表 8 清楚地显示了这一点。这非常简单而明确地证明了假设 3。

表 8　　　　　　　　　　外来工工作变换与工资增加情况

换工次序	第一次	第二次	第三次	第四次	第五次	目前
平均工资额	674.46	791.58	826.86	919.56	1077.27	993.49
流动者的工资增加额		193.54	143.36	158.89	293.18	

5. 工资的决定因素

我们认为，将劳动力市场的供需状况作为既定前提的条件下，工人的工资主要由三个因素决定：工人自身的人力资本、企业制度和政府法规与政策。[①] 对外来工的人力资本进行测量，我们使用了年龄、性别、工龄和受教育程度等指标；对企业制度进行测量，我们使用的是企业的性质和规模的指标；[②] 对政府的法规与政策进行测量我们使用的是最低工资标准。把上述变量作为自变量，外来工的月工资收入作为因变量，对它们之间的关系进行方差分析，得出表 9。

[①]　决定工资的因素有很多，从经济学的角度来看，最主要的有工人的人力资本、劳动力在市场中的稀缺程度、维持劳动力生产和再生产的基本生活需求以及相应的物价指数、工人和企业讨价还价的能力、政府制定的法规和政策、社会的传统与习惯，等等（约翰·伊特韦尔等，1996）。具体到中国的情况，有学者认为，"中国经济转轨时期工资和就业的决定机制有两个不同于其他国家的鲜明特点：一是职工并没有直接地参与工资和就业的谈判，二是政府仍然对工资和就业实施着一定程度的管制"（陆铭，2004：4）。从对外来工进行问卷调查可测量的角度出发，本文只能讨论人力资本、企业制度和政府政策这三个方面。

[②]　在本文中，教育程度分为小学及以下、初中、高中（中专、技校）和大专及以上；企业性质分为外资、国有、乡镇、私有、个体和其他；企业规模分为 100 人以下、100—499 人、500—999 人、1000—2999 人和 3000 人以上。

表9 影响外来工月工资因素的方差分析

变差来源	三类离差平方和	自由度	均方	F统计量	显著水平	偏相关比率
校正模型	109194195.063（a）	49	2228452.960	13.597	0.000	0.344
截距	1015890.161	1	1015890.161	6.198	0.013	0.005
企业性质	3569159.947	5	713831.989	4.355	0.001	0.017
企业规模	5499859.224	4	1374964.806	8.389	0.000	0.026
教育	1847971.350	3	615990.450	3.758	0.011	0.009
工龄	2519970.404	1	2519970.404	15.375	0.000	0.012
年龄	5279473.816	1	5279473.816	32.212	0.000	0.025
最低工资	11056832.092	1	11056832.092	67.462	0.000	0.050
教育*工龄	1738367.471	3	579455.824	3.535	0.014	0.008
教育*年龄	3361404.611	3	1120468.204	6.836	0.000	0.016
工龄*年龄	1579803.764	1	1579803.764	9.639	0.002	0.008
性别*教育*工龄	2987842.930	4	746960.733	4.557	0.001	0.014
性别*工龄*年龄	1965059.017	1	1965059.017	11.990	0.001	0.009
教育*工龄*年龄	1654740.988	3	551580.329	3.365	0.018	0.008
企业性质*企业规模	7276278.504	16	454767.406	2.775	0.000	0.034
性别*教育*工龄*年龄	3003348.269	3	1001116.090	6.108	0.000	0.014
误差r	207985340.155	1269	163897.037			
总平方和l	1624282484.000	1319				
校正平方和	317179535.218	1318				

注：A R Squared = 0.344（Adjusted R Squared = 0.319）。

在表9中，我们看到，上述三方面的自变量对因变量的解释力为30%以上，其中三项因素中人力资本影响相对较高，企业性质和规模其次，最低工资标准最低，只有微弱的相关。这说明，政府通过制定最低工资标准调控工人工资的手段起不到应有的作用。之所以这样，可能的原因有二：其一，最低工资标准过低；其二，企业并没有执行最低工资标准。

和计划经济体制下由政府制定工资标准并且决定什么时候调节工资的基本制度不同，在市场经济的条件下，政府不能直接决定工人的工资，工资主要应该由市场去调节。但是，这不等于说，政府对工资问题完全不能干预，一定程度的干预是应该的，也是必要的，而制定和执行最低工资标准就是政府干预的有力手段。可惜的是，我们看到这一调控手段并没有起到应有的作用。

三 结论与讨论

我们可以得出如下结论：一是在劳动力市场信息不完全、不充分和存在大量虚假信息的条件下，外来工主要（只能）通过私人网络关系去寻找工作；二是利用网络寻找工作和其他途径寻找工作所得到的工资收入之间没有显著差异，或者说，外来工利用网络途径寻找工作并不能使他们得到工资较高的工作岗位，但是，利用网络却可以节省找工成本；三是由于外来工工资较低，所以他们不能安心在所在企业工作，因而有较高的流动率；四是外来工的工资由多种因素决定，在诸种因素中，最低工资标准失去了调节工人工资的作用，因而对政府来说，失去了在市场基础上的宏观调控手段，对外来工来说，则丧失了整个群体提高工资的可能。以上的结论所形成的逻辑是：由于工资低，所以外来工流动率高，企业难以形成一支稳定的工人队伍。在工资低的企业，招不到新工人，现有工人的流失率高，所以缺工严重。在工资低的地区，就会形成"民工荒"。

我们在调查中还得知，由于外来工的高流动性，企业不敢对外来工进行培训，限制了外来工人力资本水平的揭高，反过来又影响了外来工在劳动力市场的价格的提升。也就是说，从人力资本的角度，外来工的工资很难提高，而这又促使了外来工进一步流动，去寻找具有较高工资水平的企业和地区。在这个循环的过程中，相当多的企业不能建立一支稳定的工人队伍，缺工现象时有发生，在珠三角地区尤为突出。同时，由于外来工的高流动性，现有的社会保障制度难以建立或不适用。

外来工的高流动性，造成了劳资关系双方的短期行为，这表现为：对于资方来说，企业不会真正把工人的权益保障当做一个重要问题来对待，不敢进行人力资本投资，而是尽可能在短期内压榨工人的劳动，对工人过度剥削而不注意培养工人的再生产能力，竭泽而渔；同时，在企业内部难以建立稳定的、协调的人际关系，更难以在此基础上建立稳定、协调的社会结构；同样也不利于形成有利于企业和工人协商、合作，缓和劳资矛盾的组织文化。对于工人来说，对企业没有归属感，不会考虑企业的长远利益，不关心企业的发展，甚至可能损害企业利益；同时，工人在企业内部缺乏向上发展、晋升的激励，缺乏长远预期，促使和助长了工人的短期行为，而在劳资双方发生矛盾与冲突的时候容易采用非理性的、过激的手段。在工人内部，也由于人际关系的短暂或不持久，进一步组织的可能性大大降低。此外，过于频繁的流动还不利于外来工人融入地方社区，不利于消除外来人口与本地居民之间的隔离，不利于社区治理与和谐关系的建设。进一步说，短期博弈而不是长期共处的劳资关系，会伴随着大量的欺诈行为，劳资双方不可能建立信任，一旦发生冲突则可能产生过激行为，激化矛盾，产生大量不安定因素，甚至形成社会危机，因而增加社会的管理成本，不便于建立稳定和谐的社会关系。

下面，我们进一步来讨论在劳动力市场上外来工高流动性的制度背景。斯格特认为，制度由认知的（Cognitive）、规范的（Normative）和规制的（Regulative）三种要素所构成，它为人的行为提供稳定的和有意义的指引（斯格特，2002）。在对中国农村经济进行研究时，黄宗智（2006）认为，现在中国农村经济模式已经从过去的"男耕女织"转变为"半工半耕"。"整个半工半耕制度的逻辑是：人多地少的过密型农业因收入不足而迫使人们外出打工，而外出打临时工的风险又反过来迫使人们依赖家里的小规模口粮地作为保险。这样，就使过密型小规模、低报酬的农业制度和恶性的临时工制度紧紧地卷在一起。"他还认为，"低收入的种植劳动（和低工资的乡镇企业）也是离土离乡农民工工资相当低的基本原因"。黄宗智的认识思路是：由于人多地少，现有土地制度平均分配了耕地的使用权，农业经营缺乏规模效益，农民耕种的土地只是"口粮田"，这些"口粮田"具有社会保障的功能。在国家强制性实行城乡二元化户籍制度的条件下，农民不能彻底转变为工人，外出打工是对小农经济的补充；而即使外出打工也是临时工。把黄宗智的认识概括一下，"半工半耕"和二元户籍划分就是农民工（或外来工）所面对的最基本的规制制度。这种正式制度具有强制性，它使得农民难以完成向职业工人的彻底转变。

从社会规范来看，农民工所遵从的基本上还是传统的乡土社会规范，比如家族主义、人情关系、老乡观念等，这些东西基本上是传统社会网络所遵从的规则，是一整套的以儒家伦理为主导的社会规范（费孝通，1985）。这些社会规范，一方面给外出打工的农民提供了社会支持与帮助，另一方面也限制了他们的生活圈子；一方面为他们在劳动力市场中的流动提供了仿佛先天性可以利用的网络资源，另一方面又使这种流动具有封闭性、属地性，形成行业聚集和地域聚集。从认知的层面来看，农民工在自我认知上具有明显的临时工心态和社会地位较低的公民心态，因而，在他们眼里，城市或沿海地区尽管不错，是很多人所向往的，但是，毕竟不是他们自己的家，不是他们当中大多数人可以长期落脚的地方，他们更不是城里人，他们到这里只是来打工挣钱的，他们更不可能是城市的主人。而城里人也是这样看的，"外来工"或"农民工"的称呼就是一个证明。"半工半耕"和城乡二元户籍划分、乡土社会的传统社会规范和社会公众（包括外来工或农民工自身）对农民工的认知心理，这就是农民工高流动性或不能真正转化为职业工人的主要的社会制度背景。

但是，从分析的层次来看，上述制度背景只是最基本的因素或变量，还应该有直接影响农民工高流动性的中介变量。本文认为，从职业的角度来考虑，外来工或农民工在企业工作的不稳定性或高流动性主要是由低工资以及伴随着的劳动权益保障问题造成的。工资是造成流动的直接变量。在劳资关系中处于弱势地位、缺乏职业技能或人力资本，总体上又处于供过于求的劳动力供需状况下，工人的工资是由企业片面地决定的。外来工在这样的博弈过程中所采取的策略主要地只能是用脚投票——"退出"。他们从一个企业退出，又进入一个新的企业，这样形成了高流动性，而在流动的过程中，他们所主要依赖或信赖的是传统的私人网络关系，这就是中国二元体制下低端劳动力市场的基本特点。

在外来工或农民工与资方博弈的过程中，有力量打破现有均衡的主要力量是政府，政府可以以最低工资标准来调节劳动力市场，而"民工荒"就是这个市场需要调节的明显信号。政府应该建立和经济发展以及物价水平相联系的、反映劳动力市场变化的最低工资标准调整制度并认真执行之。最低工资标准制度就是针对低端劳动力市场最基本的制度安排。而最低工资标准在现有条件下作用很小或基本上不起作用，这就是引起外来工短缺或"民工荒"的制度短缺。制度短缺决定劳工短缺，这就是本文的基本结论。

参考文献：

1. 边燕杰：《社会网络与求职过程》，涂肇庆、林益民主编：《改革开放与中国社会——西方社会学文献述评》，牛津大学出版社 1999 年版。

2. 蔡昉、都阳、王美艳：《中国劳动力市场转型与发育》，商务印书馆 1985 年版。

3. 费孝通：《乡土中国》，三联书店 1985 年版。

4. 黄宗智："制度化了的'半工半耕'过密型农业"（上），《读书》2006 年第 2 期。

5. 理查德·斯格特：《组织理论》，华夏出版社 2002 年版。

6. 劳动保障部课题组："关于民工短缺的调查报告"，《劳动保障通讯》2004 年第 11 期。

7. 刘林平："外来人群体中的关系运用——以深圳'平江村'为个案"，《中国社会科学》2001 年第 5 期。

8. 鲁志国、刘志雄："深圳'民工荒'的原因分析及对策思考"，《特区经济》2005 年第 5 期。

9. 乔纳森·安德森："'民工荒'说明了什么?"，《比较》2005 年第 17 期。

10. 王俊霞、王孟欣："民工荒问题的经济学思考"，《中国人口科学》2005 年增刊。

11. 约翰·伊特韦尔、默里·米尔盖特、彼得·纽曼：《新帕尔格雷夫经济学大词典》，经济科学出版社 1996 年版。

12. 章铮："民工供给量的统计分析——兼论'民工荒'"，《中国农村经济》2005 年第 1 期。

13. 章铮、谭琴："论劳动密集型制造业的就业效应——兼论'民工荒'"，《中国工业经济》2005 第 7 期。

14. Bian Yanjie, 1997, "Bringing Strong Ties Back In: Indirect Ties, Network Bridges, and Job Searches in China", *American Sociological Review*, 62.

15. Bian, Yanjie and Soon Ang, 1997, "Guanxi Networks and Job Mobility in China and Singapore", *Social Forces*, 75.

16. Granovetter, Mark, 1974, *Getting a job: A Study of Contacts and Careers*, Cambridge, MA: Harvard University Press.

17. Marsden, Peter V. and Jeanne S. Hurlbert, 1988, "Social Resources and Mobility Outcomes: A Replication and Extension", *Social Forces*, 66.

18. Watanabe, Shin. , 1987, *Job – Searching: A Comparative Study of Male Employment Relations in the United States and Japan*, Doctoral dissertation, University of California at Los Angeles.

19. Wegener, Bernd, 1991, "Job mobility and Social ties: Social Resources, Prior Job, and Status Attainment", *American Sociological Review*, 56.

农民工工资：人力资本、社会资本、企业制度还是社会环境？*

——珠江三角洲农民工工资的决定模型

一 文献回顾和研究假设

在马克思看来，工资是劳动力价值的价格体现。"劳动力的价值，是由生产、发展、维持和延续劳动力所必需的生活资料的价值来决定。""劳动力的价值由两种要素所构成：一种是纯生理的要素，另一种是历史的或社会的要素。"后一种要素，马克思认为，是"每个国家的传统生活水平。这种生活水平不仅包括满足生理上的需要，而且还包括满足由人们赖以生息教养的那些社会条件所产生的一定需要"（马克思，1972：181、199）。

马克思的经济学被称为"政治经济学"，他对工资的考察不是基于纯粹经济学的立场，而是基于经济社会学的立场，因为他把工人所得到的工资置于资本主义的基本经济社会结构之中。工人的工资当然还取决于与资本家的斗争，但是，马克思认为，工资和劳动力生产率之间没有函数关系，与劳动力市场供需关系的变化也没有大的关系。

在马克思之前，古典经济学的诸多代表人物都从社会—经济因素来解释工资。比如，亚当·斯密就注意到工人与老板的讨价还价，由习俗、惯例、人道主义和培训成本所决定的劳动力再生产成本，一个国家的发展阶

---

* 本文最初发表于《社会学研究》2007年第6期，署名作者为刘林平、张春泥。

段等因素对于工人工资的影响（亚当·斯密，1930/2005）。

人力资本理论的兴起，可以看作是对马克思经典资本理论的挑战。人力资本理论强调人能够对自身进行投资，并产生经济回报。林南（2004）认为，马克思理论中的劳动者是可以替代的，所以在一定生产条件下，如果生产的产品相同，则劳动者的工资是一定的。而人力资本理论中拥有不同教育程度、身体状况和职业经验的劳动者之间未必能够简单替代，因为不同劳动者的价值和报酬是不同的。人力资本理论把对工资影响因素的探讨从较为宏观的社会—经济层面带入了较为微观的个人投资与劳动力市场结果的层面。明塞尔指出人力资本理论的中心是关注通过正式和非正式的学校教育和家庭教育，以及培训、经验和职业流动对个人的劳动力市场结果和部门及国家经济增长的影响。所以，在人力资本理论看来，影响工资的因素主要还是在微观层面上的教育、培训、劳动经验和职业流动（Mincer，1989）。

仅凭人力资本理论还不足以解释复杂的工资问题。格伯总结了决定工资的三大理论视角：新古典主义、制度理论和结构分析（Gerber，2006）。人力资本理论即为新古典主义的视角。这一视角中，劳资双方在确定工资的问题上都试图最大化他们行动的结果，并根据工人的特殊素质和人力资本形式在劳动力市场中的价值，反复多次协商来达成合同工资的数目。新古典主义工资观的核心是：（1）开放的劳动力市场竞争，劳资双方能够反复协商以确定工资，所达成的工资应该是劳资双方同时追求利益最大化而达到的平衡点；（2）人力资本在竞争中几乎是最重要的，在决定工资上是近乎唯一的变量。与新古典主义不同，制度的视角并不认为工资是在开放的劳动力市场竞争中达成的，寻职和雇佣中的交易成本、公司内部工作的性质、工人能力和士气的不确定性、工会的影响以及工人的集体行动等因素都会阻碍市场机制的完全发挥。因此，决定工资的不是市场而是制度，这些制度包括内部劳动力市场、职业阶梯、集体讨价还价、标准的工资计划等。结构的分析将注意力从关注工人自身的特性转向关注工人所处的社会结构的位置和特性。这一视角更关注决定工资的系统性变量，如工作和工作组织的类型。结构主义者认为不同职业地位的工作、不同产业和部门的公司，以及公司的规模是决定工资的重要变量。"结构分析的视角与制度理论相连，却又区别于制度理论"（Gerber，2006：1832）。这种区别表现在：结构分析强调的是系统性的制度变量造成了部门、组织和职业间工资水平的不同，而不是个人特征层面上制度的区别对待。

如果说人力资本理论主要是从微观层面提出决定人们工资的因素，那么，制度理论则是从组织的层面修正了人力资本理论关于自由开放市场的不当假设，而结构分析则是通过对人们行动的结构性约束的关注，再一次把分析问题的目光投向了宏观的社会结构层次，指出了社会资本因素、制度因素①和社会环境因素对劳动力市场结果的影响。

社会资本理论关注人们构建社会网络的投资在市场中的回报。从社会资本理论来考察工人的工资，可能联系是复杂的：一方面，社会关系，具体说来就是社会网络或社会资本有助于人们获得资源，以及经济社会地位的提高（林南，2004；Bian，1997；Bian & Ang，1997），而对于工资劳动者来说，当然也应该内含有得到更多的工资收入的可能。林南（2004）认为社会网络也是一种资源，人们通过对社会关系的投资和利用，可以期望在市场中得到回报。另一方面，一些实证研究又证明了人们利用社会网络或社会资本寻找工作，但并不一定可以获得更高工资收入的工作（Bridges & Villemez，1986；Corcoran，etc.，1980；Korenman & Turner，1996；Staiger，1990；刘林平等，2006）。

如果我们将人们参加社会组织的情况视为社会联系、社会资本的一个重要的方面，那么，参加工会等组织的人，比之没有参加的人应该具有更多的社会资本，也应该具有更高的工资收入。在美国，以往的一些实证研究证明了参加工会的工人的确具有更高的工资（Paisley，1980；Card，2001）。

从社会资本角度对工资进行的研究尽管涉及社会结构，但是，由人际网络而建立的社会结构大多是非正式的，应该承认，正式的社会制度对工资的影响当然大过非正式的。

因而，我们转而从制度主义的视角来考察工资问题。这样，企业的组织制度，特别是是否有一个完善的内部劳动力市场，是影响工资的重要因素。威廉姆森等人将企业的内部劳动力市场与工人人力资本联系起来分析，他特别关注资产专用性问题，认为，具有专门技术的人员在企业内部

---

① 以下我们对制度因素的介绍会包含制度理论视角下的企业制度部分的介绍和结构分析视角下社会制度的介绍。

劳动力市场中处于有利地位（威廉姆森等，2000）。在企业的雇佣制度中，即使在美国这样的发达社会，也越来越使用兼职和临时的工人，这对工人的工资有重要影响（Harrison & Bluestone，1988）。

企业制度对工资具有重要影响，但是，任何企业制度都处于更广泛的社会结构或社会环境之中。许多学者将工资问题（及更广泛的收入问题）放在社会不平等的框架中来研究（Gerber，2006；谢宇，2006），他们认为工资是社会分层和社会不平等的显著表现。在西方社会，种族、性别都是影响工资的重要变量（Blau & Kahn，2000；麦克南等，2006）。

在西方学者的中国研究中，中国的经济体制和社会结构也多作为背景被纳入对工资的分析之中。怀默霆认为，1956年之后，中国形成了一种适用于所有国有单位的"级差工资制度"，这种制度甚至在"文革"中都被基本保留（怀默霆，2002）。华尔德则认为，在一种单位体制中，形成了工人对企业的社会和经济方面的依附、对工厂领导的政治依附和对直接领导的个人依附，工人获取资源的机会几乎完全在单位内部，工资当然是最重要的资源，但是，在一种禁欲主义的意识形态下，工人的工资长期不做调整，表现出罕见的刚性（华尔德，1996）。泽林尼认为，国家社会主义经济特征之一是劳动力的非市场交换，劳动力价格由国家行政手段决定（Szelenyi，1978）。泽林尼的分析主要是针对东欧的情况，但计划经济体制下的中国也是类似的。改革开放之后，这种情况发生了变化，国有企业工资制度的改革一方面是实行了奖金制度，另一方面则是引入了计件工资制（傅高义，1991）。这些都是市场力量的引入对工资制度的影响。如果按照倪志伟的观点，社会主义经济从等级制向市场的转变中，政治资本的作用会下降，教育等人力资本的作用会上升（倪志伟，2002）。但谢宇对改革时期中国城市居民收入的研究中，并没有发现在经济增长较快（或可以理解为市场经济发展较快）的城市中党员身份对工资的回报降低，也没有发现这些城市中教育有较高的回报率，由此谢宇认为"1988年的中国城市缺乏真正的劳动力市场"（谢宇，2006：192），工资还是受旧的计划经济体制的控制，奖金和补贴在区域上的差别也不受市场的调节，仍然受单位盈利能力的影响。

还有一篇文章值得特别提及，那就是怀默霆的《工人作用的演变》（怀默霆，2001）。文章完整地叙述了中国工人从毛泽东时代到改革开放后的变化，许多观点都是富有启发性的。① 这些基于中国社会某一时期的研究一方面将当时已有的一般性工资模型在中国社会进行了检验，另一方面，也通过研究工资问题揭示了中国社会某一发展阶段的社会经济特征。本文研究农民工的工资问题，也将把以往建立的一般性工资模型和在其他社会（主要是西方社会）的研究中得出的工资模型放在当前以转型为特征的中国社会中检验，并试图建立专门针对农民工这一群体的工资模型；并由此对农民工的生存状态及中国转型时期的社会特征进行更深入地理解和探讨。

我们知道一般性的工资理论和实证模型不能直接套用于中国农民工的工资问题，新古典主义和制度理论较适宜于解释稳定的产业工人和白领阶层的工资获取，用于解释农民工的工资问题就显得过于简单。此外，西方学者主要揭示的是中国计划经济体制下和经济转型早期阶段的工资问题，但这不能替代对于当前社会环境下的工资研究。

农民外出打工，其工资水平是怎么确定的呢？刘易斯说：“为雇佣这种剩余劳动力而支付的维持生活的工资，可以决定于对维持生活所要求的最低水平的传统看法，或者说这种工资可能等于维持生计的农业中的每人平均产品加上一个余量”（刘易斯，1983、1989：45）。他认为，农民工的工资是比照农业收入水平确定的，当然会比其在农村的生存收入要高一些，这主要是因为城市的生活费用高过农村，农民迁入城市有一个心理落差需要补偿，以及工会的作用，等等（刘易斯，1983、1989）。

黄宗智将刘易斯的观点运用于中国农民外出打工的情况，他认为，现在的农村经济模式已经从“男耕女织”转变为“半工半耕”，农民外出打工得到的是低工资，“低收入的种植劳动和低工资的乡镇企业也是离土离乡农民工工资相对低的基本原因”（黄宗智，2006：32）。

刘易斯的理论和黄宗智的观点是否符合中国的现状呢？我们在后面将以他们的认知为基础提出假设并对这些假设进行检验。

一般的研究者都指出，中国农民外出打工，身处一个城乡分割的二元劳动力市场，这也是中国转型社会的基本特点之一，是农民工所面临的最

---

① 比如，文章认为，在改革开放前，中国的国有企业中工人地位很高，但是农民工做的是临时工，是被另眼相看的。改革开放后，在外资企业中，工人待遇的区别不在于是独资还是合资，而在于是西方资本还是亚洲资本（怀默霆，2001）。

基本的制度环境（蔡昉等，2003；李春玲，2006）。本文提出的问题是：在这样一个二元劳动力市场中，农民工的工资到底主要是由哪些因素或变量所决定？或者进一步说，农民工工资的决定机制是怎样的呢？

表1　　　　　　　　　　决定农民工工资的自变量

自变量			因变量：月平均工资	
			相关系数类型	数值
人力资本		年龄	Pearsons' R	0.049
		性别	eta	0.228
		教育程度	eta	0.322
		职业资格证书	Pearsons' R	0.209
	工龄	全部工龄	Pearsons' R	0.202
		本企业工龄	Pearsons' R	0.173
		2005年以来的技能培训	Eta	0.114
		换工次数（流动次数）	Pearsons' R	0.131
		劳动法认知	Eta	0.205
社会资本		参加工会情况	Eta	0.125
		请客送礼费用	Pearsons' R	0.300
		是否使用网络增加工资	Eta	0.025
企业制度		所有制性质	Eta	0.078
		规模	Eta	0.098
		行业	Eta	0.254
		工种	Eta	0.466
		劳动合同	Eta	0.134
		所在企业是否缺工	Eta	0.025
社会环境		来源地	Eta	0.187
		企业所在地	Eta	0.127
		打工收入与农业收入之比	Pearsons' R	0.011
		个人生存消费	Pearsons' R	0.498

新古典主义强调人力资本对工资的重要作用，制度理论提出了企业制度的重要性，结构分析指出在研究工资时有必要考虑社会资本和社会环境因素。由此，本文将决定农民工工资的变量分为人力资本、社会资本、企业制度和社会环境四个部分，具体变量见表1。

在确定了这些影响工资的自变量之后，本文提出如下假设。

假设1：人力资本假设。农民工的工资水平与其自身的人力资本相关，其中特别是教育程度、工龄、职业资格证书的获得以及技能培训对工资水平有较为强烈的正向影响。

人们进入劳动力市场前的学校教育、工龄和在劳动力市场中的职业培训构成了明塞尔人力资本模型的主要变量（Mincer，1974）。明塞尔还提出分析工资结构时要注意区分工资层级（level of life time earning）和工资曲线的形状（shapes of wage profiles），即人们进入劳动力市场前接受的学校教育决定了他们的工资层级，而工资曲线的形状则受他们进入劳动力市场后长时期内人力资本投入的影响，这种投入包括培训、再学习和职业流动（Mincer，1989）。国外已有许多研究证实了工作培训对工资增长的作用（Lillard & Tan，1986）。职业流动对工资的影响主要体现在工作选择和职业匹配上（Jovanovic，1979）。刘林平等（2006）发现，农民工每流动一次，工资都有所增长。此外，明塞尔还提到任何投资都包含了时间的变量（Mincer，1974），所以年龄或工龄也必须被考虑在人力资本模型中。他发现：工资随工龄的增加先经历一段快速上升期，之后增幅减缓，到一定程度后持平并最终下降（Mincer，1989）。

我们把农民工的"本企业工龄"和"总工龄"都作为从时间维度测量农民工工作经验的变量。之所以将农民工的"工龄"[①] 划分为总工龄（从农村第一次外出以来的年数）和本企业工龄（在目前所在企业工作的年数），是因为我们认为，由于农民工的工作稳定性与国有企业等体制内的工人是不一样的，他们经常跳槽，也经常变换岗位（包括行业和工种），工作经验的积累有其特殊性。"证书获得情况"和"接受培训的情况"反映的是农民工进入劳动力市场之后培训和再学习的情况。如果说农民工在进入劳动力市场前所接受的学校教育决定了他们所从事的工作

---

① 在蔡昉等人的研究中，将农民工的工龄叫做"非农工作年数"（蔡昉等，2003），这和我们的理解是一致的，只不过名称不同。

（或岗位）基本处于哪类工资层级上，那么他们在工作后接受的培训和再学习则影响了他们的工资在某水平上能有多大的变动。

由此，就假设一形成以下分假设。

假设1a：教育年限越长，农民工工资越高。

假设1b：总工龄和本企业工龄年限对农民工工资产生影响，农民工的工资会先随工龄的增加而增加，到达一定峰值后下降。

假设1c：获职业资格证书越多，农民工工资越高。

假设1d：参加技能培训的次数越多，农民工工资越高。

假设1e：职业流动次数越多，农民工工资越高；

在现代社会里，法律意识也是人的素质的基本构成部分，对于维护自身权利具有重要作用。农民工对《劳动法》的熟悉程度，一方面反映了他们的法律意识和法律知识水平，另一方面，掌握一定的《劳动法》知识会有助于他们保障自身的工资权益。所以，又有假设1f：熟悉《劳动法》对农民工工资有正向影响，或不熟悉《劳动法》对农民工工资有负面影响。

假设2：社会资本假设。农民工的工资水平与其社会资本相关，使用社会网络和对社会网络投资较多的个体可能获得更高的工资收入，参加工会者的工资收入应该高于未参加者。

农民工是惯于使用社会网络的群体。他们不仅在找工作中使用社会网络，还时常借助社会网络来适应工厂和城市的生活。农民工的社会网络与他们工资的关系是复杂的，在这里，我们只选取与农民工工资最为相关的社会网络使用情况，即在工作中他们是否借助社会关系网络提高工资。所以，有假设2a：在工作中借助社会网络提高工资的农民工其工资会高于未使用者。

请客送礼费用可以作为衡量社会资本的一个重要变量，因为这种费用是投入构建社会网络的（刘林平，2006）。所以，有假设2b：请客送礼花费越高的农民工，工资越高。

是否是工会会员对农民工的工资有没有作用？这既是一个制度的问题，也可视为社会联系的问题①，我们将之纳入社会资本模型。所以，有假设2c：参加工会的农民工比未参加者工资更高。

---

① 普特南就将工会作为美国人拥有社会资本的重要形式之一（普特南，2000）。

假设3：企业制度假设。农民工的工资水平与企业制度相关，不同的企业制度形成了不同的工资标准。

企业制度包括：企业的所有制性质、规模、行业、工种、该企业是否与农民工签订劳动合同、企业是否缺工等。其中，所有制性质是决定企业管理制度最基本的制度安排，也是企业产权制度的基础和表现，不同的产权归属和不同的文化传统对工人的权益保障是有影响的，也可能影响工人的工资。企业规模也是非常重要的变量，将企业规模作为基本的自变量是因为"规模更可能被视为一种能造就和决定其他结构变量的独立变量"（斯格特，2002：244）。此外，企业所属行业和工种也决定了农民工工资。由此，形成以下分假设。

假设3a：企业性质影响农民工工资，企业性质不同，农民工工资不同。

假设3b：企业规模影响农民工工资，企业规模越大，农民工工资越高。

假设3c：企业所属行业影响农民工工资，行业不同，农民工工资不同。

假设3d：农民工在企业中的工种影响他们的工资，工种不同，农民工工资不同。

签订劳动合同一定程度上可以反映企业对《劳动法》的遵守程度，签订劳动合同的过程也可以认为是企业有与农民工协商工资水平和待遇条件的程序。所以，有假设3e：与企业签订了合同的农民工比未签合同者工资更高。

所在企业是否缺工可以看作测量劳动力市场需求在具体企业中体现的最主要的指标，从经济学法则来看，工人短缺应该提高工人工资，我们也将其作为测量企业制度的重要指标。因此有假设3f：企业缺工情况影响农民工工资，缺工企业农民工工资更高。

假设4：社会环境假设。农民工的工资水平与经济社会环境相关。农民工从农村迁移到城市，他们的"经济社会环境"应该包括打工所在城市的社会经济环境和进城前所处的农村社会经济环境两个方面，同时包括两者的对比。农民工打工所在城市有不同的最低工资标准，经济社会发展水平也有差异。个人消费水平可以反映劳动力再生产所需的工资水平，也反映所在城市的消费水平和经济发展水平。最低工资标准反映的是法定工资底线，这是政府政策最直接的表现，当然也是制度环境的重要指针。农民工的来源地可以区分他们进城前的社会经济环境。所以，有以下分假设。

假设 4a：来源地不同，农民工工资水平不同。

假设 4b：打工所在城市不同，农民工工资水平不同。

假设 4c：个人生存消费水平越高，农民工工资越高。

打工收入与农业收入之比会影响农民工外出务工的动力和预期工资。穆曾提到人们都会有一个"预期工资"，也就是他们能够接受的最低工资，人们只会接受高于或等于他们预期工资的工作（Mouw，2003）。农民工在看待城市的工资水平时会参照他们在农村中的收入，然后形成他们的预期工资。打工收入与农业收入之比与农民工工资可能呈正相关，因为打工收入与农业收入之比较低的农民工的预期收入较低，他们更可能比预期收入高的农民工接受低薪工作。所以，有假设 4d：打工收入与农业收入之比越高，农民工工资越高。

这些假设正确与否、哪些假设可以得到验证、哪些假设将被否证、被否定的假设为何被否定，相信经过数据验证过程和分析之后，农民工工资的决定机制有可能会显现出来。

二　样本情况、工资制度和工资水平

2006 年 7—8 月，我们对珠三角地区在企业工作的农民工进行了问卷调查。调查以珠江三角洲城市外来人口比例作为样本分配依据，着重控制了行业、性别和地区分布三个指标，发放问卷 3100 份，回收有效问卷 3086 份，基本情况见下表 2。

表 2　　　　　　　　　　　　　　样本基本情况

选　　项	频数（％）
城市	广州 415 人（13.4%），深圳 758 人（24.6%），珠海 194 人（6.3%），佛山 273 人（8.8%），肇庆 198 人（6.4%），东莞 612 人（19.8%），惠州 205 人（6.6%），中山 199 人（6.4%），江门 232 人（7.5%）

续表 2

选　　项	频数（%）
年龄	25 岁及以下：1631 人（52.8%），26—30 岁：510 人（16.5%），31—35 岁：393 人（12.7%），36—40 岁：279 人（9.1%），41—45 岁：147 人（4.8%），46—50 岁：70 人（2.3%），51—55 岁：38 人（1.3%），55 岁以上：16 人（0.5%）
性别	男 1639 人（53.1%），女 1447 人（46.9%）
教育程度	小学及以下：571 人（18.5%），初中：1582 人（51.3%），高中：473 人（15.3%），中专或技校：366 人（11.9%），大专：91 人（2.9%），不清楚：2 人（0.1%）
婚姻状况	未婚：1701 人（55.1%），已婚：1342 人（43.4%），离婚：30 人（1.0%），丧偶：12 人（0.4%）
证书获得情况	有证书 637 人（20.6%），没有证书 2448 人（79.3%）
家庭人口数量	4 人及其以下：1374 人（44.5%），5—9 人：1627 人（52.7%），10—15 人：77 人（2.5%），16 人及其以上：6 人（0.2%），不清楚：2 人（0.1%）

表 3　　　　　　　　　**农民工工资的计算方式**

工资计算方式	频数	%
计件	581	18.8
计时	593	19.2
提成	146	4.7
按天计算	283	9.2
月薪制	1360	44.1
有时计件有时计时	79	2.6
底薪加提成	100	3.2
其他	5	0.2
不清楚	13	0.4

问卷询问了农民工工资的计算方式，回答结果见表3。

表3显示，农民工的工资计算方式完全实行月薪制的不到一半，大部分是各种形式的计件工资制。问卷的数据还表明：尽管大部分人（65.4%）加班都有加班工资，还是有1/4的人（25.7%）明确回答没有；有接近四成（37.8%）的人没有工资单；一半以上的人工资要推迟发放（52.4%），这些数据说明，对农民工所实行的工资制度的正规化程度并不高。

我们更为关心的是工资水平，问卷使用了多个指标来测量，结果见表4。

表4　　　　　　　　**测量农民工工资水平的多项指标（元）**

选项	频数	平均值	标准差	众数
一般月工资	3006	1092.80	561.876	1000
最高月工资	2951	1320.03	766.764	1200
最低月工资	2953	918.82	538.643	800
上月实际拿到的工资	2925	1092.32	645.855	800
总平均值	2815	1107.80	473.567	975

在表4中，"一般月工资"，我们在问卷中询问的是你在目前所在企业的月工资是多少；"最高月工资"和"最低月工资"问的是，在2006年，你拿过的最高的和最低的月工资是多少元；"上月实际拿到的工资"问的是，你上个月一共拿了多少钱，由于调查时间是在2006年7月和8月，实际问的是6月和7月拿到的工资。四个问题的回答数据比较稳定，而对平均数的多次测量最接近真实的平均值，因而可以说，珠江三角洲农民工的月平均工资大约是1100元。

三　变量、模型和结果

根据本文的基本假设，我们建构了农民工工资的人力资本模型、社会资本模型、企业制度模型、社会环境模型和综合模型。

　　人力资本模型以农民工平均月工资的对数作为模型的因变量，以性别、年龄、教育年限、总工龄、本企业工龄、证书获得情况、接受培训情况、流动次数（换工次数）、对《劳动法》的认知程度①这9个变量为自变量。

　　社会资本模型中，我们以农民工平均月工资的对数作为模型的因变量。控制人力资本模型中的所有变量，在自变量部分加入月请客送礼费、是否使用网络增加工资、有没有参加工会②这三个测量社会资本的变量。

　　企业制度模型中，我们同样以农民工平均月工资的对数作为模型的因变量，控制人力资本模型中的所有变量，加入企业的所有制性质③、规模④、行业、工种、是否签订劳动合同、企业是否缺工这7个变量表示企业制度。

　　社会环境模型中，因变量依旧，控制人力资本模型中的所有变量，并将农民工的来源地、企业所在地、个人生存消费、打工收入与农业收入之比这几个社会环境指标作为自变量纳入了模型。

　　将这些变量纳入回归模型之中，便得到了表5的结果。

---

　　① 在问卷中，我们对农民工受教育程度的测量分为5个等级：小学及以下、初中、高中、中专和技校、大专及以上，转换成教育年限分别赋值为：6年、9年、12年、13年和15年。对"证书获得情况"的询问是"您是否获得过国家承认的职业资格证书、技术等级证书"，回答结果是：（1）没有（赋值为0）；（2）有，有几个（赋值为具体数值n，n≥1）。"接受培训情况"询问的是2005年以来在打工地接受过技能培训的次数，没有为0。"流动次数"指农民工的换工次数，没有换过工的情况赋值为0。"对《劳动法》的认知程度"回答的结果划分为5个等级：很熟悉、比较熟悉、一般、不熟悉和完全不知道。在人力资本模型中我们把"对《劳动法》的认知程度"处理成"不熟悉《劳动法》"这1个虚拟变量纳入模型，并以熟悉劳动法为参照类。

　　② 问卷中，对工会参与情况的测量，所询问的问题是"您打工的企业中是否有工会组织"，回答结果分为5类：（1）有，我是负责人；（2）有，我也参加了；（3）有，但我没参加；（4）没有；（5）不清楚。我们将前两项合并为参加了工会的情况（赋值为1），后三项合并为没有参加工会的情况（赋值为0），形成一个测量工会参与情况的变量。

　　③ 在问卷中，所有制性质分类为：国有、城乡集体、私有和外资（欧美、日韩、港澳台和其他）。在企业制度模型中，我们把所有制性质做变量的虚拟化处理，形成3个二分变量，分别是"集体企业"、"私有企业"和"外资企业"，并以"国有企业"为参照类。

　　④ 在问卷中，企业规模分类为：9人以下、10—29人、30—99人、100—299人、300—999人、1000—2999人、3000人以上。在模型中，合并为：100人以下、100—999人、1000—3000人、3000人以上，其中以"100人以下"为参照类，其他3类形成企业规模的虚拟变量。

表5 工资模型的回归结果报告

自变量		人力资本模型		社会资本模型		企业制度模型		社会环境模型		综合模型	
		回归系数	标准误	回归系数	标准误	回归系数	标准误	回归系数	标准误	回归系数	标准误
个人特征	性别	0.135**	0.014	0.116**	0.014	0.127**	0.014	0.114**	0.017	0.136**	0.013
	年龄	-0.014**	0.005	-0.015**	0.005	-0.014**	0.005	-0.018**	0.006	-0.012**	0.004
	年龄的平方	0.000**	0.000	0.000**	0.000	0.000**	0.000	0.000**	0.000	0.000**	0.000
教育与培训	教育年限	0.049**	0.003	0.046**	0.003	0.038**	0.003	0.038*	0.004	0.042**	0.003
	证书	0.048**	0.010	0.049**	0.010	0.037**	0.010	0.036*	0.014	—	—
	培训情况	0.072**	0.014	0.063**	0.015	0.049**	0.015	0.060**	0.018	0.050**	0.014
工龄	总工龄	0.030**	0.004	0.031**	0.004	0.030**	0.004	0.029**	0.005	0.028**	0.004
	总工龄的平方	-0.001¹	0.000	-0.001**	0.000	-0.001**	0.000	-0.001**	0.000	-0.001**	0.000
	本企业工龄	0.033**	0.005	0.032**	0.006	0.026**	0.006	0.039**	0.008	0.023**	0.005
	本企业工龄的平方	-0.001	0.000	-0.001*	0.000	-0.001	0.000	-0.002*	0.001	-0.001*	0.000
	不熟悉劳动法	-0.057**	0.014	-0.057**	0.014	-0.039**	0.014	-0.053**	0.018	-0.043**	0.013
	换工次数	0.011**	0.003	0.008**	0.003	0.010**	0.003	0.006	0.004	0.010**	0.003

续表 5

自变量		人力资本模型		社会资本模型		企业制度模型		社会环境模型		综合模型	
		回归系数	标准误	回归系数	标准误	回归系数	标准误	回归系数	标准误	回归系数	标准误
社会资本											
使用网络增加工资		—	—	-0.004	0.014	—	—	—	—	—	—
月请客送礼费用		—	—	0.001**	0.000	—	—	—	—	—	—
没有参加工会		—	—	-0.079**	0.026	—	—	—	—	—	—
企业性质											
集体		—		—		-0.047	0.050	—		—	
私有		—		—		0.038	0.021	—		—	
外资		—		—		0.019	0.023	—		—	
企业规模											
100—999 人		—		—		0.045**	0.017	—		0.047**	0.015
1000—3000 人		—		—		0.087**	0.025	—		0.087**	0.021
3000 人以上		—		—		0.132**	0.026	—		0.122**	0.022
行业	第二产业	—		—		0.106**	0.040	—		—	
	第三产业	—		—		0.127**	0.040	—		—	

续表 5

自变量		人力资本模型		社会资本模型		企业制度模型		社会环境模型		综合模型	
		回归系数	标准误	回归系数	标准误	回归系数	标准误	回归系数	标准误	回归系数	标准误
工种	管理人员	—	—	—	—	0.360**	0.027	—	—	0.366**	0.027
	技工	—	—	—	—	0.180**	0.017	—	—	0.187**	0.016
	文员	—	—	—	—	0.143**	0.039	—	—	0.177**	0.036
	其他	—	—	—	—	0.328**	0.064	—	—	0.335**	0.057
其他相关企业制度											
是否签订劳动合同		—	—	—	—	0.014	0.015	—	—	—	—
所在企业是否缺工		—	—	—	—	-0.006	0.015	—	—	—	—
打工与农业收入比		—	—	—	—	—	—	0.000	0.001	—	—
个人生存消费		—	—	—	—	—	—	0.000**	0.000	—	—
企业所在地	深圳	—	—	—	—	—	—	0.045	0.030	—	—
	东莞	—	—	—	—	—	—	-0.010	0.030	—	—
	佛山	—	—	—	—	—	—	0.044	0.038	—	—
	其他	—	—	—	—	—	—	-0.034	0.028	—	—

续表 5

自变量		人力资本模型		社会资本模型		企业制度模型		社会环境模型		综合模型	
		回归系数	标准误	回归系数	标准误	回归系数	标准误	回归系数	标准误	回归系数	标准误
农民工来源地	四川和重庆	—	—	—	—	—	—	-0.023	0.027	—	—
	广西	—	—	—	—	—	—	-0.047	0.029	—	—
	湖北	—	—	—	—	—	—	-0.080*	0.034	—	—
	河南	—	—	—	—	—	—	-0.056	0.035	—	—
	湖南	—	—	—	—	—	—	-0.048	0.028	—	—
	江西	—	—	—	—	—	—	-0.040	0.041	—	—
	贵州	—	—	—	—	—	—	-0.044	0.049	—	—
	其他南方省	—	—	—	—	—	—	0.021	0.055	—	—
	其他北方省	—	—	—	—	—	—	-0.094*	0.041	—	—
常数项（constant）		6.303**	0.081	6.426**	0.088	6.19^{8}**	0.093	6.303**	0.110	6.292**	0.077
R^2		0.252（adjusted R^2=0.249）		0.295（adjusted R^2=0.291）		0.343（adjusted R^2=0.336）		0.378（adjusted R^2=0.366）		0.324（adjusted R^2=0.320）	

①因变量：月平均工资的自然对数。

②** 表示 $p<0.01$（双尾检验），* 表示 $p<0.05$。

表5显示，在人力资本模型中，性别、受教育程度、证书、培训、工龄（包括总工龄和本企业工龄）、流动次数和对劳动法的熟悉程度都对农民工的工资有显著的正向影响，年龄则有显著的负面影响。将总工龄和本企业工龄纳入人力资本模型时都分别加入了它们的平方项，表5中它们平方项均为负值，说明总工龄和本企业工龄的作用应该是一条下拱的弧线，即随着总务工年数的增加或在本企业中工作年数的增加，农民工的工资先随之增加，到达一定峰值后开始下降。这基本符合明塞尔对工资曲线的描述（Mincer，1989）。值得注意的是，在模型1中我们不仅纳入了工龄的变量，还纳入了年龄的变量。通常，人力资本模型中工龄和年龄两者纳入其一即可[①]，这背后的逻辑是：大多数人都在某一特定年龄阶段进入劳动力市场，年龄增加，工龄也增加，工龄和年龄在人力资本中都代表着经验。

而农民工的问题却复杂许多：有的农民工在年龄较大时才进城务工，这部分人年龄大但工龄却短；而另一部分农民工进城较早，可能在很年轻时就已经积累了较多工作经历。所以，农民工工龄和年龄的变化并非一致，两者应该分别作为对工资的影响变量纳入模型。同样，我们将年龄纳入模型时也加入了年龄的平方项，因为我们假定年龄对工资的作用也应该是一条下拱曲线。而根据表5的结果，年龄的系数为负值（回归系数 $= -0.014, p < 0.01$），其平方项的系数为0，这意味着农民工年龄对工资的作用不是一条下拱曲线，而是一条斜率为负值的直线，即在控制其他变量的情况下，年龄越大，工资越低。这一结果正好说明了先前我们所提出的农民工工龄和年龄的变化并非一致的观点。

社会资本模型所展示给我们的是，在控制人力资本的条件下，使用人际网络和用于建构人际关系网络的费用与工资之间并没有大的关系，前者的回归系数通不过检验，后者系数仅为0.001（$p < 0.01$）。但是，与参加工会相比较，不参加工会对工资有负面影响。

我们认为，关系网络的使用对人们工资的作用是复杂的，但是，显然

---

① 如倪志伟对中国农村家庭收入的研究中，在模型中只纳入了年龄和年龄的平方，以代表工作经历（倪志伟，2002）。谢宇对中国城市居民收入的研究中，在模型中只纳入了工作年数和工作年数的平方（谢宇，2006）。

一般性的关系网络与工资之间并没有直接的联系，无论是从网络规模①还是从建构网络的费用来看，或者是直接看当事人是否使用网络为自己增加工资，都没有发现直接的作用。对此，我们将另做研究。

企业制度模型的结果是清楚明了的：在控制人力资本的条件下，农民工的工资随企业规模的扩大而增加；从事第二产业的农民工工资比从事第一产业的工资高，相比之下，从事第三产业工资更高；不同工种的工资从高到低依次为管理人员、其他工种、技工、文员和普工；而企业所有制性质、是否签订劳动合同和企业缺工情况都对工人工资无显著影响。

社会环境模型中，在控制人力资本的条件下，打工收入与农业收入之比、个人生存消费两个变量对农民工的工资没有影响；企业所在地的珠江三角洲各城市之间农民工的工资没有显著性差异；除了来自湖北和其他北方省份（不包括河南）的农民工工资低一些之外，来自其他各省的农民工工资都没有显著性差异。

最后，通过对变量的筛选②，我们得到了农民工工资的综合模型。人力资本中的性别、教育年限、培训、总工龄、本企业工龄、劳动法熟悉程度（不熟悉劳动法）、换工次数等变量，企业制度中的企业规模、工种（管理人员、其他、技工、文员）等变量纳入了模型中。用公式表示这个模型为：

$$\log Y = 6.292 + 0.136X_1 - 0.012X_2 + 0.042X_3 + 0.050X_4 + 0.028X_5 - 0.001X_5^2 + 0.023X_6 - 0.001X_6^2 + 0.010X_7 - 0.043DL_1 + 0.047DS_1 + 0.087DS_2 + 0.122DS_3 + 0.366D_1 + 0.187D_2 + 0.177D_3 + 0.335D_4 + \varepsilon$$

其中，Y 表示农民工月平均工资，ε 是残差项；X_1 表示性别，X_2 表示年龄，X_3 表示教育年限，X_4 表示接受培训情况，X_5 表示总工龄，X_6 表示本企业工龄，X_7 表示换工次数；DL_i（$i=1$，2）表示法律认知的虚拟变量（其中 DL_1 表示不熟悉劳动法，DL_2 表示很熟悉劳动法）；DS_j（$j=1$，2，3）表示企业规模的虚拟变量（其中 DS_1 表示规模在 100—999 人，DS_2 表示规模在 1000—3000 人，DS_3 表示规模在 3000 人以上）；D_k（$k=1$，2，

---

① 我们曾经将农民工的朋友数量作为自变量放入模型，其回归系数也通不过检验。

② 我们首先将之前的人力资本模型、社会资本模型、企业制度模型和社会环境模型的所有变量都纳入综合模型中，然后逐步将通不过显著性水平检验的变量剔除，最后再将剩下的变量进行回归，得到最终的综合模型。我们也曾尝试使用 SPSS 中 stepwise 程序进行变量筛选，但发现计算机的筛选较为机械，所得结果没有很好地考虑到变量的实际意义。

3，4）表示工种的虚拟变量（其中 D_1 表示管理人员，D_2 表示技工，D_3 表示文员，D_4 表示其他）。

根据综合模型的结果可以知道，决定农民工工资的变量绝大多数来自人力资本，一部分来自企业制度。在控制其他变量的情况下，性别为男性、教育年限越长、接受过培训、总工龄和本企业工龄较长，换工次数较多的农民工越可能得到较高的工资，不熟悉劳动法对农民工工资有负向影响。从综合模型所纳入的企业制度变量上看，企业的规模和工种都是影响农民工工资的重要变量。在控制其他变量的情况下，企业规模越大，农民工工资越高；与普工相比，管理人员、技工、文员及从事其他工种的农民工可以得到更高的工资。社会环境模型中没有变量能够纳入综合模型，说明社会环境对农民工工资没有显著影响。社会资本模型中的所有变量在综合模型都不起作用，但这并不意味着社会资本对农民工工资完全没有影响，也许应该对社会资本进行更细致的测量和更深入的研究。[①]

四　结论与讨论

基于对影响农民工工资的回归分析结果，我们可以得出如下基本结论：

1. 人力资本是决定农民工工资的基本变量。在综合模型中，人力资本变量对工资的解释力占该模型解释力的 46.5%。在人力资本变量中，性别、受教育程度、总工龄、劳动法认知、本企业工龄、技能培训和换工次数对工资有显著影响，职业资格证书则没有显著影响。在有显著影响的变量中，除年龄外，其他变量的影响都是正向的。除了假设 1c 被否证外，其他人力资本假设都被证实。

2. 社会资本变量对农民工的工资没有显著影响。当然，在只控制人力资本变量的条件下，没有参加工会（对照参加工会）对农民工工资有显著的负面影响。但是，当加入其他的变量之后，这种影响就变得不显著。这否证了假设 2。

3. 企业制度也是决定农民工工资的基本变量。在综合模型中，企业

---

① 参见张春泥、刘林平《网络的差异性和求职效果——农民工利用关系求职的效果研究》，《社会学研究》2008 年第 4 期。

制度变量对工资的解释力占该模型解释力的 44.6%。企业制度变量中的企业规模和工种对农民工的工资有显著影响，其他变量的影响则不显著。企业规模和农民工的工资呈正相关，规模越大，对农民工的工资越有较高的正向影响；工种对农民工工资的影响表现出明显的等级性，从低到高的排列顺序依次是：普工、文员、技工、其他和管理人员。工种是一种分类机制，受教育程度的高低通过受雇于不同的工种来体现人力资本的差异。企业的所有制性质和行业对工资没有显著影响，是否签订劳动合同亦是如此，令人意外的是：企业的缺工情况对工资也没有显著影响。这些结果证实了假设 3b、3d，否证了假设 3a、3c、3e 和 3f。

　　4. 社会环境变量对农民工工资几乎没有影响。农民工不论来自哪里，不论他们家庭农业收入的高低，不论个人生存消费的多少，也不论在哪一个城市工作，工资都没有显著差异。这否证了假设 4。

　　由此，我们得出的基本结论是：人力资本和企业制度是决定农民工工资水平的基本因素。社会资本变量和社会环境变量对农民工工资水平没有显著影响。在企业制度中，企业规模和工种对农民工工资有显著影响，规模越大，工资越高，工种表现出明显的等级性；企业所属行业和企业性质对工资没有显著影响，是否签订劳动合同和缺工情况同样如此。所有的社会环境变量如来源地、企业所在城市、打工收入与农业收入之比和农民工个人生存消费都对其工资没有显著影响。

　　在上述结论中，令人意外的是：为什么农民工的工资在不同所有制性质的企业和不同地区没有差异性呢？这是需要进一步讨论的。

　　一般来说，不同性质的企业可能具有不同的历史和文化传统。在对劳资关系的研究中，我们曾经认为，中国的国有企业存在着处理劳资关系的社会主义传统；城乡集体企业（包括乡镇企业和城市的集体企业）是社区型的企业，劳资关系深深地嵌入社区的人际关系网络之中，人情关系削减了劳资关系；私有企业大多是由个体经济发展而来，由于产权特性和规模不大，处于发展的初级阶段，对劳资关系的处理比较简单粗糙；就外资来说，欧美企业有所在国较为深远的法制传统，处理劳资关系的模式可能是"法治化"的，日韩企业次之，港台企业更次之（万向东等，2006）。在这些认识的基础上，我们提出了影响工资水平的差异性假设。

　　但是，与差异性假设相反，也存在无差异性假设。这个假设的基本依据是：（1）国有企业尽管存在着处理劳资关系的社会主义传统，但是，这一传统可能由于一系列的市场化管理改革（如减员增效、打破铁饭碗、下岗分流、绩效工资）而消失；而国有企业对农民工的使用从来都是另眼相看的，在改革开放前，也有少量农民被国有企业雇佣，但是，他们的工资和福利明显不如正式工人（怀默霆，2001）；（2）外资企业，不论何种外资，来到中国都是为了廉价地使用劳动力，对劳动力市场最低端的农民工尤其如此；（3）乡镇企业在发展之后，大量使用外来农民工，人情关系网络的作用消失；（4）由于户口制度的区隔，地方保护主义政策的实行，外来农民工的待遇普遍低于本地工人。

回归分析的结果告诉我们，企业性质对农民工工资没有显著影响，这强有力地支持了无差异性假设，而否证了差异性假设。彭玉生曾分别对比中国城乡之间的工资决定机制和农村中不同所有制企业间的工资决定机制。他发现农村中公有企业、半私有企业和私有企业之间工资决定机制没有差异，而有差异的是城市国有企业和农村企业间工资的决定机制（Peng，1992）。这说明在中国，国有企业对其正式员工有一套区别于市场体制的工资决定机制，但是，这套机制并不适用于农民工。

无差异性假设被证明，这告诉我们，农民工在什么性质的企业都是农民工，差异性可能在于用工制度的二元结构，在于高端的劳动力市场，而不是低端劳动力市场。

我们再来讨论地区的问题。

地区作为一个变量具有非常重要的意义，它综合地体现了政府的政策（对农民工工资影响最大的是最低工资标准）、社会和经济发展水平、生活水准、习惯和传统，等等。

围绕农民工的来源地对农民工工资的影响主要形成以下两个假设：其一，差异性假设。假定不同地区经济社会发展水平和习惯传统将影响农民工对工资水平的接受程度，进而影响工资水平。我们所提出的假设 4a 就是这样。其二，无差异性假设。该假设认为外出农民工到珠三角打工，工资水平都高出了他们可以接受的水平。

从农民工的来源地来看，我们的调查样本在中国内地的 32 个省（市、自治区）中除天津、新疆和西藏外，其余各省都有分布。尽管他们来自各地，这些地区的经济、社会发展水平和习惯与传统有异，但是，这些差异性并不能影响农民工的工资水平。这否证了假设 4a。

由此，农民工来源地对工资水平的无差异性假设成立。

同样，围绕企业所在地对农民工工资的影响也形成了两个假设：其一，差异性假设。假定各地区最低工资标准不同和经济社会发展水平有差异，这些都会影响农民工的工资水平。我们所提出的假设 4b 就是这样。其二，无差异性假设。假定最低工资标准或者很低，或者没有得到认真执行而对工资水平不起作用。而且，珠三角各城市之间社会经济水平已经一体化，各城市间工资水平差异不大。

在我们的研究中，企业所在地的珠江三角洲 9 个城市，最低工资标准是有所差别的，社会与经济发展水平也不尽相同，但是，这些差异性不能显著性地影响农民工的工资。① 这说明，在珠江三角洲，已经建立起一个统一的低工资的低端劳动力市场。这个市场可能与长江三角洲及其他地方有差异，但是，在其内部，似乎形成了企业之间的价格同盟，都是廉价地使用农民工。

因而，我们认为，农民工的工资是处于分割的二元劳动力市场一端、高度市场化的、缺乏企业内部劳动力市场或晋升机制、也少受劳动力市场用工情况变化影响、没有地区性差异的一个实实在在的刚性的低工资。农民工的低工资已经成了企业的惯例，也为社会广泛接受。

"报酬也是一种制度工具"（Stinchcombe，1997：17）。我们说农民工的工资水平不受社会环境变量的影响，并不是说农民工的工资制度不受社会环境影响。农民工低工资的制度安排，表面上是通过其人力资本（工种也可以看作是人力资本的分类机制）和企业规模实现的，实际上它是不同企业之间的共识，是市场的共识，也是社会的共识。不同所有制性质的企业，不同行业，不同地区，也不论农民工来自哪里，不论他们家庭经济情况如何，在珠江三角洲，农民工得到的就是这样的一个被"合法化"的低工资的制度安排。这种无差异性，对现存的市场和资本制度、社会分层机制和二元结构的合理性提出质疑。而要改变这样的一种制度安排，我们首要的任务，也许就是对这一制度做透彻的研究，再将我们的认识诉诸社会公众。

---

① 我们说最低工资标准不起作用，是在地区差异性的基础上说的，在不同的时点上，最低工资标准可能还是有作用的。

参考文献：

1. 蔡昉、都阳、王美艳：《劳动力流动的政治经济学》，上海三联书店、上海人民出版社 2003 年版。

2. 傅高义：《先行一步：改革中的广州》，广东人民出版社 1991 年版。

3. 怀默霆：《工人作用的演变》，杨海红译，张敏杰主编：《中国的第二次革命——西方学者看中国》，商务印书馆 2001 年版。

4. 怀默霆：《中国的社会不平等和社会分层》，孙慧民译，边燕杰主编：《市场转型与社会分层——美国社会学者分析中国》，三联书店 2002 年版。

5. 华尔德：《共产党社会的新传统主义》，龚小夏译，牛津大学出版社 1996 年版。

6. 黄宗智："制度化了的'半工半耕'过密型农业"（上），《读书》2006 年第 2 期。

7. 林南：《社会资本：关于社会结构与行动的理论》，张磊译，上海人民出版社 2004 年版。

8. 李春玲："流动人口地位获得的非制度途径——流动劳动力与非流动劳动力之比较"，《社会学研究》2006 年第 5 期。

9. 刘易斯：《二元经济论》，施炜、谢兵、苏玉宏译，北京经济学院出版社 1983/1989 年版。

10. 刘林平："企业的社会资本：概念反思和测量途径——兼评边燕杰、丘海雄的'企业的社会资本及其功效'"，《社会学研究》2006 年第 2 期。

11. 刘林平、万向东、张永宏："制度短缺与劳工短缺——'民工荒'问题研究"，《中国工业经济》2006 年第 8 期。

12. 罗伯特·D. 普特南：《独自打保龄球：美国下降的社会资本》，苑洁译，李惠斌、杨雪冬主编：《社会资本与社会发展》，社会科学文献出版社 2000 年版。

13. 马克思：《工资、价格和利润》，《马克思恩格斯选集》（第 2 卷），人民出版社 1898/1972 年版。

14. 坎贝尔·麦克南、斯坦利·布鲁和大卫·麦克菲逊：《当代劳动经济学》，刘文、赵成美等译，人民邮电出版社 2006 年版。

15. 倪志伟：《市场转型理论：国家社会主义由再分配到市场》，边燕杰主编：《市场转型与社会分层——美国社会学者分析中国》，三联书店 2002 年版。

16. 理查德·斯格特：《组织理论》，黄洋、李霞、申薇、席侃译，华夏出版社 1998/2002 年版。

17. 奥立佛·威廉姆森、迈克尔·沃奇特、杰佛里·哈里斯：《理解雇佣关系：对专用性交换的分析》，孙经纬译，路易斯·普特曼、兰德尔·克罗茨纳编：《企业的经济性质》，上海财经大学出版社 1975/2000 年版。

18. 万向东、刘林平、张永宏："工资福利、权益保障与外部环境——珠三角与长三角外来工的比较研究"，《管理世界》2006 年第 6 期。

19. 谢宇："改革时期中国城市居民收入不平等的地区差异"，载谢宇著《社会学方法与定量研究》，社会科学文献出版社 2006 年版。

20. 亚当·斯密：《国富论》，唐日松译，华夏出版社 1930/2005 年版。

21. Bian Yanjie, 1997, "Bringing Strong Ties Back In: Indirect Ties, Network Bridges, and Job Searches in China", *American Sociological Review*, 62 (3).

22. Bian Yanjie & Soon Ang, 1997, "Guanxi Networks and Job Mobility in China and Singapore", *Social Forces*, 75.

23. Blau Francine D. & Lawrence M. Kahn, 2000, "Gender Differences in Pay", *The Journal of Economic Perspectives*, 14.

24. Bridges, William P. & Wayne J. Villemez, 1986, "Informal Hiring and Income in the Labor Market", *American Sociological Review*, 51.

25. Corcoran Mary, Linda Datcher & Greg Duncan, 1980, "Information and Influence Network in Labor Market", In G. J. Dunncan & J. N. Morgan. Ann Arbor (eds.) *Five Thousand American Families: Patterns of Economic Progress*, MI: Institute for Social Research.

26. Card. David, 2001, "The Effect of Unions on Wage Inequality in the U. S. Labor Market", *Industrial and Labor Relations Review*, 54.

27. Gerber, Theodore P., 2006, "Getting Paid: Wage Arrears and Stratification in Russia", *American Journal of Sociology*, 111 No. 6 (May).

28. Harrison, Bennett& Barry Bluestone, 1988, *The Great U - Turn: Corporate Restructuring and the Polarizing of America*, New York: Basic Books.

29. Jovanovic, Boyan, 1979, "Job Matching and the Theory of Turnover", *The Journal of Political Economy*, 87, Part 1 (Oct., 1979).

30. Korenman, Sanders& Susan C. Turner, 1996, "Employment Contacts and Minority - White Wage Differences", *Industrial Relations*, 35.

31. Lillard, L. & Tan, H., 1986, *Private Sector Training* (Report No. 3331 - DOL). Santa Monica, CA: Rand Corporation.

32. Mincer, J., 1974, *Schooling, Experience and Earnings*, New York: Columbia University Press.

33. Mincer, J., 1989, "Human Capital and the Labor Market: a Review of Current Research", *Educational Researcher*, 18 (5).

34. Mouw, Ted, 2003, "Social Capital and Finding a Job: Do Contacts Matter?", *American Sociological Review*, 68.

35. Paisley, C. J. , 1980, "Labor Union Effects on Wage Gains: a Survey of Recent Literature", *Journal of Economic Literature*, 18 (1) .

36. Peng Yusheng, 1992, "Wage Determination in Rural and Urban China: Comparison of Public and Private Industrial Sectors", *American Sociological Review*, 57.

37. Staiger, Doug, 1990, *The Effect of Connections on the Wages and Mobility of Young Workers*, Cambridge, MA: The MIT Press.

38. Stinchcombe, Arthur L. , 1997, "On the Virtues of Old Institutionalism", *Annual Review of Sociology*, 23.

39. Szelenyi, I. , 1978, "Social Inequalities in State Redistributive Economies: Dilemmas for Social Policy in Contemporary Socialist Societies of Eastern Europe", *International Journal of Comparative Sociology*, 19.

交往与态度：城市居民眼中的农民工[*]

——对广州市民的问卷调查

一 问题提出、调查过程与样本情况

2006 年 10—11 月，我们在广州市老城区组织了对城市居民的问卷调查，用以了解城市居民和农民工的交往情况以及对农民工的态度。

对于中国农民工问题的研究尽管大多涉及制度层面，许多研究者也指出城乡二元结构的制度安排是农民工问题所面对的基本制度环境（孙立平，2002；李强，2000、2002；蔡昉等，2001；杨小凯，2003；苏黛瑞，2001；刘林平等，2004、2005；陈金永，2006），但是对于这种二元体制给城市居民所造成的社会心理影响及所塑造的价值观念则少有研究。^① 进而，城市居民对农民工的态度、价值观念和政策取向及由此而来的对现存制度和制度转变的影响则基本被人们忽视。

从新制度主义的立场来观察，"任何社会、经济或政治体制都是由人构建的，并且这种结构在我们所处的这个有序社会里，具有人为的功能。这个结构是规则、惯例、习俗和行为信念的复杂混合物，它们一起构成了我们日常的行为选择方式，并决定了我们达到预期目标的路径"（诺斯，

---

* 本文最初发表于《中山大学学报》（社会科学版）2008 年第 2 期。

① 根据我们在"中国期刊全文数据库"的检索，这方面的研究只有寥寥数篇（卢国显，2006；吕斐宜，2006；金萍，2006）。

2003：15）。城乡二元结构的制度安排并不是和普通城市居民的理念无关的，尽管在中国的政治体制和决策过程中，普通市民的要求、愿望、态度和观念并不是直接进入政策体系和更基本的制度之中的，但是，我们认为，这些东西不是无关痛痒、完全被人忽视的，而是会通过曲折的方式在政策和制度中表现出来。

因此，我们进行了本项调查，主要目的是要测量城市居民和农民工的交往情况以及对农民工的评价和对有关农民工的政策评价，并进而探讨其中的含义。

本次调查采取随机抽样方式。全市抽取荔湾、越秀、天河和海珠四个老城区，每个区调查 2 个街道，每个街道调查 2 个居委会，每个居委会样本量为 31 个，每个行政区样本量合计均为 124 个，全市调查样本量为 496 个。

抽样方式为分层系统随机抽样。第一步，每个行政区先各自抽取街道；第二步，从街道中抽取居委会；第三步，从居委会工作名册中等距随机抽出调查户。无论抽取街道还是居委会，抽取前都是将所辖户数进行排列累加，抽样起点均是 2105，按照样本量所计算出的间距和比例抽出街道或居委会。

调查员从居委会最新工作名册中抽取调查户，抽样起点为 25，抽样间距为常住有效总户数/31。常住有效户指至少 1 名家庭成员具有广州户籍，且在广州居住满半年的居民户。抽样以地址为准，入户后只要符合对调查对象的界定条件，均可进行访问。入户后需按家庭成员生辰再抽取被访者，抽出生日最靠近 1 月 1 日的成员作为具体的访问对象。入户后如果没有符合条件的家庭成员，或遇到拒访、空置户等不能成功访问情况，则按就近原则替换，即按右手顺时针连续查找直至找到替换户。每个社区均按预先要求成功调查了 31 个样本。

本次调查对象甄别条件为：（1）居住在广州市老城区（荔湾、越秀、天河、海珠）的市民；（2）年满 16 周岁；（3）具有广州市户籍，且在广州连续居住半年以上；（4）头脑清醒，有行为能力。

由于调查得到了中选居委会的配合（提供最新户册，派人带访问员上门），本次调查替换率较低，总体不超过 10%。

此次调查共获得 496 份有效问卷。有效样本的基本情况如下表 1。

表1	样本的基本情况
年龄（N = 496）	16—69 岁（平均 39.99 岁，标准差 11.71）
性别（N = 496）	男性 246 人（49.6%）；女性 250 人（50.4%）
教育程度（N = 494）	小学及以下 35 人（7.1%）；初中 158 人（32.0%）；高中 158 人（32.0%）；中专、技校 45 人（9.1%）；大专 65 人（13.2%）；本科 31 人（6.3%）；硕士 2 人（0.4%）
户口性质（N = 489）	非农业 489 人（100%）
出生地（N = 495）	广州 405 人（81.8%）；广东（非广州）63 人（12.7%）；外省 27 人（5.5%）
户口是否从外地迁入广州（N = 473）	否 382 人（80.8%）；是 91 人（19.2%）
现在或退休前的职业（N = 495）	国家机关、党群组织的单位负责人 8 人（1.6%）；企业或事业单位负责人 14 人（2.8%），专业技术人员 59 人（11.9%）；办事人员和有关人员 67 人（13.5%）；商业、服务业有关人员 140 人（28.3%）；农、林、牧、渔、水利生产人员 6 人（1.2%）；生产、运输设备操作人员 97 人（19.6%）；下岗失业人员 35 人（7.1%）；无业人员 22 人（4.4%）；其他 47 人（9.5%）
所在单位所有制性质（N = 496）	国有 163 人（32.9%）；集体 82 人（16.5%）；股份合作制 10 人（2.0%）；联营 4 人（0.8%）；股份制 7 人（1.4%）；外商投资 14 人（2.8%）；港澳台投资 5 人（1.0%）；私营 59 人（11.9%）；个体 51 人（10.3%）；不清楚 1 人（0.2%）；不适用 100 人（20.2%）
父亲的职业（N = 496）	国家机关、党群组织的单位负责人 16 人（3.2%）；企业或事业单位负责人 29 人（5.8%），专业技术人员 46 人（9.3%）；办事人员和有关人员 42 人（8.5%）；商业、服务业有关人员 64 人（12.9%）；农、林、牧、渔、水利生产人员 96 人（19.4%）；生产、运输设备操作人员 193 人（38.9%）；下岗失业人员 7 人（1.4%）；无业人员 3 人（0.6%）

样本的特点可以总结为：平均年龄40岁，男女各一半，教育程度以初高中为主，基本都是非农户口，商业、服务业和生产、运输设备操作人员占一半，80%是地道的广州本地人。

二 交往与纠纷

调查问卷从以下几个方面对城市居民与农民工的交往进行了测量。

（一）工作中的交往

问卷首先询问了"您所在的工作单位有没有聘用农民工"，得到的结果是：聘用167人（33.7%）；没有聘用147人（29.6%）；不适用132人（26.6%）；不清楚50人（10.1%）。也就是说，有1/3的人明确回答说他们所在单位聘用了农民工。那么，在这167人当中，和农民工经常交往的有54人（32.34%），偶尔交往的有58人（34.73%），很少交往的有46人（27.54%），从不交往的有9人（5.39%）。

问卷还询问了"您在工作中是否需要与农民工（单位外的）打交道"，回答结果是：220人（44.4%）需要，276人（55.6%）不需要。在需要打交道的人当中，85人（38.64%）和农民工有经常交往，94人（42.73%）偶尔交往，40人（18.18%）很少交往。

（二）生活中的交往

问卷对这方面的测量主要有如下几个问题：

其一："今年内，农民工是否为您提供过家庭服务？"回答结果：保姆8人（1.6%）；钟点工27人（5.4%）；上门服务（送水、送牛奶、送煤气等）430人（86.7%）；其他3人（0.6%）；以上都没有61人（12.3%）。

其二："今年内，您家里有没有租房给农民工？如果有，你们之间相处怎么样？"回答结果：没有403人（81.3%）；有93人（18.8%）。在租房的93人中，有28人表示和农民工租客之间非常愉快，60人表示比较融洽，3人说"发生过摩擦"，1人表示"非常不愉快，经常发生矛盾"。

其三："今年内，您有没有与农民工共同参加过社区（或单位）组织的活动？"回答结果：没有436人（87.9%）；有50人（10.1%）；缺失值 10 人（2%）。

其四："在您日常生活交往的对象中，有没有农民工?"回答结果：没有 286 人（57.7%）；有 209 人（42.1%）；缺失值 1 人（0.2%）。

我们接着请自认为有农民工朋友的市民列举出他三位农民工朋友，列举情况见表 2。

表 2　　　　　　　　　市民所列举的农民工朋友情况

		朋友一（人）	朋友二（人）	朋友三（人）
性别	男	125	54	16
	女	83	42	15
年龄		19—68 岁 平均 35 岁	20—65 岁 平均 35 岁	21—53 岁 平均 33 岁
认识途径	亲戚（或由亲戚介绍）	20	11	1
	老乡（或由老乡介绍）	4	3	1
	同事（或由同事介绍）	77	32	10
	请他为你工作时认识	8	5	1
	在社区里认识	64	29	10
	在文化娱乐场所里认识	4	3	
	通过租房	26	10	6
	其他	5	2	2
交往频率	经常交往	77	38	11
	偶尔交往	114	46	17
	很少交往	17	12	3

（三）纠纷

调查问卷询问了"今年内，您有没有与农民工发生过纠纷"，有 27 人（5.4%）表示他们和农民工发生过纠纷，纠纷的具体情况见表 3。

表 3 市民与农民工发生纠纷情况

场所	人次	种类
公共场所	13	口角
	2	推搡
工作场所	2	口角
购物场所	1	口角
娱乐场所	1	口角
社区内	6	口角
家里	3	口角
其他场所	1	口角

（四）接纳

调查问卷还就市民对农民工的接纳程度进行了测量，我们提出的问题是："您是否能接受农民工成为您的同事、老板、邻居、朋友和家庭成员？"得到的结果见表 4。

表 4 市民对农民工的接纳程度 单位：人

关系类型	回答结果		
	是	否	很难说
同事	378（76.2%）	46（9.3%）	72（14.5%）
老板	308（62.1%）	75（15.1%）	113（22.8%）
邻居	327（65.9%）	107（21.6%）	62（12.5%）
私人朋友	287（57.9%）	111（22.4%）	98（19.8%）
家庭成员	144（29.0%）	207（41.7%）	144（20.9%）

我们还就有孩子的人对他们的孩子与农民工孩子交往的接纳程度也进行了测量，结果见表 5。

表5 市民对其孩子与农民工孩子交往的接纳程度 单位：人

问题	回答结果			
	是	否	很难说	不适用
他们与农民工子女同班读书	351（70.8%）	28（5.6%）	64（12.9%）	53（10.7%）
他们与农民工子女做朋友	302（60.9%）	54（10.9%）	88（17.7%）	52（10.5%）
他们与农民工子女谈恋爱	122（24.6%）	149（30.0%）	168（33.9%）	57（11.5%）

我们可以将以上情况总结如下：

1. 有1/3的人的单位聘用了农民工，其中又有1/3的人和农民工经常有交往。超过四成的人在工作中要与（单位外的）农民工打交道，其中又有近四成的人和农民工经常有交往。

2. 农民工为近九成的市民提供了家庭服务，最主要的形式是上门服务（送水、送牛奶、送煤气等）。有近两成的市民出租房屋给农民工居住，其中有4%的人和租房的农民工发生过摩擦。

3. 有10%的人与农民工一起参加过社区或单位组织的活动。有超过四成的人日常生活交往的对象中有农民工，有一些农民工已经成为了市民的好朋友。

4. 有超过5%的人和农民工在公共场所发生过口角等纠纷。

5. 有六成左右的人可以接纳农民工成为自己的同事、老板、邻居和私人朋友，但是，不到1/3的人可以接纳农民工成为自己家庭的一员。在有孩子的市民中，六成以上的人可以让农民工的子女和自己的孩子成为同学和朋友，但是，也只有三成左右的人允许他们的孩子和农民工的孩子谈恋爱。

三 评价与态度

（一）一般评价

调查问卷提出的11个陈述，看市民对这些陈述的同意程度，得到的结果见表6。

同时将表6赋值，陈述1—5，对农民工的评价是正面的，从非常不同意到非常同意，按照顺序分别给予 1—5 分；陈述 6—11，对农民工的评价是负面的，从非常不同意到非常同意，按照顺序分别给 5—1 分，很难说都给 0 分。这样，我们可以得出上述 11 个陈述的得分情况，见表 7。

表 6　　　　　　　　　市民对农民工的评价情况　　　　　　单位：人

	非常不同意	不太同意	一般	比较同意	非常同意	很难说
1. 农民工为市民生活提供便利	3 (0.6%)	64 (12.9%)	116 (23.4%)	252 (50.8%)	31 (6.3%)	30 (6.0%)
2. 农民工提供廉价服务，降低了市民生活成本	3 (0.6%)	89 (17.9%)	150 (30.2%)	195 (39.3%)	21 (4.2%)	38 (7.7%)
3. 农民工增加消费，繁荣了市场	11 (2.2%)	92 (18.5%)	163 (32.9%)	186 (37.5%)	12 (2.4%)	32 (6.5%)
4. 广州的经济发展离不开农民工	2 (0.4%)	56 (11.3%)	111 (22.4%)	256 (51.6%)	40 (8.1%)	28 (5.6%)
5. 农民工干了城里人不愿干的脏活、重活、危险活	1 (0.2%)	30 (6.0%)	49 (9.9%)	299 (60.3%)	109 (22.0%)	5 (1.0%)
6. 农民工导致违法犯罪现象的增加	3 (0.6%)	86 (17.3%)	85 (17.1%)	208 (41.9%)	75 (15.1%)	39 (7.9%)
7. 农民工影响城市卫生环境、市容	4 (0.8%)	68 (13.7%)	86 (17.3%)	235 (47.4%)	74 (14.9%)	29 (5.8%)
8. 农民工与城里人争饭碗，减少城市人就业机会	4 (0.8%)	97 (19.6%)	82 (16.5%)	210 (42.3%)	88 (17.7%)	15 (3.0%)
9. 农民工造成城市交通拥挤	4 (0.8%)	103 (20.8%)	125 (25.2%)	186 (37.5%)	37 (7.5%)	36 (7.3%)
10. 农民工乱摆乱卖，贩卖假冒伪劣产品，扰乱市场秩序	5 (1.0%)	85 (17.1%)	138 (27.8%)	175 (35.3%)	38 (7.7%)	55 (11.1%)
11. 农民工败坏城市社会风气	9 (1.8%)	130 (26.2%)	155 (31.3%)	106 (21.4%)	18 (3.6%)	78 (15.7%)

表7　　　　　　　　　市民对农民工评价的得分情况　　　　　　单位：人

选项	非常不同意	不太同意	一般	比较同意	非常同意	总计	平均分
1	3	128	232	1008	155	1526	3.27
2	3	178	45	780	105	1111	2.43
3	11	184	489	746	60	1490	3.21
4	2	112	333	1024	200	1671	3.59
5	1	60	147	1196	545	1949	3.99
6	15	344	255	416	75	1105	2.42
7	20	272	258	470	74	822	1.76
8	20	388	246	420	88	1162	2.42
9	20	412	375	372	37	1216	2.67
10	25	340	414	350	38	1167	2.65
11	45	520	465	212	18	1260	3.01
总平均分							2.86

　　根据表6和表7，我们看到，市民对农民工的评价总体一般偏下（总平均得分为2.86）。其中，对于"农民工干了城里人不愿干的脏活、重活、危险活"，市民最为肯定，有超过八成的人"比较同意"和"非常同意"这一说法；对于"广州的经济发展离不开农民工"，也有近六成的人"比较同意"和"非常同意"；但是，值得我们注意的是，有超过六成的市民对于"农民工影响城市卫生环境、市容"和"农民工与城里人争饭碗，减少城市人就业机会"的说法"比较同意"和"非常同意"；有近六成的人对于"农民工导致违法犯罪现象的增加"的说法"比较同意"和"非常同意"；有超过四成的人对于"农民工造成城市交通拥挤"和"农民工乱摆乱卖，贩卖假冒伪劣产品，扰乱市场秩序"的说法"比较同意"和"非常同意"；还有1/4的人对于"农民工败坏城市社会风气"的说法"比较同意"和"非常同意"。

　　调查问卷列举了一系列词汇，要市民选择自认为最能反映农民工特征的 5 个词语，得到的结果如表 8。

表 8　　　　　　　　　市民对农民工评价的词汇选择

词语	选择频数	排列顺序
生活节俭	266	1
能吃苦	259	2
不遵守公共秩序	216	3
缺乏教养	208	4
勤劳	199	5
生活习惯不好	198	6
只知道赚钱	156	7
邋遢	126	8
衣冠不整	116	9
老实	114	10
顾家	98	11
容易上当受骗	96	12
喜欢打小算盘	59	13
好斗	58	14
讲义气	57	15
有上进心	47	16
助人为乐	41	17
狡猾	40	18
讲诚信	32	19
不守信用	31	20
聪明、机灵	1	21

在表 8 中，我们看到排列前 5 位的词汇是生活节俭、能吃苦、不遵守

公共秩序、缺乏教养和勤劳。在总共 21 个词汇中，评价正面的是 10 个，总的选择频数为 1114；评价负面的 11 个，总的选择频数为 1304。

（二）权益评价或政策评价

问卷提出了"您认为，目前我市农民工的权益保护情况怎么样"、"您认为，农民工的收入与他们的劳动付出相比，应如何评价"、"您认为，农民工的居住条件怎么样"、"您认为，农民工在与城里人交往时是否受到歧视"等几个问题，得到的结果制作成表 9。

表 9　　　　　市民对农民工权益保护等情况的评价　　　　　单位：人

选项	回答					
权益保护	很好保护	基本保护	基本没有保护	完全没有保护		不清楚
	11 (2.2%)	251 (50.6%)	109 (22.0%)	16 (3.2%)		109 (22.0%)
收入	很低	偏低	基本一致	偏高	很高	不清楚
	16 (3.2%)	196 (39.5%)	219 (44.2%)	20 (4.0%)	1 (0.2%)	43 (8.7%)
居住条件	非常差	比较差	一般	比较好	非常好	不清楚
	18 (3.6%)	180 (36.3%)	218 (44.0%)	42 (8.5%)	0	38 (7.7%)
歧视情况	没有		有		缺失值	不清楚
	265 (53.4%)		144 (29.0%)		2 (0.4%)	85 (17.1%)

从表 9 中，我们看到：超过一半的市民认为农民工的权益得到基本保护或很好保护，但是，也有 1/4 的人认为基本没有得到保护或完全没有得到保护；认为农民工的收入偏低或很低的人和认为农民工的收入与他们的劳动付出相比基本一致的人都超过四成；对于农民工居住条件的认知和收入基本一样；有近三成的人认为农民工与城里人打交道受到歧视。

我们还列举了 10 个权益方面的问题，要市民回答对此问题的同意程度，得到的结果见表 10。

在表 10 中，我们看到，市民对于选项 4、6、9 和 10，有一半以上的人选择了"比较同意"和"同意"，也就是说，市民对于农民工的医疗保险、子女义务教育、参加工会和人大选举比较认同。而对于选项2、5、7，则有超过四成的人"不太同意"和"很不同意"，也就是说，市民对于农民工享有失业救济、低保和廉租屋相当程度不赞成或反对。

将表10赋值，非常同意得5分，依顺序递减，很难说为0，我们得出表11。

表10 市民对农民工与市民同样享有权益的看法 单位：人

选项	非常同意	比较同意	中立	不太同意	很不同意	很难说
1. 农民工应该与广州市民一样享有平等就业机会	23 (4.6%)	206 (41.5%)	113 (22.8%)	122 (24.6%)	19 (3.8%)	13 (2.6%)
2. 农民工应该与广州市民同等享有失业救济	15 (3.0%)	149 (30.0%)	99 (20.0%)	152 (30.6%)	57 (11.5%)	24 (4.8%)
3. 农民工应该与广州市民同等享有养老保障	17 (3.4%)	208 (41.9%)	107 (21.6%)	120 (24.2%)	26 (5.2%)	18 (3.6%)
4. 农民工应该与广州市民同等享有医疗保险	21 (4.2%)	230 (46.4%)	111 (22.4%)	99 (20.0%)	17 (3.4%)	18 (3.6%)
5. 农民工应该与广州市民同等享有低保	16 (3.2%)	137 (27.6%)	102 (20.6%)	156 (31.5%)	56 (11.3%)	28 (5.6%)
6. 农民工子女和城里人子女在所在城市应该同等享有义务教育的权利	69 (13.9%)	267 (53.8%)	80 (16.1%)	55 (11.1%)	16 (3.2%)	9 (1.8%)
7. 农民工应该与城市居民同等享有租用政府廉租屋的权利	16 (3.2%)	111 (22.4%)	116 (23.4%)	144 (29.0%)	90 (18.1%)	18 (3.6%)
8. 农民工应该有权参加居委会选举	55 (11.1%)	174 (35.1%)	103 (20.8%)	88 (17.7%)	26 (5.2%)	50 (10.1%)
9. 农民工应该有权参加工会	62 (12.5%)	224 (45.2%)	88 (17.7%)	57 (11.5%)	24 (4.8%)	41 (8.3%)
10. 农民工应该有权参加人大选举	67 (13.5%)	189 (38.1%)	98 (19.8%)	71 (14.3%)	21 (4.2%)	49 (9.9%)

表 11　　　　　　　　　市民对农民工权益看法赋分表　　　　　单位：人

选项	非常同意	比较同意	中立	不太同意	很不同意	总计	平均分
1	115	824	339	244	19	1541	3.19
2	75	596	297	304	57	1329	2.82
3	85	832	321	240	26	1504	3.15
4	105	920	333	198	17	1573	3.29
5	80	548	306	312	56	1302	2.79
6	345	1068	240	110	16	1779	3.65
7	80	444	348	288	90	1250	2.62
8	275	696	309	176	26	1482	3.32
9	310	896	264	114	24	1608	3.53
10	335	756	294	142	21	1548	3.47
总平均分							3.18

从表 11 我们可以看出，对于"农民工应该与广州市民同等享有失业救济"、"农民工应该与广州市民同等享有低保"、"农民工应该与城市居民同等享有租用政府廉租屋的权利" 3 项，市民的看法总体上处于"不太同意"和"中立"之间，对于其他选项则处于"中立"和"比较同意"之间，但其中对于"农民工子女和城里人子女在所在城市应该同等享有义务教育的权利"和"农民工应该有权参加工会"更加偏向"比较同意"。而总体上，市民对于农民工权益的看法比中立稍高（总平均分为 3.18）。

农民工有没有权利在城市落户？调查问卷就此提出的问题是："您是否赞成农民工在城市落户？"得到的回答结果是：无条件赞成 184 人（37.1%）；有条件赞成 140 人（28.2%）；不赞成 172 人（34.7%）。有条件赞成者所提出的条件是：居住年限，有能力买房，学历高，有技术，有特殊贡献，工作稳定，无犯罪记录，有广州人担保，等等。而不赞成者提出的理由是：同城市人争饭碗，影响社会治安，造成房价上涨，卫生环境、治安、人口、交通等方面恶性循环，造成生态不平衡，影响小孩的教育，农民工生活习惯不好、素质差，要让农民回去做农民做好本分，应该回乡耕田发展农业，农民工入广州户口没有股份分红不合算，等等。

最后，问卷提出"您认为，现有制度和管理中，有无对农民工不公平之处"，得到的回答结果是：无 146 人（29.4%）；有 88 人（17.7%）；不清楚 262 人（52.8%）。而回答有不公平之处的人所列举的具体问题可以总结为表 12。

表 12 市民认为对农民工的不公平情况

	选项	选择频数
工作问题	工资低	17
	克扣、拖欠工资	20
	工作脏累，待遇差	9
	劳动时间长	4
	就业难	2
社会保障问题	没有医疗保险，缺乏社会福利和社会保障	17
	看病贵	2
	子女读书难，费用高	11
社会地位问题	社会地位低	5
	受城市人歧视	9
户籍问题	户籍问题	1
其他	办暂住证费用要降低，老人没有乘车证，没有住房公积金	3

四 影响权益评价的相关因素

在表 11 中，我们得出了广州市民对农民工的权益评价得分，那么，是哪些因素影响了市民的评价？这些因素的影响程度又是怎样的呢？

我们将下列变量进行处理：性别，以女性为参照；出生地，以非广州为参照；单位性质，以"国有和集体"为参照；职业，以"单位负责人"
为参照；单位内外与农民工的交往频度，将经常交往赋值为 4，偶尔交往
为 2，很少交往为 1，从不交往为 0。在对自变量做了这样的处理之后，
以农民工权益评价得分为因变量进行多元回归分析，得到表 13。

表 13　　　　市民对农民工权益评价得分的多元回归分析

自变量	回归系数（B）	标准误（Std. Error）	偏相关系数
性别（男）	− 0.281 **	0.002	− 0.037
年龄	− 0.034 **	0.001	− 0.010
教育年限	0.123 **	0.000	0.087
出生地（广州）	− 0.407 **	0.003	− 0.042
单位性质 1（股份合作、联营、股份公司）	1.069 **	0.005	0.054
单位性质 2（外资、港澳台资）	− 0.292 **	0.005	− 0.016
单位性质 3（私营企业、个体企业）	− 0.028 **	0.003	− 0.003
单位性质 4（其他）	0.423 **	0.003	0.041
职业 1（专业技术人员）	1.369 **	0.006	0.066
职业 2（办事人员）	1.502 **	0.006	0.072
职业 3（商业、农业、生产运输业人员）	1.507 **	0.005	0.078
职业 4（下岗失业和无业）	0.520 **	0.006	0.024
职业 5（其他）	1.635 **	0.006	0.075
交往频度（单位内）	1.691 **	0.001	0.413
交道频度（单位外）	− 5.514 **	0.001	− 0.858
日常生活中是否与农民工有交往	0.247 **	0.002	0.032
是否与农民工发生过纠纷	− 1.047 **	0.005	− 0.062
常数项	35.274 **	0.008	—
R^2（Adjusted R^2）	0.780（0.780）		

因变量：农民工权益评价得分。

注：** 表示双尾检验（显著度 < 0.01）。

在表 13 中，我们看到：和女性比较，男性对农民工的权益评价有负面效应；年龄对权益评价影响甚微；教育年限的影响是正向的，教育年限越高对农民工的权益越肯定；广州本地出生和外地出生者相比，有明显的负面影响；在单位性质中，股份合作、联营单位、股份公司与国有和集体企业相比，对农民工的权益评价更肯定，而外资、港澳台资和私营、个体企业与国有和集体企业相比，对农民工的权益评价更为负面，其他类别单位性质对农民工的权益评价又高于国有和集体企业。不同职业的市民对农民工的权益评价也有差别，从事其他职业类别的市民对农民工权益评价最高，其次是商业、农业、交通运输业，以及办事人员，再次是专业技术人员，再其次是下岗失业和无业人员，最后是企事业单位的负责人。与农民工的交往频度和交道频度对农民工的权益评价有重要影响，前者的解释力占整个模型的 73%，后者的解释力占整个模型的 17.0%。与单位内聘用的农民工交往越多（交往频度分值越高），对农民工的权益评价越正面；而在工作中与单位外农民工交往越频繁（交往频度分值越高），对农民工的权益评价越为负面；日常生活中与农民工有过交往的市民对农民工的评价略高于没有日常交往者；今年内与农民工发生过纠纷的市民对农民工的评价较为负面。

这里值得注意的是：交往对评价具有决定性的影响，但是，交往又分为单位内、外，以及日常生活中的交往。为什么与单位外的农民工打交道越多而对农民工的权益评价越为负面呢？可能的解释之一是：与单位外的农民工的交往是一种工作关系，而这种工作关系很可能是一种管理关系，在管理关系中，矛盾是必然的，这可能大大地影响了相关评价。

五　结论与讨论

本文的基本结论可以总结如下：

1. 在工作和生活中与农民工打交道，已经是市民生活的常态，农民工成了市民生活中不可缺少的一部分，相当一部分市民甚至已经有了农民工的好朋友。但是，在这些交往过程中，也会发生纠纷和摩擦。

2. 大部分人可以接受农民工成为他们的同事、邻居、朋友乃至老板，但是，只有大约三成的人可以接受农民工成为他们家庭的一员，或可以接受他们的孩子与农民工的孩子谈恋爱。

3. 市民高度认同"农民工干了城里人不愿干的脏活、重活、危险活"的说法，也认为"广州的经济发展离不开农民工"。但是，他们对农民工的评价总体"一般"偏下，其中有六成左右的人认为"农民工影响城市卫生环境、市容"，"农民工与城市人争饭碗，减少城市人就业机会"，"农民工导致违法犯罪现象的增加"；有超过四成的人认为"农民工造成城市交通拥挤"和"农民工乱摆乱卖，贩卖假冒伪劣产品，扰乱市场秩序"；甚至还有1/4的人对于"农民工败坏城市社会风气"的说法"比较同意"和"非常同意"。

4. 市民所勾画出的农民工形象是"生活节俭"、"能吃苦"、"不遵守公共秩序"、"缺乏教养"和"勤劳"。这其实也是传统中国农民的形象。

5. 超过一半的市民认为农民工的权益得到基本保护或很好保护，但是，也有1/4的人对此持相反的意见；认为农民工收入偏低或很低的人和认为农民工收入与他们的劳动付出相比基本一致的人大体相当，都超过四成；对于农民工居住条件的认知和收入基本一样；有近三成的人认为农民工与城里人打交道受到歧视。

6. 相当多的市民认为农民工应该与市民一样具有同等权利享受医疗保险、子女义务教育，也应该有权利参加工会和人大选举。但是，也有相当多的市民不认为农民工应该与市民一样同等享有失业救济、低保和租用廉租房。无条件赞成农民工可以在城市落户的人接近四成，有条件者接近三成，而完全不赞成者1/3略强。

7. 影响市民对农民工权益评价得分的因素主要有交往程度、教育程度、出生地、职业、单位所有制性质等。

对上述结论，我们需要进一步讨论。

中国社会正处于转型期，在改革开放过程中，二元经济结构的基本制度以及由此而形成的城里人和乡下人的不同的利益群体格局并没有发生根本改变，但是，市场经济的发展对此给予了猛烈冲击。从总体上，我们可以将城里人看成是一个利益集团，但是，这个利益集团并不是铁板一块，而是由各种不同层次的人群所组成。因而，在对农民工及其权益、政策评价上，我们看到，城市居民并没有统一的看法，而表现出种种分歧与矛盾：一方面，在工作和生活中，与农民工打交道是必不可少的，另一方面，要接纳他们还有一定的难度，尤其是要接纳他们成为自己的家庭成员;一方面,理性地知道经济发展离不开农民工,农民工干了城里人不愿干的脏活、重活、危险活,另一方面,又感性地认为农民工影响城市卫生环境、市容、交通、市场秩序、就业机会、治安和社会风气;一方面,认为农民工应该与市民一样具有同等权利享受医疗保险、子女义务教育,参加工会和人大选举,另一方面,又认为农民工不应该与市民一样同等享有失业救济、低保和廉租房;一方面,认为农民工"生活节俭"、"能吃苦"、"勤劳",另一方面,又认为他们"不遵守公共秩序"和"缺乏教养",等等。

存在这些分歧和矛盾其实是正常的,这主要表现了城市居民不同群体看法的差异和矛盾。我们由此可以得出的结论是:关于人类平等的普世价值并不是所有城市居民的共享价值,而在此基础上的态度分歧和公共政策分歧就是再正常不过的了。对此,利益也许是最能解释的关键因素。"制度……可以更好地被概念化为靠社会关系锁定在不同形式中的利益"(斯威德伯格,2003:5)。由此,我们认为,二元经济体制不仅仅是一种制度安排,它也会内化为人们的价值观念,并有可能成为一种普遍的社会心理;而这样的价值观念和社会心理又成为现存制度的支撑和制度变革的阻碍,这可能是我们研究农民工问题及其解决办法时必须面对的一个社会现实。

当然,人们的价值观念和社会心理是会发生变化的。市场取向的经济改革和伴随而来的政治和社会改革以及全球化的影响必然会冲击和改变着在二元体制下形成的价值观念和社会心理。在前文,我们也高兴地看到,城市居民对于以户籍改革为主要突破口的二元体制的改变已经有了某种程度的准备,接近四成的人无条件赞成农民工可以在城市落户就是一个证明。社会政策的转变应该有某种超前性,公平的理念必须蕴涵其中,了解城市居民对农民工问题的态度、价值和政策取向是必须的,但是,这并不等于说现实的社会心理是不可超越和改变的,为社会政策、社会制度的转变做好社会价值和社会心理转变的准备,让城市居民尊重农民工并将他们视为城市社会当然的居民,这就是本文要得出的最基本的结论。

参考文献:

1. 陈金永:《中国户籍制度改革和城乡人口迁移》,蔡昉、白南生主编:《中国转轨时期劳动力流动》,社会科学文献出版社 2006 年版。

2. 蔡昉、都阳、王美艳:"户籍制度与劳动力市场保护",《经济研究》2001 年第 12 期。

3. 道格拉斯·C. 诺斯:"对制度的理解",《制度、契约与组织——从新制度经济学角度的透视》,经济科学出版社 2003 年版。

4. 金萍:"关于农民工与城市居民关系的调查",《思想政治工作研究》2006 年第 6 期。

5. 理查德·斯威德伯格:《经济学与社会学》,商务印书馆 2003 年版。

6. 刘林平、郭志坚:"企业性质、政府缺位、集体协商和外来女工的权益保障",《社会学研究》2004 年第 6 期。

7. 刘林平、万向东、王翊:"二元性、半合法性、松散性和农民工问题",《中山大学学报》(社会科学版) 2005 年第 2 期。

8. 李强:"中国城市中的二元劳动力市场与底层精英问题",《清华社会学评论》特辑,2000 年。

9. 李强:《转型时期中国社会分层结构》,黑龙江人民出版社 2002 年版。

10. 卢国显:"我国大城市农民工与市民社会距离的实证研究",《中国人民公安大学学报》(社会科学版) 2006 年第 4 期。

11. 吕斐宜:"农民工与城市居民和谐共处心理基础调查研究",《江汉论坛》2006 年第 4 期。

12. 孙立平:"资源重新积累下的底层社会形成",《战略与管理》2001 年第 1 期。

13. 苏黛瑞:《中国的人口流动》,张敏杰主编:《中国的第二次革命——西方学者看中国》,商务印书馆 2001 年版。

14. 杨小凯:《发展经济学——超边际与边际分析》,社会科学文献出版社 2003 年版。

网络的差异性和求职效果[*]

——农民工利用关系求职的效果研究

在社会网络的研究中，关系网络对于求职者的帮助几乎已经成为定论，在对中国的经验研究中，这一点也反复地得到了证明（Granovetter，1974、1995；Bian，1997；Bian & Ang 1997）。但是，利用关系网络并不一定获得较高工资或较高职业声望的工作（Bridges & Villemez，1986；Datcher & Duncan，1980；Korenman & Turner，1996；Staiger，1990），这是西方研究者所得出的结论，在国内学者对农民工的研究中也得到了印证（刘林平等，2006）。对此，特德·莫尔提出，"这不是一个可以忽略的问题，如果利用关系对劳动力市场结果在总体上没有影响，那么可能关于劳动力市场的经济学模型可以放心地忽略'嵌入性'——个体之间的联系和关系——而不会削弱它的解释力"（Mouw，2003：868）。

莫尔的确对网络学派的基本思想提出了一个致命的问题，如果人们利用关系网络对他们在劳动力市场的结果没有作用，那么，网络学派的核心概念——嵌入性——就需要重新审视。个人是嵌入关系网络的，他的行为及其后果受到社会结构（具体来说就是关系网络）的深刻影响，如果在劳动力市场上，人们通过关系网络寻找工作但是对工作结果没有影响，那么嵌入性还有什么意义呢？

在中国，农民工是一个惯用人际网络去寻找工作的群体，这一方面是因为劳动力市场信息不充分，另一方面是因为对农民工而言，利用网络寻职能够节省寻职成本（刘林平等，2006）。如果说网络对人们在劳动力市

---

* 本文最初发表于《社会学研究》2008 年第 4 期，署名作者为张春泥、刘林平。

场的结果没有太大影响，那么可否认为使用网络对这一群体而言只是一种制度或文化习惯下的惯性呢？如果不能接受这种说法，进一步研究"内嵌性"与农民工求职效果之间的关系就是有必要的。

一 网络的差异性及其反思

在发表于《美国社会学评论》（*American Sociological Review*）的"社会资本和寻职：关系起作用吗？"一文中，Mouw 提出了上文的问题，他对此提出的猜测性解释是：个体的朋友关系并不是随机获得的，物以类聚，人以群分。"大量的证据显示个体倾向于选择那些与他们类似的人做朋友。如果成功人士偏爱于与其他成功人士交往，那么这种偏好将会使朋友之间的收入和职业地位发生交互作用，甚至是在对劳动力市场结果不起因果作用的情况下也是如此"（Mouw，2003）。那么，对社会资本变量与劳动力市场结果的相关是因果性的还是虚假性的关系，就必须加以判别。

但是仅以这个研究（加上之前的几个研究）就排除了社会资本变量对劳动力市场结果的影响可能是轻率的，甚至可能是"幼稚的"。这一点，Mouw 自己也认识到了（Mouw，2003）。[①] 波茨（Ports A.）曾指出"社会资本的存在先于它可能产生的结果"（波茨，2000），这说明不论社会资本在多大程度上影响了求职效果，其在劳动力市场中的"嵌入性"已成了一个毋庸置疑的事实。个人运用其所拥有的社会网络中的资源能够影响其在劳动力市场中的收益，在林南看来，这是因为个人拥有的资源是有限的，但通过社会网络，就可以利用他人所拥有的资源，尤其是他人所占据的社会位置上的资源，这样，一个人在目的性行动中所能动用的资源就扩大了（林南，2004）。与林南稍有不同，博特不认为网络直接产生资源，他更倾向于把网络看作一种机会渠道，如果没有网络作为渠道，个人所拥有的金融资本和人力资本也许在现实中没有机会大施所长（Burt，1992）。在实证研究中，有关社会资本在寻职中的作用通常被归于地位获得过程的研究范式之中。林南曾回顾了 1981—1998 年近 20 年中对社会资本与地位获得的 31 个重要研究，其中 30 个研究都证实了社会资本动员与

---

① 尽管我批评了劳动力市场结果的社会资本模型，但我也承认认为关系对劳动力市场结果不起作用仍是幼稚的（Mouw，2003）。

地位获得之间的联系（林南，2004）。

由此，莫尔的文章中存在的第一个问题是：仅凭使用关系对求职效果的影响不显著就质疑社会网络的"嵌入性"，这种推断可能是缺乏根据的，在这个问题上，莫尔也许过于乐观地放大了他的结论。但我们在此仅仅指出莫尔的问题仍不能解答他文章中给我们展示的难题：既然人们都说"不是你知道什么而是你认识谁"会对你的求职有帮助，但为何在他的研究中却没有发现使用关系对求职者的工资、职业声望、失业持续期有显著效用呢？类似的，这个难题同样存在于布里奇斯和威伦姆兹在整个雇佣人口中测量使用关系对收入影响的研究中。他们经过逐步合并在性别、职业、工作经验三个维度上的亚群体使用关系的效用，最后发现使用关系在雇佣人口的整体层面上并没有带来收入的提高（Bridges & Willemez，1986）。

其实，我们没必要对以上两个研究中所得出的结论表示惊讶。因为无论是莫尔，还是布里奇斯和威伦姆兹，他们的研究都是企图对网络的整体性效果进行评估，即对所有使用关系的人的劳动力市场结果进行一般性的测量。但这种思路是有问题的。一个简单的逻辑是：每个人身上都贯穿着人际网络，每个人都可以利用自己的网络行动，但使用网络（或关系）的效果是有差异的。由于每个人所拥有的网络的规模和质量上的不同，有的人使用网络可以事半功倍，有的人使用网络没有用，甚至有负作用。综合这些情况，使用网络的整体效果会因为一部分失败地使用网络的情况而削弱，导致在某些情况下可以证实使用网络会带来更好的行动结果、而另一些情况下网络的使用与行动结果之间的联系不显著。由此，我们也许可以更进一步说：不加区分地考察使用关系对求职的效果，或单独考虑网络的整体性效果其实意义并不大。我们的研究并不应该放在测量使用网络在整体上对劳动力市场结果的作用，而应该去区分使用怎样的网络会对求职效果有正面影响，使用怎样的网络对求职效果没有影响。

社会网络理论在某些方面的发展可以看作是不断探究网络差异性的过程。无论是研究网络使用的效果在不同性别、种族、职业人群上的差异，还是探讨强关系和弱关系谁会对求职更有帮助，这些理论的努力都是在寻找网络在不同维度上的差异性对劳动力市场结果的影响。接下来，本文将回顾部分对网络差异性影响劳动力市场结果的研究。为了让回顾更具条理性，我们把个体的网络差异性归纳为三个维度：其一，网络中垂直地位上的差异；其二，网络中不同位置之间联结强度上的差异；其三，网络中水平位置上的差异。这三个维度的区分并非互斥的、绝对的，个体间的网络差异在现实中可以同时体现在这三个维度上，也可以任意体现在其中两个维度上。这三个维度之间也可以相互影响。比如林南、恩赛尔和沃恩于 1981 年在纽约州奥尔巴尼都市地区进行调查时发现，随着人们初始地位的增加，弱关系对寻职的优势相比于强关系会逐渐降低（Lin et al., 1981），这就是人们在网络中垂直地位的差异影响网络联结强度差异效用的例子。接下来，我们将对这三个维度上网络差异性的研究进行回顾。

网络中垂直地位的差异。网络中垂直地位的差异是由社会结构的等级次序所引起的。社会结构由一系列按等级次序排列的位置所组成，占据不同等级的位置对有价值资源的控制力和可获取性是不同的。林南认为，结构在这些资源的可控性和可获取性上呈金字塔状，即，位置越高，其占据者越少，但其占有和控制的重要资源越丰富，积累资源的能力越强（林南，2004）。那么，在一个社会网络中，求职者自身的初始地位、联系人（帮助人）的社会地位的高低会影响求职者是否使用网络和他们使用网络的有效性。一般来说，初始位置较低的人，更倾向于使用网络，因为他们初始位置上所能提供的资源较少，需要通过网络来获得更多的资源。正如过去的研究已经证实了蓝领工人比白领工人更多地使用网络（Corcoran et al., 1980；Marsden, 2001）。如果求职者联系更高位置的帮助人，会得到较好的求职效果（Bian, 1997）。

网络中位置联结的强度。网络的差异性还体现在使用强关系和弱关系的效果上。强关系产生互惠、信任和义务，所以能导致使用他人资源的可能性，这早已在科尔曼等人的著作中得到肯定（Coleman, 1990；林南，2004）。而格兰诺维特却在他那篇《弱关系的力量》中开创性地提出弱关系的作用。格兰诺维特认为强关系中所共享的资源往往是同质的、重复的，而弱关系却可以作为通向"与自己社会距离相去甚远的观点、影响力和信息"的通道（Granovetter, 1973），使用弱关系在求职中会更有效率。"当一个人变换工作，他没有必要从一个网络转移到另一个网络，他只需在两个网络中建立一个联结"（Granovetter, 1973），在这种情况下建立联结就是指建立弱关系。当然，之后又有学者试图找回强关系。边燕杰

1988 年对天津城市居民利用关系寻职进行调查发现，在带有计划经济色彩的天津，强关系更有利于寻职。这首先是因为强关系中包含了义务与责任，更易于传播影响力。在中国，对求职有用的主要不是信息而是影响力，信息只是影响力的"副产品"，即有价值信息的获得首先需要与有影响力（或处在政府中）的人联系（Bian, 1997）。寻职者通常需要通过中间人才能联系更高位置的帮助人，这就需要寻职者与中间人之间、中间人与帮助人之间存在强关系，这样才能使帮助人、中间人有责任为寻职者提供帮助。

网络中水平位置上的差异。网络中水平位置上的差异强调网络中哪些位置更为关键。前面已经提到，网络中两点间垂直地位的差距会造成资源占有的不同，但在同一垂直地位等级中，仍存在水平位置上资源占有的差异。垂直地位的差异强调的是来源于等级位置的权力造成对资源分配的影响力，而水平位置的差异更多地强调对资源的高效占有能够产生权力，从这点来讲，水平位置差异中的权力更多是遵循了交换理论中的权力观。这方面的研究以博特的"结构洞"理论较为著名。博特发现不重叠的联系丛之间存在结构洞，占据洞位置的人能够最有效率地获得信息和资源。一个人的网络中拥有的结构洞越多，其竞争力越强（Burt, 1992）。当然，博特在理论上的努力并不仅仅只有这些，他还用"结构洞"概念覆盖了格兰诺维特的弱关系效用。他发现使用弱关系也有可能获得的是重复的资源，而只要占据一个洞位置，无论是靠弱关系还是强关系联结，都有高效获得资源的优势（Burt, 1992）。博特给我们的一个重要启示是：使用网络的效用在于你拥有一个怎样的网络，使用关系对求职有用与否在于是否求助于正确的人。在博特看来，洞位置便是正确的位置，但他却没有说针对特定的行动目标，我们应该选择哪一个洞位置。在此，我们提出另一种关键位置上的网络差异，即外网络和内网络。

在一个组织化的社会中，特定的目标往往要在具体的组织中实现。如果实现目标所需的信息和影响力能够来自组织内部，那么这些内部信息和影响力对行动而言便更可能是正确、实用和有效的；组织在设立和管理其边界时就会形成针对于自身的内网络，内部信息便在组织的内网络中流动。相对于内网络就出现了外网络。作为组织环境中一部分的外网络也能对组织行为产生影响，但一般而言，从外网络中所获得的信息应该不如内网络中的信息准确，从外网络中获得的帮助应该不如内网络中的帮助实用。

回到求职的问题上，求职中所利用的联系应该分为两种情况：第一，帮助人（或联系人）是企业内部的人；第二，帮助人是企业外的人。根据前面所推导的，如果帮助人是企业内的人，其提供的信息对求职者可能会更有帮助，而且当求职者进入企业以后，内部人可以继续在日后的工作中为求职者提供帮助。如果帮助人是企业外的人，就不一定能为求职者提供有力的帮助，即使外部人能够给企业施加影响，帮助求职者进入企业，但却很难对求职者进入企业后的发展提供及时的帮助。莫尔发现利用网络关系对求职效果没有影响是因为他没有区分联系人的这种性质。的确，通常研究社会资本对寻职的作用往往只是看求职者与帮助人的关系，很少针对帮助人与公司（或企业）的关系进行探讨（Lin et al.，1981）。前面介绍过的林南等人在纽约州奥尔巴尼都市地区的研究曾对帮助人与公司的关系有一些发现，即对目前职业来说，帮助人与公司的关系越强，对求职的效果越好（Lin et al.，1981）。我们可以更进一步推导：如果帮助人就是公司内部成员，求职的效果是否会更好？如果说林南等人的研究已经徘徊在我们的问题的边缘，那费尔南德斯和温伯格对零售银行雇佣的研究发现更让我们为内网络的假设感到乐观。费尔南德斯和温伯格发现如果应聘人得到企业内部员工的推荐，获得面试的机会将比没有推荐人的申请者高45%，而被录用机会也高出22%。费尔南德斯等人将此解释为企业内的推荐人可以同时为求职者提供更真实的企业信息，并同时为雇佣者提供更多难以在简历上表现出来的求职者的信息，而且企业内推荐人可以凭借其经验，事先对求职者进行"筛选"，这样，提高了求职者与其申请岗位之间的匹配程度（Fernandez & Weinberg，1997）。

至此，本文设计了一个新的网络差异性命题：针对要在某组织中实现的特定目标，一个人所使用的网络是否有用，取决于他的网络与该组织的内网络有多大关系。具体分为三种情况：

第一，个人所使用的网络与组织内网络完全重合，则网络的使用最有效；

第二，个人所使用的网络与组织内网络完全分离，则网络的使用效果不显著；

第三，个人所使用的网络与组织内网络部分重合，则网络使用的效果不确定。

对以上命题，我们接下来将在对农民工利用网络求职的研究中转化为具体的假设去验证。

二 研究设计、假设和样本情况

根据网络差异性命题，我们首先有必要将农民工求职中网络的使用方式区分为内网络型和外网络型。内网络型是指农民工寻职中使用的联系人是企业内的成员，包括企业内的工友、主管和老板等；外网络型是指农民工求助于企业外的社会关系，包括亲戚、同乡、同学、企业外的朋友等。内网络型求职和外网络型求职的效果最直接地体现在农民工的工资上。当然，工资并不是测量劳动力市场结果的唯一指标，但在研究农民工问题中是一个比较合适的指标。由于制度和人力资本的限制，绝大多数农民工只能进入比较低端的工作岗位，所以使用职业声望作为求职效果的测量显然不太合适；其次，由于农民工城乡身份的二重性，所以其待业期和在某一工作中停留的时间不仅仅与工作的匹配程度有关，还可能与农业生产、生命事件（如结婚、生育）有关，所以以待业期或在某工作岗位上停留时间的长短来测量求职效果也是有困难的。由此，本文围绕网络使用方式的差异性对农民工工资的影响提出以下假设。

假设1：内网络型求职和外网络型求职分别对农民工工资所产生的影响不同。内网络型求职的农民工使用网络会得到更高的工资；而外网络型求职的农民工使用网络对工资不会产生同样大的影响，甚至没有影响或者负影响。

即：内网络型求职效果＞外网络型求职效果。

假设2：内网络型求职更能体现使用网络的有效性。如果忽略网络的内外差异性，单就是否使用网络来评价求职效果的情况称为一般性使用网络的效果，则有：

内网络型求职效果＞一般性使用网络的效果。

以上两条假设主要是针对内网络型求职的优势提出的。假设1强调内网络型求职相比外网络型求职的优势，假设2强调内网络型求职相比网络整体性效果的优势。以下的两项假设将重点对内网络型求职的内部差异性进行更细致的探讨。

根据我们所能获得的数据资料①，内网络型求职包括获得三类联系人的帮助：工友、主管、企业负责人。这三种联系是可以区分等级的。在一家企业中，通常，工友的地位低于主管的地位，主管的地位低于企业负责人的地位。这三类联系人在企业中垂直地位的差异会决定这三类联系人所拥有的信息质量和影响力大小，从而影响他们帮助求职者的效果。因此提出下面假设。

　　假设3：内网络型求职中，网络中的垂直地位差异性依然起作用。获得企业负责人的帮助，会比获得工友和主管的帮助能够得到更高的工资；获得主管的帮助，会比获得工友的帮助得到更高的工资。
　　即：企业负责人的效用＞主管的效用＞工友的效用。

对工友、主管、企业负责人这三类联系人，个体农民工可以同时获得这三类或其中两类联系人的帮助，也可以只获得其中一种联系人的帮助。林南认为网络的异质性（通过社会关系，自我可及资源的纵向幅度）会影响使用网络的效果（或人力资本回报）。一方面，不同类型的联系人能够在求职过程的不同层次或阶段针对求职者的具体需要提供帮助；另一方面，联系人的类型越丰富，求职者所获得的信息和影响力可能越多样化，求职效果可能越好（林南，2004）。因此，我们提出下面假设。

---

① 根据中山大学社会学系 2006 年对珠三角外来务工人员的调查问卷，测量内网络和外网络所使用的相关问题（部分）是：在现在打工的地方，您觉得有哪些人对您有帮助（注意：如果身份相同则归入前一类，可多选）：

	家人	亲戚	同学	老乡	企业内熟人			企业外的朋友	其他人（请注明）
					工友	主管	企业负责人		
提供信息									
介绍关系									
陪同见工									
直接安排进企业									

假设4：内网络型求职中，网络中联系人类型在数量上的差异性也影响求职效果。通常，同时获得三种联系人帮助的农民工所获得的信息和影响力总量最大、多样性最强，其次是获得任意两种联系人帮助的情况，再次是只有一种联系人帮助的情况。这种影响也会体现在工资差异上。

即：三种联系人帮助的效用 > 两种联系人帮助的效用 > 一种联系人帮助的效用。[①]

本文的研究样本来自中山大学社会学系2006年对珠三角外来务工人员的调查数据。表1对样本的基本情况进行了描述。

表1   **样本基本情况**

年龄 （N = 3084）	15—63 岁 （均值为 27.45 岁，标准差为 8.647）
性别 （N = 3086）	女性占 46.9%；男性占 53.1%
教育程度 （N = 3086）	小学及以下占 18.6%；初中占 51.3%；中专和技校占 11.9%；高中占 15.4%；大专占 2.9%
工龄 （N = 3002）	0—35.92 年 （均值为 5.84 年，标准差为 5.149）
求职途径 （N = 3086）	学校和政府组织劳务流动共占 2.1%；亲友介绍占 57.2%；利用市场寻职 （包括利用劳务市场和中介、网络和广告应聘、企业直招、靠自己）占 39.4%；
目前月平均工资 （N = 3007）	150—5000 元 （均值为 1092.71 元，标准差为 561.808）

---

① 假设4主要为了验证林南（2004）提出的网络异质性对网络使用效果的影响是否在内网络型求职中起作用，以加深对内网络型求职的理解。假设4所强调的是不同类型联系人所携带的不同类型资源和影响力会对求职有帮助，这并不否认假设3中提到的网络达高性（垂直地位）对求职效果的影响。其实，在现实生活中，网络的异质性（联系人的类别数量）和网络的达高性（联系人的垂直地位）会同时对网络使用的效果起作用。这在中国人使用人际网络的一些观念中有所体现，如"现官不如现管"、"找两个副的，不如找一个正的"，等等。正由于网络的达高性作用和异质性作用交织在一起，所以假设4的提法存在一定漏洞，至少没有考虑到单个企业负责人在企业用人决策上的作用可能是"主管 + 工友"这对联系人组合所难以匹敌的。这种情况我们归为假设4的特例，将在文章的第三部分假设检验中予以讨论。

三 假设检验

农民工在找工作中所利用的网络关系类型可分为外网络和内网络两大类。其中外网络中包含子关系类型有：家人、亲戚、同学、老乡、企业外的朋友和其他无法归类的情况；内网络中包含的子关系类型有：工友、主管、企业负责人。如果在问卷填答中出现某联系人同时拥有内网络和外网络中的身份时，则归入外网络。由此所造成的偏差我们会留到后文中探讨。在找工作中农民工从联系人处获得的帮助内容在问卷中分为：提供信息、介绍关系、陪同见工、直接安排进企业。我们对关系类型和帮助内容进行交互分类，具体情况见表2和表3。

表2　找工作过程中使用企业外关系类型的情况（N=3086）　单位：人

帮助内容	使用企业外网络					
	家人	亲戚	同学	老乡	企业外的朋友	其他
提供信息	634	1057	587	1236	549	22
介绍关系	393	861	370	973	398	26
陪同见工	228	396	222	596	199	36
直接安排进企业	121	324	77	274	117	23

表3　找工作过程中使用企业内关系类型的情况（N=3086）　单位：人

帮助内容	使用企业内网络		
	工友	主管	企业负责人
提供信息	595	173	113
介绍关系	377	95	67
陪同见工	221	39	22
直接安排进企业	129	284	314

为了进一步区分外网络和内网络的使用情况，通过分别将使用外网络和内网络中各种子类型的情况合并①，得到表4。从表4中不难看出，在所列举的四项"帮助内容"中，农民工使用企业外网络中各种联系的情况超过了他们使用企业内网络中各种联系的情况。但仅凭这些描述性的结果并不能比较内网络型求职和外网络型求职的作用大小。莫尔在他的研究中曾让被调查者自己评估使用关系的重要性，结果发现自认为使用关系很重要的人并没有因此找到更高工资的工作（Mouw，2003）。类似的逻辑，农民工较少使用企业内网络并不等于内网络型求职的效果不好，也许只是他们很难找到企业内部的联系人。从关系的可及性来说，农民工可求助的企业内熟人的数量相比于更广泛的社会网络中联系人的数量较少，所以使用企业内网络的频数一般较使用外网络的低。

表4 找工作过程中使用内网络和外网络的情况 （N = 3086）

帮助内容	使用企业外网络（%）	使用企业内网络（%）
提供信息	76.9	23.4
介绍关系	65.0	15.6
陪同见工	43.3	8.6
直接安排进企业	25.7	20.5

接下来，我们将用4个OLS模型检验先前提到的4个假设。其中，假设1和假设2是针对内网络型求职的优势提出的，所以都由模型1检验；假设3由模型2检验，针对内网络中联系人垂直地位差异对工资的影响；假设4先由模型3检验，再由模型4修正；针对内网络中联系人类别数量的差异（异质性）对求职效果带来的影响。前两个模型的结果在表5

---

① 合并方式：分别在提供信息、介绍关系、陪同见工、直接安排进企业这四项帮助内容中，如果被访者使用了家人、亲戚、同学、老乡、企业外朋友、其他人其中任意一种关系，则在"使用企业外网络"中记为"1"，反之，记为"0"；在同一项帮助内容中，如果被访者使用了工友、主管或企业负责人其中任意一种关系，则在"使用企业内网络"中记为"1"，反之，记为"0"。在表4中，"使用企业外网络"和"使用企业内网络"的频率正是通过分别统计在整个样本中在"使用企业外网络"上记为"1"和在"使用企业内网络"上记为"1"的情况而得到。所以，根据以上赋值方式，同一个被访者有可能同时使用企业外网络和企业内网络或两者之一。

中展示，后两个模型的结果展示在表 7 中。①

表 5　　内网络型求职优势、内网络联系人垂直地位差异的 OLS 模型检验

自变量	模型 1	模型 2
性别	0.154＊＊	0.153＊＊
	(0.014)	(0.014)
年龄	0.025＊＊	0.026＊＊
	(0.000)	(0.006)
年龄的平方	0.000＊＊	0.000＊＊
	(0.000)	(0.000)
受教育程度	0.129＊＊	0.127＊＊
	(0.007)	(0.007)
工龄	0.036＊＊	0.035＊＊
	(0.004)	(0.004)

---

① 模型公式如下：

模型 1：$\log Y = \beta_0 + \beta_1 X_1 + \beta_2 X_2 + \beta_3 X_2^2 + \beta_4 X_3 + \beta_5 X_4 + \beta_6 X_4^2 + \beta_7 X_5 + \beta_8 X_6 + \beta_9 X_7 + \varepsilon_1$ （其中 Y 表示农民工月平均工资，$\log Y$ 是取其自然对数；β_0 是常数项，ε_1 是残差项，β 表示系数。X_1 表示性别，X_2 表示年龄，X_3 表示受教育程度，X_4 表示工龄；X_5 表示一般性使用网络，X_6 表示使用企业内网络，X_7 表示使用企业外网络）。

模型 2：$\log Y = \alpha_0 + \alpha_1 X_1 + \alpha_2 X_2 + \alpha_3 X_2^2 + \alpha_4 X_3 + \alpha_5 X_4 + \alpha_6 X_4^2 + \alpha_7 X_8 + \alpha_8 X_9 + \alpha_9 X_{10} + \varepsilon_2$ （其中 α_0 是常数项，ε_2 是残差项，α 表示系数。X_8 表示得到工友帮助，X_9 表示得到主管帮助，X_{10} 表示得到企业负责人帮助；X_8、X_9、X_{10} 都是二分变量，取值均为"0"和"1"。Y、X_1、X_2、X_3、X_4 的意义见模型 1）。

模型 3：$\log Y = \delta_0 + \delta_1 X_1 + \delta_2 X_2 + \delta_3 X_2^2 + \delta_4 X_3 + \delta_5 X_4 + \delta_6 X_4^2 + \delta_7 X_{11} + \delta_8 X_{12} + \delta_9 X_{13} + \varepsilon_3$ （其中 δ_0 是常数项，ε_3 是残差项，δ 表示系数。X_{11} 表示只得到一种内网络联系人的帮助，X_{12} 表示同时得到任意两种内网络联系人帮助，X_{13} 表示同时得到三种内网络联系人的帮助；X_{11}、X_{12}、X_{13} 都是二分变量，取值均为"0"和"1"。Y、X_1、X_2、X_3、X_4 的意义见模型 1）。

模型 4（对模型 3 的修正）：$\log Y = \mu_0 + \mu_1 X_1 + \mu_2 X_2 + \mu_3 X_2^2 + \mu_4 X_3 + \mu_5 X_4 + \mu_6 X_4^2 + \mu_7 X_{13} + \mu_8 X_{14} + \mu_9 X_{15} + \mu_{10} X_{16} + \mu_{11} X_{17} + \mu_{12} X_{18} + \mu_{13} X_{19} + \varepsilon_4$ （其中 μ_0 是常数项，ε_4 是残差项，μ 表示系数。X_{14} 表示只得到工友的帮助，X_{15} 表示只得到主管的帮助，X_{16} 表示只得到企业负责人的帮助，X_{17} 表示同时得到工友和主管的帮助，X_{18} 表示同时得到工友和企业负责人的帮助，X_{19} 表示同时得到主管和企业负责人的帮助。X_{14}、X_{15}、X_{16}、X_{17}、X_{18}、X_{19} 都是二分变量，取值均为"0"和"1"。其他参见模型 1 和模型 3）。

自变量	模型1	模型2
工龄的平方	-0.001** (0.000)	-0.001** (0.000)
是否一般性使用了网络	-0.007 (0.042)	—
是否使用了内网络	0.099** (0.014)	—
是否使用了外网络	-0.006 (0.034)	—
得到工友的帮助	—	0.042** (0.016)
得到主管的帮助	—	0.040* (0.019)
得到企业负责人的帮助	—	0.148** (0.020)
常数项（constant）	6.017** (0.083)	6.006** (0.079)
残差平方和	376.066	371.967
自由度	2928	2928
R^2	0.247	0.255
Adjusted R^2	0.245	0.253

因变量：目前月平均工资的自然对数；

注：B 表示非标准化回归系数，Std. Error 表示标准误。* 表示显著度 $p < 0.05$；* * 表示显著度 $p < 0.01$（双尾检验）。

模型1以农民工目前月平均工资的自然对数作为因变量，以性别、年龄（包括年龄的平方）、受教育程度、工龄（包括工龄的平方）、是否在寻找目前工作时一般性地使用过网络、是否使用了企业内网络、是否使用了企业外网络这 7 个变量作为自变量①，进行多元回归分析（结果详见表 5）。其中性别、年龄（包括年龄的平方）、受教育程度和工龄（包括工龄的平方）同时也是控制变量②，意在控制个人特征（年龄、性别）和人力资本（受教育程度、工龄）相关变量的情况下，考察不同的网络使用类型对农民工月平均工资的影响。根据表 5 所展示的非标准化回归系数（B），可以看出，在控制个人特征和人力资本变量的条件下，只有内网络的使用对农民工月工资的影响是显著的，且是正向的（B = 0.099，p < 0.01）。而外网络的使用和网络整体性效果对月工资影响在总体中都不显著。由此，可以证明本文提出的假设 1 和假设 2，即内网络型求职效果强于外网络型求职效果和一般性使用网络的效果，使用网络对求职效果的影响主要体现在与企业内熟人的联系上。前文已经提到，由于问卷填答中把同时拥有内网络和外网络中身份的联系人归入外网络，模型 1 中的系数可能因这种归类方式而有所偏差，但目前看来这种偏差并不影响我们关于内网络型求职优势的结论。如果将既是工友又是亲戚的联系人归为外网络中的"亲戚"类型，这意味着外网络中拥有内部信息和影响力的联系人增

---

　　① 根据过往研究对变量转换的惯例，对工资做取自然对数的变换，使之更符合多元线性回归的条件。在模型中纳入年龄和工龄时应分别加上其平方项，因为通常的情况是：在进入劳动力市场的初期，随着工龄或年龄的增加，劳动者的工资先会有一段上升期，到达一峰值后，逐渐稳定并缓慢下降，一直持续到其退休。通常在考虑工龄或年龄对工资的影响时只用纳入其中之一（或只纳入工龄），因为在一般情况下，劳动者的年龄对工资的影响可以由其工龄来体现，因为他们工龄和年龄两者的变化基本一致。但农民工的工龄和年龄却相当不一：有的农民工是在他们年纪较大时才进城务工，这部分人年龄大但工龄短；有的农民工在他们很年轻的时候就进城务工（尤其是新生代农民工），他们可能在年龄较小时就已经积累了较多的工作经历；由于农业生产等原因，有的农民工进城务工可能是季节性、间歇性的，其工龄的积攒较缓慢；有的女性农民工还可能因婚姻或生育暂时离开劳动力市场。此外，工龄和年龄对农民工所拥有的社会网络的影响是不一致的，工龄的增加有助于农民工发展与工作相关的网络，年龄的增加有助于农民工发展更广泛的社会网络，所以在模型中有必要同时纳入工龄和年龄两个变量。受教育程度分 5 个等级："小学及以下"、"初中"、"中专和技校"、"高中"和"大专"。通常对受教育程度的处理，比较保守的做法是将之处理为几个虚拟变量，但这种做法难以综合地衡量受教育程度作为一个变量对劳动力市场结果的影响，由于受教育程度按"小学及以下"、"初中"、"中专和技校"、"高中"、"大专"这一顺序排列后，对农民工平均月工资的影响基本呈线性，所以将之作为间距变量直接纳入模型。性别是"0"和"1"的二分变量，男性赋值为"1"，以女性为参照类。

　　② 根据谢宇的观点，控制变量必须满足两个条件：一是要与因变量相关，二是要与主要的自变量相关（谢宇，2006）。性别、年龄、受教育程度、工龄都是对工资有重要影响的变量，同时人们使用网络的能力、其拥有网络的质量和规模也都受性别、年龄、受教育程度和工龄的影响。

加了，即提高了外网络中流动的信息和影响力的有效性；反过来，同是这个情况对于内网络意味着受社会义务（如血亲之间的义务）约束同时持有内部信息和影响力的联系人减少了，即减少了内网络的有效性。即使是在这样的情况下，效用已经受到削减的内网络型求职对工资的影响依然显著，而效用可能得到提高的外网络型求职对工资的影响仍不显著，因此，可以认为对联系人分类方式所产生的偏差不足以影响检验假设 1 和假设 2 所得到的结论。

为了对内网络型求职的效果做更深入地探讨，模型 2 和模型 3 分别对假设 3 和假设 4 进行了检验。

模型 2 中同样控制了个人特征变量和人力资本变量，从工友、主管、企业负责人这三类企业内部联系人分别对农民工月工资的影响中不难看出：得到企业负责人帮助（B = 0.148，p < 0.01）对工资的影响高于得到主管（B = 0.040，p < 0.05）和工友的帮助（B = 0.042，p < 0.05）对工资的影响，而在得到主管帮助和得到工友帮助这两者之间对工资的影响差别不大，甚至得到主管帮助对工资的影响更低些。由此说明内网络垂直地位对求职效果的影响在得到企业负责人帮助这一等级上是明显的，而在得到工友帮助和得到主管帮助之间并没有太大差别。所以，先前提出的假设 3 在数据中只得到了部分证明。

若要尝试对数据中所反映的得到工友帮助与得到主管帮助对工资影响差别不大的情况进行解释，应该对得到工友帮助个案和得到主管帮助个案的特征进行比较。本文重点比较了得到工友帮助和得到主管帮助这两个子样本中的工种，如果以数据里工种已有分类中的班组长、领班、管理人员三项作为基层管理岗位，那么得到工友帮助的农民工中，只有 8.4% 的人处于基层管理岗位上，而在得到主管帮助的农民工中，有 10.2% 的人处在基层管理岗位上（具体情况详见表 6）。我们知道，企业主管也包括了一部分处于基层管理岗位上的负责人，林南曾在对网络中垂直地位差异与地位获得的论述中提到，对地位获得起作用的，并不仅仅是联系人的地位，还与联系人跟求职者之间的地位差有关（Lin et al.，1981）。这在我们的研究中可以转述为：如果本身就是主管或者地位接近于主管的农民工在找工作中求助于同样是主管的联系人，也许没有太大作用。不过表 6 中的现象还有另一种可能的解释：只有本身就是主管或者地位接近于主管的农民工才更有可能认识主管层级上的联系人，即又回到了地位相似的人彼此相交的命題上。所以，刚才我们对工友帮助和主管帮助的效用差异的解释还只是推测性的，有待日后其他研究的检验。

表6　　　　得到工友和主管帮助的农民工处于基层管理岗位上的频率

	频率	
	得到工友帮助的个案 （N = 805） %	得到主管帮助的个案 （N = 461） %
班组长	4.2	5.0
领班	3.2	3.7
管理人员	1.0	1.5
三项共计	8.4	10.2

　　值得注意的是，在模型2中，企业负责人的帮助与农民工的平均月工资两者间的相关程度远超过了工友或主管对农民工平均月工资的影响。这一方面证明了内网络纵向地位的高度对求职效果的影响，另一个方面也指出了莫尔文章中存在的错误。首先，莫尔所得出的结论是基于朋友的非随机性获得这一前提假设，即人们总是与自己情况（尤其是人力资本）相似的人结交，所以"一个人的工资和他朋友的工资之间存在正相关，即使他们在劳动力市场中没有提供帮助或协助"（Mouw，2003）。然而，莫尔的前提假设忽略了一个事实：人们在寻职中不一定总求助于与自己情况相似的人。在这里我们并不否认人们交友时"物以类聚"的偏好，但交友的情况有很多种，关系的使用也因不同的行动目标而更具选择性。林南曾指出同质性互动通常满足人们表达性需要（维持资源），异质性互动通常满足人们工具性需要（获得资源）（林南，2004）。莫尔在其研究中曾剔除职业相同的个案，比较剔除前后被调查人和其联系人之间的职业地位相关系数，发现排除相同职业的情况后社会资本的解释力明显降低了。那么，莫尔的发现是否意味着同质性互动也在工具性行动中发挥重要作用呢？其实不然。因为在他看来，这种同质性影响属于人力资本中的"不可见"部分，也可称为"虚假的社会资本"。由此，总结莫尔的思路为：人们总采用同质性互动，是朋友间人力资本的同质性造成了在统计上他们

劳动力市场结果的相关性，这种结果与互动（或关系使用）无关。而在我们的研究中却得到了不同的例证。根据对农民工调查所掌握的数据，在全部个案中有 13.5%（占内网络型求职个案的 33.4%）的人获得了企业负责人的切实帮助。如果说企业内的工友与大多数找工作的农民工同属一个群体，企业的主管很有可能也是从农民工这一群体中提拔，但企业负责人却很少从农民工中诞生。所以，相比于工友和主管，企业负责人最不可能与农民工具有相似性。那么，这种非相似的交往在此就成了不可忽略的事实。在求职中，获得企业负责人帮助的农民工更可能比获得工友或主管帮助的农民工拿到更高的工资。这说明相似性（或同质性）对劳动力市场结果的解释力不如非相似性（异质性）交往的解释力。

模型 3 对假设 4 进行了初步的检验。以农民工目前月平均工资的自然对数为因变量，把前面所提到的个人特征和人力资本变量作为控制变量纳入。从表 7 的模型 3 中可以看出，在个人特征和人力资本变量不变的情况下，同时得到三种联系人帮助的农民工工资（$B = 0.226$，$p < 0.01$）高于同时得到任意两种联系人帮助（$B = 0.117$，$p < 0.01$）和只得到一种联系人帮助（$B = 0.079$，$p < 0.01$）的农民工工资，同时得到两种联系人帮助的农民工工资高于只得到一种联系人帮助的农民工工资。假设 4 似乎因此得到了证实，即若农民工内网络中联系人的种类越多，求职效果越好。但我们必须注意现实中可能存在这样一种情况：求职中同时找工友和主管两个联系人帮忙还比不上只找一个企业负责人帮忙有效。这说明网络异质性假设的成立必须建立在网络垂直地位差异的基础上。通常来讲，得到较多不同类型的联系人帮助会更有利于求职，但仍存在某些类型的联系人对求职效果有更为关键的作用。前面已经讨论过，企业负责人对求职效果的影响远超过工友和主管。而我们的模型 3 中却并没有考虑企业负责人的特殊影响力。所以我们有必要在模型 3 的基础上增加内网络中三种具有垂直地位差异的不同类型联系人的组合，由此得到模型 4。在模型 4 中，只得到一种联系帮助的情况被拆分成三类：只得到工友帮助、只得到主管帮助和只得到企业负责人的帮助；同时得到两种联系人帮助的情况也被拆分成三类：得到工友和主管的帮助、得到工友和企业负责人的帮助、得到主管和企业负责人的帮助；同时得到三种联系人帮助的情况不变（各类组合的频数见表 7）。同样控制个人特征和人力资本变量进行回归分析后，从表 7 模型 4 中我们可以看出，同时得到三种联系人帮助的农民工工资仍然最

高、其次是只获得企业负责人一种联系人帮助的情况，再次才是同时得到两种联系人帮助的各种组合①，最后是只获得工友或主管其中一种联系人帮助的情况。所以，内网络异质性对求职效果的影响是有限的，假设 4 必须同时考虑内网络中不同类型联系人的垂直地位差异。

表 7　　　　　　使用不同类型联系人各种组合的频数及
内网络联系人类别数量差异的 OLS 模型

自变量	频数（N = 3086）	模型 3	模型 4
性别		0.154 * * (0.014)	0.153 * * (0.014)
年龄		0.026 * * (0.006)	0.026 * * (0.006)
年龄的平方		0.000 * * (0.000)	0.000 * * (0.000)
受教育程度		0.128 * * (0.007)	0.128 * * (0.007)
工龄		0.035 * * (0.004)	0.035 * * (0.004)
工龄的平方		− 0.001 * * (0.000)	− 0.001 * * (0.000)
只得到一种联系人帮助	915	0.079 * * (0.015)	—
只得到工友的帮助	506	—	0.048 * * (0.018)
只得到主管的帮助	193	—	0.055 * (0.028)
只得到企业负责人的帮助	216	—	0.173 * * (0.026)

---

①　从表 5 模型 4 的结果中，我们发现只得到企业负责人帮助对农民工工资的效用甚至高于"企业负责人 + 工友"和"企业负责人 + 主管"这两种组合。对此，我们的解释是"企业负责人 + 工友"和"企业负责人 + 主管"这两种组合的个案数相对太少（前者频数为 70，后者为 39，详见表 5），尽管能够通过统计推论的检验，但对真实情况的反映未必十分准确。

续表 7

自变量	频数（N = 3086）	模型 3	模型 4
同时得到任意两种联系人帮助	245	0.117 * * (0.025)	—
得到工友和主管的帮助	136	—	0.089 * * (0.032)
得到工友和企业负责人的帮助	70	—	0.168 * * (0.045)
得到主管和负责企业人的帮助	39	—	0.127 * (0.059)
同时得到三种联系人帮助（工友、主管和企业负责人）	93	0.226 * * (0.039)	0.226 * * (0.039)
常数项（constant）		6.004 * * (0.080)	6.004 * * (0.079)
残差平方和		374.286	371.616
自由度		2928	2937
R^2		0.250	0.256
Adjusted R^2		0.248	0.252

因变量：目前月平均工资的自然对数。

注：①模型中的系数均是非标准化回归系数（B），括号中注明的是标准误（Std. Error）。

②* 表示显著度 $p < 0.05$；* * 表示显著度 $p < 0.01$（双尾检验）。

四　结论与讨论

"网络学派强调差异性问题"（周雪光，2003：129）。人们在社会网络结构中所处的位置差异会影响人的行为，从而影响人的行为效果。如果以功利性的思路来看，人们为了达到目的，能够对自身所处的社会网络进行利用，而网络的差异性有时也是人们竞争中的筹码之一。本文正是对网络在水平位置上差异性中的一种情况提出了命题并对该命题进行检验，即针对要在某组织中实现的特定目标，人们所使用的网络是否有用，取决于其网络与该组织的内网络有多大关系。在对农民工求职效果的影响因素进行研究后发现，尽管网络整体性效果不显著，但内网络型求职的效果是显著的，而外网络型求职的效果是不显著的。这说明农民工在找工作过程中，并不是使用了人际关系网络都能得到很好的效果，关键是要"找对了人"。"找对人"在这里是指能得到企业内成员的帮助。在中国劳动力市场的求职过程中，"找对人"最可能有两种情况，一种是得到工作单位中"内部人"的帮助，本文所探讨的内网络型求职就是这种情况；还有一种情况就是得到了在工作单位之外有权、有影响力的人的帮助，比如说得到政府官员的帮助或社会名人的推荐等。利用内网络的求职优势可以解释为来自组织内部的信息和影响力是重要的，而借助外网络中占有资源控制地位的联系人取得的求职效果可以解释为权力和控制力是重要的。边燕杰对天津城市居民利用关系寻职的研究验证了后一种情况，如果求职者通过中间人接触到了上级主管部门中的联系人（而不是工作单位里的"内部人"），则通过联系人的帮助可以获得较好的工作（边燕杰，1997）。那么，在农民工的研究中，如果一些农民工求助于他们在企业外的网络中较有权势的联系人，另一些农民工求助于企业内网络中的成员，那么哪一种网络使用方式更有效呢？或者说联系人在社会结构中的垂直地位对求职起首要作用，还是内网络型求职更有优势？当然，这已经不是在这一篇文章里能够解决的问题了。但我们认为对这个问题有必要分情况来讨论。边燕杰所调查的1988年的天津，当时劳动力就业还主要是计划性的，行政部门对大多数工作单位有较强的控制力，这种控制力可以影响到工作单位的用人。而随着中国的市场化转型，行政部门对企业、公司的控制在逐渐减弱，加上本文所研究的农民工群体，由于户籍和人力资本的限制，多在地位较低的岗位上就职，即使他们能够在企业外网络中接触行政部门中的联系人，其联系人也未必都能比熟知企业情况的工友、主管和企业负责人给他们带来更好的求职效果。当然，这些解释在此还是假设性的，还有待在日后的经验研究中检验。

除了验证了内网络型求职的优势，我们还探讨了影响内网络型求职效果的一些因素，如内网络中联系人垂直地位的差异对求职效果的影响，以及内网络中不同种类联系人在类别总量上的差异对求职效果的影响，这些结论也是有用的。农民工在求职中若得到企业负责人的帮助,其求职效果会强于得到工友或主管的帮助。在前面已经提到,内网络和外网络间的差异属于网络水平位置的差异,那么对假设 1、假设 2 和假设 3 的验证可以共同理解为在网络中水平位置的差异和垂直地位的差异在农民工求职过程中都起到各自的作用。如果说模型 3 所强调的是农民工所接触的内网络的"质"对他们求职效果的影响,那么假设 4 在某种程度上是对农民工所接触的内网络的"量"进行探讨。假设 4 强调的是联系人类别的总量对内网络型求职效果的影响,因为联系人类型的多样性一定程度上代表了网络的异质性程度。但我们必须承认内网络型求职中,网络垂直地位的差异和网络异质性程度对求职的影响总是交织在一起。经过模型 5 的修正,我们发现农民工求助的内网络联系人类型的多样性对求职效果只起了有限的作用,这种作用同时要受内网络联系人垂直地位的影响。假设 4 中所指的网络的"量"只是联系人种类的数量,而严格地说,网络的量除包含联系人的种类外,还必须包含每个种类下联系人的数量,但由于调查数据的限制,这个工作只能留给其他研究者了。此外,对内网络效用的影响因素还有很多,有待日后的研究去进一步探讨。①

　　本文的研究一直强调内网络在农民工寻职中的作用,却并没有解决为什么在农民工寻职中一般性使用网络和使用外网络从统计结果上看不出作用。是什么因素促成了内网络型求职的效用,换句话说,又是什么因素使一般性使用网络和使用外网络的作用消失?本文的研究所得出的结论是基于农民工调查的数据,有关内网络优势的结论是否可以推广到中国其他阶层的寻职情况,甚至其他社会中的寻职情况呢?这两个问题并非毫不相干。如果能在其他阶层的寻职过程和西方社会的寻职中证明内网络型求职的优势,那么也许能说明,无论中国社会还是西方社会,

---

　　① 同样,对外网络效用的影响因素也有很多。内、外网络之间的差异和网络垂直地位差异之间的关系非常复杂。在本文的修改过程中,我们曾经向林南先生求教。林南先生指出,对外网络的分析也需要加入垂直位置差异上的比较。在本文中,我们研究了内网络中不同地位联系人的差异对求职效果的影响,但由于数据所限,我们并未研究外网络中联系人的垂直地位差异对求职效果的影响,也许得到外网络中处于高位的联系人的帮助也能得到较好的求职效果。网络垂直地位除了联系人地位高低的差异,还包括使用网络者(求职者)与帮助者之间地位高低的差异。如果说我们对农民工使用网络的研究证明了社会中地位较低的求职者使用内网络的优势,那么对于较高地位的求职者,是否他们使用内网络也比使用外网络更有效呢?当然,这已经不是本文所能解决的问题了。

劳动力市场中存在某些因素会为内网络的效用推波助澜。前面已经提到，内网络和外网络的区分首先来自组织的边界。一方面，使用外网络对绝大多数求职者在组织内的待遇（包括工资、晋升、福利等）的影响微乎其微，一种可能的解释是组织内部劳动力市场在一定程度上能抵御外界的干扰。正如前文所述，中国改革开放以来，由于企业自主化的加强，企业在用人（尤其是雇佣非高层管理者）上有了较大的自主权，所以农民工找工时寻求企业内网络成员的帮助才会比寻求其他社会关系帮助更有效。但另一方面，如果使用内网络能带来更好的求职效果，是否可以因此认为组织的非正式结构对组织正式用人制度干扰较大？"非正式结构的出现会给正式结构带来巨大的影响，不仅代替它，而且侵蚀和改变它"（斯格特，2001：55）。人们为组织的运行制定了许多正式制度、设计了许多理性模型，一定程度上正是为了防止组织遭受过多不恰当的人情干扰而走向低效和混乱。但是，人们发现组织中的非正式结构总是存在并起作用，于是人们开始接受其存在，发掘人际网络的诸多好处，甚至试图将社会网络的使用纳入正式的组织规章中，如美国的一些公司将雇员推荐（employee referral）作为用工的正式手段（Fernandez & Weinberg，1997）。但无论怎样为内网络"歌功颂德"，有一点可以肯定：内网络对求职效果的优势正说明了企业内正式用工制度存在某种不足，需要社会关系的运作来弥补，或让人情关系"有机可乘"。反过来说，如果使用网络对劳动力市场结果没有影响，如果同时能排除网络差异性的作用，则最可能的解释是：正式的用工制度和劳动力市场的规范性已经足以让人力资本的作用发挥得淋漓尽致。这一点，无论西方还是中国的劳动力市场都还没有完全达到。我们没有测量过西方劳动力市场中使用内网络的效用，但就中国农民工的劳动力市场的情况来看，许多企业也许缺乏完整的内部用工机制，市场效率机制和正式用工制度在企业内部的作用被人情"消解"或"补充"。如果真是这样，那么可以进而提出两个假设：一是在用工制度或内部劳动力市场越不完善的组织中，内网络越起作用。尽管农民工的调查数据中有关于企业性质和规模的变量，但考虑到中国同一性质和规模的企业在用人制度的完善性上都很可能存在差异，而且农民工由于其工作的高流动性和人力资本的限制难以进入企业内部劳动力市场等问题，所以本研究中并没有考虑内网络的作用是否因企业性质和规模而有差异。二是内网络型求职的优势主要体现为强关系的作用。如果内网络的作用源自人情关系对组织正式用工制度较强的渗透，那么关系越强，使用关系对求职效果的影响越大。以农民工的研究为例，如果农民工在寻职中的联系人同时兼有企业内部成员和亲戚的属性，这种情况下他们的求职效果最好。很可惜，以目前所掌握的数据无法区分出联系人同时兼有内外网络身份的样本，所以在此仅仅是提出了一些猜测。

本文一开始就指出社会关系在劳动力市场中的"嵌入性"是不可否认的。本文研究的目的就是要从探讨网络差异性对求职效果的影响来深化对"嵌入性"概念的认识。所以，在文章最后，让我们回到对"嵌入性"的探讨上。

"嵌入性"的概念最早可追溯到波兰尼对前市场经济和市场经济中经济体制在社会和文化中嵌入情况的比较。他认为前市场经济中，经济体制较多地嵌入社会和文化结构之中，而市场经济中，经济体制较少嵌入社会和文化结构之中，他进而认为市场经济中的"去嵌入化"是危险的，有必要"重新嵌入"（Polanyi，1968）。

1985 年格兰诺维特发表《经济行动与社会结构：内嵌性的问题》一文将"嵌入性"这一概念发扬光大。他主要针对经济学的问题，认为过往对经济行为的解释所存在的两种理论，即"低度社会化"和"过度社会化"都将行动者视为"原子化"的个体，因而忽略了社会网络结构的作用。由此，他指出"有目的的行动是嵌入在具体的、不间断的社会关系系统中"（Granovetter，1985：487）。接着，格兰诺维特把问题集中在经济生活中的信任和欺骗行为，在批判威廉姆森交易成本理论的基础上，他认为社会网络可被视作不同于等级和市场的一种机制，能够产生信任并制约欺骗行为。

到此，关于"嵌入性"实际上就形成了两种思路：一种强调"嵌入性"作为一种现象或机制而存在。在这种思路下，对"嵌入性"的探讨主要集中在两点：第一，经济行为或经济制度嵌入的对象，即经济行为和经济制度在广阔的社会环境中受哪方面非经济因素的影响。祖金和迪玛奇奥将"嵌入性"分成四种形式，即结构的、认知的、政治的和文化的（Zukin、DiMaggio，1990；Uzzi，1997）。这也可以理解为经济行为或经济制度受历史传统、文化环境、更广泛的社会制度和人际网络的制约和影响。第二，社会网络结构的嵌入能够作为一种与市场和等级制并列的机制影响人和组织的行为。在对劳动力市场的分析中，威廉姆森认为等级制在传播雇员信息的能力上优于市场，因为市场中缺乏丰富且共同的评价语言，使在这种情况下作出的判断相当主观。而格兰诺维特认为好的信息并不仅仅在公司内部的等级之中传播，威廉姆森的观点忽视了"广阔而多变的跨公司的社会网络中互动的影响"。因此，在 Granovetter 看来，威廉姆森所认为的那种奖励成就的内部晋升是一种理想型（Granovetter，1985）。类似的，鲍威尔在《既不是市场也不是等级：组织的网络形式》一文中更明确地提出市场、等级和网络是三种不同的组织形式，许多经济组织以网络的方式组织经营获得了诸多益处（Powell，1990）。这种理解"嵌入性"思路最重要的意义在于指出了经济学与社会学的区别，将社会网络结构和其他非经济因素引入对经济现象的分析之中。但这种思路很可能导致一种很不好的研究习惯，即笼统地、抽象地将"嵌入性"作为一种机制应用，在研究中不加区别地探讨"嵌入性"对经济行为有多大影响，而缺乏对"嵌入性"本身更细致的探讨。正如莫尔在其文章中没有区分社会网络嵌入的差异性，所以，当他发现网络整体性效果对寻职不起作用时，就很容易进而质疑"嵌入性"本身的效力。

其实，只将"嵌入性"看成一种机制而忽略其本身的差异性是有违格兰诺维特的本意的。理解"嵌入性"的第二种思路强调嵌入的社会网络结构是具体的、变化的，"人们的行为因其所处的社会关系网络不同而异"（周雪光，2003：120），即"嵌入性"是存在差异性的。这种差异性可以体现为嵌入性的程度，如格兰诺维特对强关系和弱关系的讨论，以及乌泽提出的"欠嵌入"和"过度嵌入"的情况。尽管格兰诺维特在他那篇论述弱关系作用的文章中并没有直接把关系强度和嵌入性的概念相联系，但区分关系强度本身就是对嵌入性程度差异的探讨。如果个人间人际网络的重叠性越高，则关系强度越强，那么个人嵌入关系网络中的程度越高。所导致的结果是人际网络中的异质性信息的减少、个人机遇的减少、个人对网络的依赖性增加和社区整合的难度（Granovetter，1985）。乌泽在组织层面探讨了嵌入性的程度和所带来的矛盾性结果。他发现嵌入性对经济行为可以同时带来正面和负面的影响，组织承受何种影响取决于组织的嵌入性程度。在完全以市场为基础的欠嵌入的情况下，或在完全以亲密关系为基础的过度嵌入的情况下，组织表现会下降；而在同时拥有嵌入联系和不亲密联系（arm's length tie）的情况下，组织表现会更好（Uzzi，1997）。

　　"嵌入性"除了在程度上存在差异外，根据本文的研究，社会网络的"嵌入性"还存在层次上的差异。首先，根据第一种"嵌入性"的思路，人们的行动总是嵌入在一定经济、政治、社会、文化环境之中，这种经济、政治、社会、文化环境影响了特定时空中人们的行动，这构成了"嵌入性"的第一个层次。其次，一定时空背景下人的行动又嵌入在具体的社会网络结构之中。人们彼此之间形成多种多样的人际关系构成了一般意义上最基本的网络结构，每个人都身处其中，但每个人所拥有的部分却是有差异的，也就是说每个人自身所拥有的网络在一般意义上的社会网络结构中嵌入的位置是不同的，其规模和结构也不一样，因此，由互动形成的社会网络结构构成了"嵌入性"的第二个层次。再次，如果与人的行动目标相联系，与目标相关的网络仅是整个社会网络结构中的一部分，但对需要借助人际关系的行动而言，是重要的一部分。当行动越能够嵌入与目标相关的网络中时，人们利用网络实现目标的可能性越高，那么，与行动目标相关的具体社会网络就构成了"嵌入性"的第三个层次。通常来讲，人们的行动同时嵌入这三个层次之中，从第一个层次到第三个层次，人们行动"嵌入"的层次逐渐深入，人们的行动效果越是可能受到具体而特殊的社会关系的影响。之前，我们已经提出并证明了网络的差异性命题，如果求职者的关系网络越能够与企业（公司或工作单位）内部网络重合，就越嵌入与工作相关的网络中，嵌入的层次越深，所嵌入的网络提供的信息相对越有用，利用网络求职的效果就越好。而个人网络与企业内部网络相对分离或较少重合的求职者，其嵌入与工作相关的网络中的层次较浅，利用网络求职的效果也会因此受到限制。

　　所以，在探讨"嵌入性"作用的时候有必要分清在具体目标下行动者嵌入与此相关的网络中的层次性，因为"嵌入性"对劳动力市场的影响会因网络的差异性而不同。Mouw的文章正是由于忽略了嵌入的层次性才无法看到更具体而深入的嵌入是如何对人们使用网络的行动效果产生影响的。"嵌入性"作为一种机制正是通过层次上和程度上的差异性而起作用，一旦忽略了网络的差异性，对"嵌入性"的探讨就很可能是笼统而抽象的。

参考文献：

1. 波茨·亚力山德罗（Ports A.）：《社会资本：现代社会学中的缘起和应用》，杨雪冬译，李惠斌、杨雪冬主编：《社会资本与社会发展》，社会科学文献出版社2000年版。

2. 刘林平、万向东、张永宏："制度短缺与劳工短缺——'民工荒'问题研究"，《中国工业经济》2006年第8期。

3. W. 理查德·斯格特：《组织理论：理性、自然和开放系统》，黄洋、李霞、申薇、席侃译，华夏出版社2001年版。

4. 谢宇：《社会学方法与定量研究》，社会科学文献出版社2006年版。

5. 周雪光：《组织社会学十讲》，社会科学文献出版社2003年版。

6. Bian Yanjie, 1997, "Bringing Strong Ties Back In: Indirect Connection, Bridge, and Job Search in China", *American Sociological Review*, 62.

7. Bian Yanjie & Soon Ang, 1997, "Guanxi Networks and Job Mobility in China and Singapore", *Social Forces*, 75 (3).

8. Bridges, William P., Wayne J. Villemez, 1986, "Informal Hiring and Income in the Labor Market", *American Sociological Review*, 51.

9. Burt, Ronald S., 1992, *Structural Holes: the social structural of competition*, Harvard University Press, Cambridge, Massachusetts, and London, England.

10. Coleman, James S., 1990, *Foundation of Social Theory*, Cambridge: The Belknap Press of Harvard University Press.

11. Corcoran, Mary, Linda Datcher & Gerg Duncan, 1980, "Information and Influence Networks in Labor Markets", in G. J. Duncan & J. N. Morgan (eds.) *Five Thousand American families: Patterns of Economic Progress*, MI: Institute for Social Research.

12. Fernandez, Roberto M. & Nancy Weinberg, 1997, "Sifting and Sorting: Personal Contacts and Hiring in a Retail Bank", *American Sociological Review*, 62.

13. Granovetter, Mark, 1973, "The Strength of Weak Ties", *American Journal of Sociology*, 78.

14. Granovetter, Mark, 1974, *Getting a Job: A Study of Contacts and Careers*, Havard University Press.

15. Granovetter, Mark, 1995, *Getting a Job (Second edition)*, Chicago: University of Chicago Press.

16. Granovetter, Mark, 1985, "Economic Action and Social Structure: The Problem of Embeddedness", *The American Journal of Sociology*, 91.

17. Koreman, Sanders & Susan C. Tuner, 1996, "Employment Contacts and Minori-

ty - White Wage Difference", *Industrial Relations*, 35.

18. Lin, Nan, Walter M. Ensel, John C. Vanghn, 1981, "Social Resources and Strength of Ties: Structural Factors in Occupational Status Attainment", *American Sociological Review*, 46.

19. Marsden, Peter V. , 2001, "Interpersonal Ties, Social Capital, and Employer Staffing Practices", in N. Lin, K. S. Cook& R. Burt (eds.), *Social Capital : Theory and Research*, NY: Aldine de Gruyter.

20. Mouw, Ted, 2003, "Social Capital and Finding a job: Do Contacts Matter?" *American Sociological Review*, 68.

21. Polanyi, Karl, 1968, *Primitive, Archaic and Modern Economies: Essays of karl Polanyi*, (ed.) by George Dalton, Boston: Beacon Press.

22. Powell, Water W, 1990, "Neither Market Nor Hierarchy: Network Forms of Organizations", in Barry M. Staw & Larry L. (ed.), *Research in Organizational Behavior*, 12. CT: JAI Press.

23. Staiger, Doug, 1990, *The Effect of Connections on the Wages and Mobility of Young Workers*, Cambridge, MA: The MIT Press.

24. Uzzi, Brian, 1997, "Social Structure and Competition in Interfirm Networks: The Paradox of Embeddedness", *Administrative Science Quarterly*, 42.

25. Zukin, Sharon & Paul DiMaggio, 1990, *Structures of Capital : The Social Organization of the Economy* , New York: Cambridge University Press.

行为趋同与去污名化[*]

——卖淫行为的"合法性"获得研究

一 问题提出、调查过程和卖淫女群体特征

长期以来，"世界上最古老的专业"——卖淫一直被认为主要是妇女的罪行，妇女从娼基本上是非自愿性的，是无奈和被迫的，甚至是偏差的或自我作践的行为。一些社会科学家（包括社会学家）认为妓女是"堕落的女人"、"坏女人"，当然是"婊子"，她们在道德领域通常是负面价值的代名词（何春蕤，2002；宁瘾斌，2002）。在很多女权主义者眼中，她们习惯于将卖淫女性当做受害者的角色，把妇女卖淫当做一种被压迫和不公平的现象，通常女性卖淫是男性中心的性意识形态使然（林芳玫，1998；黄淑玲，1998、2001）。

从1990年代至今，我国关于卖淫女的一些研究多是将女性卖淫行为置于社会治安和社会控制的角度来进行，研究者要么认为女性卖淫是一种谋利行为（佟新，1995；王金玲等，1998；裴谕新，2000；蔡一平，2001），要么是社会转型时期道德失范导致女性的心理特征和价值观念变化所致（朱勇，1994；佟新，1995，张纯俐，1998）或行为偏差（谭深，1994；吕昌莉，1995；于慎鸿、孙伟英，1998；肖毅，1999）。在"卖淫

---

* 本文最初以英文题为"Behavioral Convergence and Destigmatization ：A Study on the ‘Legitimization’ of Prostitution"发表于 *Chinese Sociology and Anthropology* Spring 2009/VOL. 41 ，NO. 3 ，署名作者为刘林平、李超海。

有罪"的法律制度背景下，卖淫通常被视为危害社会秩序和社会稳定的非法行为而要受到惩处或谴责。

近些年来，学术界关于女性卖淫行为的研究慢慢出现了分化，与采用社会管理和社会控制视角的研究不同，当前社会学界关于性、小姐的研究开始多元化，研究方法和研究手段也有了较大的改进。李银河主张在我国现有的不以卖淫为刑事犯罪的法律基础上，进一步实现卖淫行为的非罪化（李银河，2000）。黄盈盈和潘绥铭通过对东北地区劳动力市场中女性性工作者的实地研究指出，下岗女工进入性产业依赖"友关系"，从下岗女工到性工作者是一种职业平移（黄盈盈、潘绥铭，2003）。后来，潘绥铭从"民间情理"的角度提出修改"禁娼法"，将"禁娼"改为"隔开"（潘绥铭，2005）。在多元化的实证研究视角下，关于卖淫的研究有了较大的进步，可这些研究仍然是描述性的，未能从理论上进一步深入。

然而，妓女受害者形象和结构性视角的研究，虽然可以解释不同个体的卖淫女性的行为选择，但却无法很好地说明，为何在正式制度严格控制下，农村地区还不断有女性加入性工作者队伍？换句话说，为什么会有越来越多的农村女性进城以后会不约而同从娼呢？这种职业选择的趋同性和一致性难道是非法行为和受害者形象理论可以解释的吗？卖淫行为在城市一定规模的聚集，至少可以表明从娼在一定的范围和一定的群体里面是被认可的，内含有某种"合法性"，这些问题都值得我们进一步思考和研究。

为了解和分析农村卖淫妇女如何自下而上地建构她们行为的合法性认知，以及她们怎样在行动中具体操作的，我们从2005年11月到2006年2月，先后在珠三角地区的广州、深圳、佛山、惠州等城市找到了25位卖淫女，通过对她们的访谈，我们不仅了解了她们的群体构成和成员特点，而且大致掌握了她们的工作规律和生活状况。

由于卖淫女是一个比较特殊的社会群体，再加上她们的身份和职业的特点，我们很难在公开的场合找到愿意接受我们访问的个案，因此，我们的被调查对象主要通过以下两种途径获得：第一，通过熟人的介绍，这些熟人都是研究人员通过自己的私人关系找到的诸如同乡、朋友之类的人，并且这些人多数从事过或正在从事与性产业相关的工作，因此，凡是通过私人关系网络找到的卖淫女都能信任和配合我们，并大致能提供真实信息；第二，我们还在 S 市公安局"收教所"找到了一部分卖淫女，这部分人由于各种原因目前正在接受集中教育，我们的访问是在教育场所进行的。

在调查过程中，课题组成员按照"一对一"的方式对被调查者进行访问，在访问过程中运用录音笔记录被访者的所有谈话，并且在事后及时对录音资料进行整理，所有的访谈资料用作论文写作的时候尽量使用第一人称的口语化语言，从而在文字和文本上保证所获得信息的真实和可信。

总之，通过课题组成员的共同努力，再加上政府相关部门的支持，我们总共成功地收集了 25 位卖淫女个案，通过对她们访谈资料的分析，发现这种底层的卖淫女群体具有很多共同点，具体可以总结如下：

（1）大多数卖淫女来自欠发达的农村地区，并且在家乡很难获得工作机会，因贫困和生存困难而卖淫的比例较多。大多数的卖淫女来自农村地区，由于家庭困难、生活遭遇、性格特点等原因造成教育中断而过早步入社会，再加上她们自身的受教育程度不高、技术技能素质较差，因此很难在城市的工厂和企业中获得高薪工作岗位，大多数人往往在工厂和企业的流水线上工作，工作强度大，工作时间长，待遇差。

（2）大多数卖淫女都有在正规部门工作的经历，比如在工厂当工人、在服务行业从事服务工作，然后因为各种因素主动或被动进入性产业成为卖淫女。现实情况表明：服务业从业经历能间接促使外来女工转变为卖淫女，底层的生活经历使得很多农村女性自愿成为卖淫女。此外，具有与性相关的职业"习得"经历、较长时间的相关行业接触过程，以及长期接受其他性工作者的"培训"和引导的外来女性，比较容易经过职业缓冲而进入性产业的相关领域。

（3）卖淫女在生活方式、价值追求、生理特征、社会交往等方面都有自己的特点，她们是一个复杂的人群聚合体。物质诉求是很多性工作者外出的基本目的，金钱至上、身体是赚钱的资本等是卖淫女的基本观念；性工作者的工作时间自由但与普通人的作息时间颠倒，她们一般会有独特的服饰与化妆，很多卖淫女给人的感觉生理年龄与心理年龄严重不对称；性工作者是性病及各种性传播疾病的高发群体，性传播疾病的预防意识和治疗防护措施不足；进城的卖淫女经常会遭受公司、鸡头、妈咪等多重剥削，自己获利有限，有时人身自由还会受到限制。

（4）服饰成为进城卖淫女区分职业与身份的工具性符号。服饰或者说穿着，成为人们职业展示和地位区分的符号。卖淫女针对不同场合有不同的服饰和穿着安排，但是她们的这种穿着安排都有特定的意义和隐含：主要不是她们个人品位味和社会阶层的展示，而是她们用来区分工作场合和生活场合的工具性标志。

二　合法性与卖淫：文献回顾与思考

当聚集性卖淫行为成为一种较为普遍的社会现象并且是不少农村女性的共同选择时，卖淫已经具有自己的"合法性"了，即它不具备法律和正式制度上的合法性，但是却被许多农村女性以及她们的家人、朋友、老乡等认为是可以接受的职业选择，他（她）们在社会期待、价值观念和舆论评价等方面对此都有所认同。另一方面，大多数的卖淫已经不再是被迫的，也可能不完全是卖淫女社会弱势的体现，而是她们的主动选择，尤其是越来越多的后进城的农村女性会有意识地复制和模仿先来者的行为。因此，我们认为卖淫在一定范围里已经成为广为接受的"合法性"行为。由此，我们必须探讨卖淫行为的合法性问题。

"合法性"（legality/legitimacy）是一个内涵非常复杂的概念，政治学、法学和社会学对此都有研究。在韦伯看来，任何社会关系中的社会行动，"都要受到行动者自己对于合法性秩序和信念的支配"（韦伯，1968）。政治学家 S. M. 李普塞、G. A. 阿尔蒙德在继承韦伯研究的基础上探讨了政治系统的合法性及其政治权力如何被社会公众认可的问题（S. M. Lipset，1959；阿尔蒙德，1987）。

在组织社会学里，解释组织行为和个体选择趋同的"合法性机制"（Legitimacy）是指，当社会的法律制度、社会规范、文化观念或某种特定的组织形式被"广为接受"（taken‐for‐granted）后，就成为规范人的行为的观念力量，能够诱使或迫使组织采纳与这种共享观念相符的组织结构和制度。"合法性机制"强调的是，组织的结构和行为不仅仅是技术需要的产物，而且受到制度环境（特别是社会的共享观念）的制约与规范，对个体来说，合法性机制迫使个人不得不接受制度环境建构起来的具有合法性的形式和做法（周雪光，2003）。

具体到卖淫行为的合法性来说，何春蕤指出，表面上来看，卖淫女性在性产业中处于无力自主或反抗的境地，但实际上，很多性工作者早在这样一个缺乏善意的场域中发展出自主的力量和能动性，她们甚至能够主动在卖淫工作场域中创造出某些形式的"专业操演"和论述建构，并重新打造有关性工作者的文化想象（何春蕤，2002）。在何春蕤眼里，台湾公娼们围绕"性"作为女性的一种"工作权利"展开，为本地女"性"拓展了文化想象，并且卖淫女在自我描述上把性当成"工作"，甚至当成"专业"，是卖淫女采取的一种积极介入，争取自身合法性和重塑女"性"的策略，这种做法通常有利于卖淫女在社会中的存在。

宁应斌运用马克思的商品论和戈夫曼的互动理论阐释了性工作是在怎样的知识和权力操作下被建构成独特的工作以及在现代社会中卖淫女性如何在"顾客"面前自我呈现来维护自我的边界和性工作的例行化（宁应斌，2002、2004）。在他看来，从人类历史来看，任何一种新商品或新劳务出现时，总是会使很多人觉得新鲜、奇怪或恐惧，也常常会有该商品劳务是否正当合法的争议，性工作或者卖淫女的出现也不例外。通常，每个社会制定的规则和限制构成了商品的正当性或合法性，而卖淫女一般会建构出自己的调适方式，她们的卖淫生活会形成一种共享意义的偏差次文化，在社会管理者的背后以一种背离社会规范的方式产生具有共同经验和共同故事的"共通性"，这种"共通性"最终形成了"性工作者是一类人种"的共识（宁应斌，2002）。

因此，卖淫合法化，换句话来说就是性工作为何不能造成卖淫女出卖自我与异化，宁应斌认为，卖淫女性生存的基础是"陌生人社会"的现代社会，现代人际互动的规则与技巧、多重社会领域、现代组织的管理与规训等都为卖淫女性在与人性交之后仍然能够保持自我匿名的因素，因此，这种现代都市社会里的卖淫女性不仅能够超越婚姻家庭框架，更加能够发展成为一种家庭之外的工作职业而在现代社会里存在（宁应斌，2004）。

不论是伦理社会还是法制社会，人们总是会寻求对自己行为（包括偏差行为、越轨行为）的合法性解释，并且人们一般会从"大多数人原理"中获得对自己行为选择的解释，这种合法性解释不但可以支撑人们现在行为的"合法化"，而且可以吸引更多的人追求这类行为。因此，我们抛开法律合法性、政治合法性而从自下而上的内生视角来分析诸如卖淫等现象的合法性时，就会发现卖淫女性往往建构了一套关于卖淫行为合法性认知的"地方性知识"。那么，卖淫女又是如何建构或获取其行为的合法性的呢？本文试图利用调查访问资料来加以探讨。

三 卖淫行为的合法性获得分析

总之，通过对我们调查获得的卖淫女个案的分析，我们发现，农村妇女进城的卖淫行为可以被视为一种集体行动，这种集体行动可以从共同观点、爱好、情感等非正式关系的角度去研究，我们可以将这种集体行动归结为一种非正式的组织，它自发形成，没有正式的结构，没有等级，边界模糊不清，它对个体的影响比正式组织还要大（Erhard Friedberg, 1997）。在这里，集体行为作为一种非正式组织的行为，人们的行为如何受到这种无形的组织（或集体行为）的影响呢？下面，我们从三个方面进行分析。

（一）合法性的社会环境：全球工厂就业体制和同情心机制

全球化带来了东南沿海地区快速的工业化和城市化进程，在形成了大规模的生产和商品市场的同时，也由于劳动力的家庭分割和工厂就业的用人体制，形成了跨地区和跨国界的性产业市场，一方面是外来投资者和伴随着外来投资出现的企业管理阶层，及受外来投资影响的本地人，他们构成了中、高端性市场的消费主体；另一方面是数量巨大的、聚居在工厂宿舍的外来工群体，他们构成了低端性市场的性需求主体。与此同时，农村女性大规模涌入城市，成为性产业的强大后备军。

1. 全球工厂就业体制

全球工厂就业体制的第一个影响是造成农村居民对城市及城市生活方式的崇拜和向往。随着全球化不断渗透和我国工业化程度不断发展，中国逐渐成为世界最大的加工工厂，越来越多的农村劳动力进入城市成为工厂的劳动主体。从20世纪90年代初期开始，包括农村女性在内的剩余劳动力持续地来往于城乡之间，工厂就业体制的出现彻底改变了农村人口对生存方式的单一化理解。生存方式的多样化必然会导致评估职业标准的多元化，尤其在全球化背景下，人们会认可和赞扬和城市化相关的一切行为，在城市工作意味着能够赚钱，而农村耕作只不过是基本的生存满足。

　　毕业后，最初是在老家找工作，找的工作都不怎么如意，赚的钱也不是很多，后来就到广东这边来了，这边机会较多，好赚钱。(深圳——四川卖淫女)[①]

　　在农村生活过得很平淡，觉得南方应该很好，没有北方那么冷，想出来闯一闯，主要想出来找一份与自己专业对口的工作赚钱。(深圳——辽宁卖淫女 1)

　　调查结果显示，农村卖淫女性无一例外地表示进城的目的就是赚钱，并且都认为城市工作机会多，老家在她们眼里与城市有着天壤之别。卖淫女对城市和农村的定位很大程度是中国经济逐渐卷入全球化这一客观事实在她们头脑中的反映，伴随着全球化的发展和城市工业的扩张，城市才会成为她们心目中"充满就业机会"的圣地。

　　第二个影响就是劳动力的性别分割。与以家庭成员劳动分工的小农经济不同，工厂就业体制的一个重要特点就是劳动空间和居住空间彻底分离开来(任焰、潘毅，2006)。工厂宿舍通常按照性别区隔和单一性别集中居住的形式形成一种性别化的雇佣形态(Briton, Mary C., 1993)。企业青睐雇佣单一性别劳动力，很少有提供夫妻宿舍的工厂，这样，异性共处的机会被工厂就业体制人为割断。庞大的男性外来工的基本性需求不能通过工厂宿舍得到有效解决，但必然要通过一定的途径释放，这样必然形成巨大的性需求市场。

　　第三个影响就是性观念的社会建构。卖淫行为的合法化实际上就是社会文化和观念舆论所建构产生的，这种社会期待将"卖淫行为"等同于理所当然的生存方式和赚钱手段。进城农妇并不天然就是卖淫女，她们的性观念并非一成不变，其实，她们的性观念和性评价存在着"城乡差别"。很多人在农村社区从不表露自己的卖淫女身份，她们非常在意熟人对自己的评价，她们的卖淫场域仅局限在城市，因此，她们具有两套性观

---

　　① 本文所引用的卖淫女的话都来自于万向东副教授主持的中山大学二期"985"项目课题组所做的访谈调查的记录。

念逻辑和性行为表征：在乡下，她们是良家妇女；在城市，她们是卖淫女。这两套截然不同的性逻辑根源于城乡的时空分离以及外来工在工厂就业体制中的不稳定。

第四个影响是恶劣的生产条件将外来工从工厂中"驱赶"出来，另寻就业门路。生活条件和工作条件恶劣，这是很多打工妹进入性产业的重要前提。一方面，工厂工作收入低，劳动强度大，工作环境差，很容易引起打工妹对生活的失望和工厂就业的不满；另一方面，工厂工作将打工妹置于都市消费浪潮中，消费主义、拜金主义、享乐主义很容易引起她们价值观念的变化。因此，工作的辛苦和消费欲望的膨胀二者之间的矛盾最终会改变很多打工妹的行为选择。很多被工厂工作"驱赶"出来的打工妹在城市消费主义影响下很容易进入工作轻松、收入较高的性工作。

全球化过程中，外来工的职业选择大大拓宽，他（她）们可以轻易地在城市实现就业，但是工厂就业体制却人为地将劳动力性别进行区隔，外来工的家庭需求和生理需求不能得到满足，单一性别就业体制人为制造出庞大的性市场；另一方面，外来工在城市工作的短期性和不确定性引起很多女工性观念的重构，工厂工作的辛苦和缺乏发展机会使得打工妹对工厂工作存在不同程度的"失望"，在城市消费主义和拜金主义的影响下，她们很容易形成新的性观念逻辑和性行为选择。可见，全球化和工厂就业体制构成农村女性卖淫行为的基本制度背景和生活化场景。

2. 同情心机制

斯密在《道德情操论》中指出，同情心是一种心理体验能力，即能站在对方的角度，通过"想象"来感受别人情感的能力，是在置换或位移体验意义上的"同一种心境"，不全是日常意义上的怜悯和怜惜，而是指"同感"（斯密，1997）。可见，同情心作为人类的一种普遍情感，很多的判断需要"同情"来实现，人们通过对他人处境的主体移情式体验从而对其行为选择表现出认可、赞成和支持的态度和立场。

在当前中国，城乡二元社会结构的存在，相对于城市的快速发展，农村呈现出整体凋敝的景象；另一方面，伴随着全球工厂就业体制不断渗透和扩张，越来越多的外来工（包括农村女性）被卷入城市的"血汗工厂"

工作。这样，农村女性从农村进入城市并在城市生活、工作的时候，通常会面临两种苦难的社会情境。

第一是农村社会的贫穷生活。我们在调查中发现，很多卖淫女离开农村来到城市打工，要么因为家庭贫困、父母无力继续供养读书，要么家庭变故无法维持正常的生活，要么夫妻关系不和、家庭破裂，等等，总的来说，她们在农村的处境普遍比较悲惨。

> 我出生在农村，家里很穷，家庭人口多，哥哥小学没有毕业，姐姐没有读过书，家里没有种田，父母连基本的生活费都成问题。（深圳——福建卖淫女）

> 我家人口比较多，家里也很穷，读完小学后家里就拿不出钱供我继续上学。我妈妈也没办法，那时候我姐姐也辍学了。小学毕业后，在家里呆了一年，没有什么事情做，也赚不到钱。（东莞——甘肃卖淫女）

第二是城市工厂的苦难生活。从农村进入城市，在很多农村女性看来理应是她们生活改善和获得人生发展的重要契机，但是，工厂就业体制并没有给她们带来好处，相反，很多人在城市打工中遭遇到了各种各样的不公平和不合理的对待，如工资低、工作环境差、劳动强度大、超时加班、企业故意拖欠工资，等等。因此，在很多有过打工经历的卖淫女眼中，城市"血汗工厂"的打工生活不亚于农村的苦难生活。

> 2004年在东莞高埗镇的一个鞋厂工作，月工资在800—900元之间，工作非常辛苦，经常十分劳累，生活枯燥，在厂里每天上班，吃饭，睡觉，又上班。（深圳——贵州卖淫女）

> 我来深圳的第一份工作是在深圳横港的一个印刷厂做装订工人，月工资600块，厂里制度严格，生活不自由，自己视力又不好，经常出错，一出错就会受罚，经常要加班。（深圳——陕西卖淫女）

> 我的第一份工作是在一家鞋厂做工人，月工资800元，工作非常

辛苦，通常会加班到晚上 10 点，有时甚至会加班到晚上 12 点。（深圳——湖南卖淫女）

　　长期以来的城乡分割，农村生活的贫困落后已广为人知，对于农村生活的苦难一般人都深有同感。近年来，随着媒体报道的深入和广泛，外来工在城市苦难的打工生活也渐渐地被人们知晓，越来越多的外来人口的悲惨生活深深印在社会大众心中。因此，当农村女性在城市成为性工作者后，她们在日常生活中跟别人谈起她在农村和城市的双重苦难生活时，人们往往会同情她们的遭遇，并且设身处地从她们的角度考虑她们的遭遇，这样即便她们靠卖淫为生，社会大众中相当多的人也非但不会责备反而会在情感上有所认同。

　　一旦大众的同情心机制起作用，卖淫女受到的舆论责备和道德压力便会大大降低，这样，外界对于她们行为选择的"合法性"评价会在整个社会扩散，卖淫女心中的负罪感也会随之降低。显然，社会舆论的宽松和个体罪感意识的淡化会进一步坚定卖淫女对自己行为的"合法性"认知。

　　可见，写卖淫女利用自己遭受的农村生活和城市打工生活的双重苦难来为自己的行为寻求合法性理由时，社会大众往往出于同情弱者的心理作用，即便对她们的不合乎法律的行为也会采取移情体验的"自我替代"从而认可她们的选择。因此，社会大众的同情心机制也是越来越多农村卖淫女获得自身行为合法性的舆论背景。

（二）　合法性的形式获得：卖淫行为的去污名化

　　在主流意识形态、法律制度和传统文化中不具合法性的卖淫行为，卖淫女自身是怎样看待的，她们是通过什么方式建构卖淫行为的形式合法性呢？社会大众的同情心机制只不过因为同情农村女性的苦难遭遇而认同她们的行为选择，但并没有明确表示"卖淫是合法的"，可见，在卖淫女性群体内部，她们必然存在一套关于卖淫行为合法性的话语体系或者是对卖淫行为的去污名化运作机制。

　　以前，人们看待和评价卖淫行为或者谈论卖淫女性时，大多数都是站在"他者"的立场，比如政府管理人员、政策研究者、社会大众等，这时评价卖淫行为的话语权掌握在国家、新闻媒体和社会大众手中，卖淫女此时是沉默的，她们对卖淫行为的看法更多受到"他者"的影响和控制。

随着时间的推移，卖淫行为的利润大、工作轻松、投入少逐渐被很多缺少人力资本和社会资本的农村女性知晓并慢慢扩散开来，发展成"理性神话"并被广大农村女性互相传播和模仿。我们在调查中也发现，与高强度的工厂工作相比，卖淫行为的高赢利能力的确吸引了很多的农村女性的眼球。

> 我进了发廊以后，平均一天有七八个客人，一次 130 元，台费 30 元，包吃包住，与工厂生活相比，发廊的生活比较自由，大概工作了半年的时间，在深圳一共挣了有七八万。（深圳——贵州卖淫女）

> 在夜总会的上班时间不固定，如果客人是开房间，一次可以挣 250 元到 300 元，其中交领班 50 元，客人最多的一次曾给了 600 元，我进来后的第一个月挣了七八千。（深圳——河南卖淫女）

> 离开超市后我就干起了这一行，一般我在家里等电话，电话一来告诉我去哪个酒店哪个房间，都不远，都是附近的酒店，很多时候一天可以赚一千多块钱的。（深圳——湖南卖淫女）

可见，至少与流水线工作相比较，卖淫所得到的经济回报数倍于工厂工作。这样一来，在利益刺激下，越来越多的农村女性开始主动选择卖淫行为作为自己在城市谋生的方式，而此时，她们自己也慢慢建构起看待卖淫行为的主体价值观。

1. 一般性话语：卖淫是无奈的和被迫的，是社会环境使然

实地调查的结果显示，当农村卖淫女性谈到自己为什么进入性产业时，一般的回答都是诸如"自己出来做都是被逼无奈"、"因为生活所迫才出来做"、"其实我也不愿意，不过没办法"之类的。在她们眼里，选择卖淫是没有办法的办法，是社会环境迫使自己这么做的。在城市里面，她们把卖淫当做一种赚钱的方式，作为自己在城市的生存手段，甚至可以说是自己适应城市生活的应对策略。

> 我家是贵州农村的，出来做这种事情也没有办法，在深圳很难找到好工作，学历比不过别人，只好跟厂里面的一个小妹进了发廊。（惠州——贵州卖淫女）

与局外人视角不同，卖淫女看待卖淫行为的视角具有明显的"外在化"归因特点。在她们看来，自己很难进入正规就业部门工作，而工厂就业的工资太低，自己的选择是外在的社会环境和就业体制造成的，责任不在自己，即使自己的选择是非法的，那也不是自己的错。另外，卖淫女的主体意识开始复苏，她们在如何看待卖淫行为上具有了一定的发言权，并不完全受制于外在的舆论和观念。在她们眼里，卖淫的对错与否不在于个体如何选择，而在于国家、社会是否给自己提供了机会。因此，她们觉得自己选择卖淫是一种无奈和被迫，是社会制度和社会环境影响的结果。

2. 个体选择的正当性辩护：卖淫是利他的、自我牺牲的，是个人为家庭作牺牲

卖淫女一方面将自己的选择看作是社会环境造成的；另一方面，她们还将卖淫视为一种自我牺牲、具有利他主义特点的道德行为。从卖淫行为的利益分配上来看，卖淫女发觉，转移卖淫行为的受益者可以获得人们道义上的认可和支持。

> 我家里有父母，一个哥哥，一个姐姐，都住在农村，生活很困难，还有一个上大学的弟弟。刚开始在工厂上班，工资太低，为了给家里多寄钱，为了供养弟弟读书，被朋友介绍到发廊工作。（佛山——贵州卖淫女）

不可否认，很多由工厂打工的农村女性改行做"小姐"的一个重要原因是无法忍受工厂的苦难生活。但是，当她们谈及为什么选择卖淫时，她们往往将这种利己行为转化为利他行为，用自己行为的功能来解释自己选择行为的原因。在她们看来，卖淫不是自己贪图享受，也不是好逸恶劳，而是为了父母生活得更好，为了供养自己的弟弟妹妹读书。可以说，卖淫女性将自己的行为选择与家庭责任联系起来后，就能够为

卖淫行为的正当性获得道义支持和正面评价，从而实现了卖淫行为去污名化和合法化。

（三）合法性行动的实现：模仿

进城的农村妇女在是否进入性产业时面临着双重压力：一方面是社会环境的不确定性，另一方面是受熟人共同体群体压力的影响。在不确定性和群体压力的双重作用下，很多农村女性会自觉不自觉地模仿那些通过卖淫赚钱的农村妇女。

1. 周围人群的影响

卖淫行为的合法化过程就是卖淫不断地被模仿和复制的过程，这种复制过程其实就是一种大众模仿，是人们不断接受周围人群都认可的行为和做法。在调查中，我们发现，卖淫女的普遍心态就是别人都这样大把地赚钱，为什么我不可以呢？可见，周围群体潜移默化的影响是十分明显的。

> 我第一次做时有点害怕，看到其他姐妹也这样做，自己也就习惯了。（深圳——福建卖淫女）

> 刚到休闲会所工作没几天，看到其他的女孩都大把大把地挣钱，很奇怪，问问周围的女孩子，知道是做性交易得来的。慢慢地，受着周围人的潜移默化的影响，一个多月后，我也开始做了。（深圳——辽宁卖淫女2）

2. 网络支持：熟人的认可和支持

一些卖淫女觉得她们可以养家糊口、发家致富，这样她们就可以得到家人和亲朋的支持与认可。

> 我把卖淫赚来的钱交给男朋友，心里有一种优越感，感觉自己养着男朋友。……我在半年时间里赚的钱全部都交给了男朋友。（深圳——辽宁卖淫女1）

> 我出来比较早，一开始也进过工厂，后来进了发廊学洗头。我和

我老公就是在发廊里上班的时候认识的。……我在发廊上班，用我赚的钱来养他以及小孩。（东莞——重庆卖淫女）

（四）合法性的层次：个体、群体和社会

卖淫行为的合法性获得表明，任何社会成员都有追求自己的行为被社会大众认可的本能，而一旦社会大众对某种行为形成共享观念，个体就可以轻易地获得社会大众的理解和支持。通常情况下，从事同质性工作的群体成员最容易达成共识和产生共享思维，这种共识和共享思维会慢慢地向社会扩散，从而影响社会大众对个体行为的判断和评价。

就卖淫行为的合法性来说，卖淫女自身、卖淫女群体及其相关人员、社会大众依据的观念逻辑显然不尽相同，虽然他（她）们都认为卖淫行为是"合法"的。

从个体层次来说，卖淫女表示自己的选择都是有苦衷的、被逼的和无奈的，有人由于自己家庭贫困、家庭人口过多导致生活困难才进入这个行业；有人因为父母生病需要钱治疗，或者弟弟妹妹没有钱读书，只有出来出卖身体；有人则说婚姻关系不协调，与丈夫离婚后为了孩子和生活才卖淫；有人表示在工厂生活十分艰难，工资低、劳动强度大，经常要加班，自己实在无法忍受才出来做这种事情……总之，卖淫女性总是可以为自己的行为找到合法性依据，即便是她们的主动选择，她们也会将自己的行为选择与农村和城市打工的苦难生活联系起来，从而为自己的行为寻求辩护，以降低社会压力和道德谴责。可见，在她们眼中，卖淫是社会环境使然，自己选择卖淫是一种利他行为。

从卖淫女群体来说，她们之所以从娼是因为"看到周围的人都这样，自己慢慢也就这样了"。有人表示在同一个夜总会上班，看到其他卖淫女可以大把赚钱，自己受她们影响不知不觉地就走上了这条路；有人说自己周围的很多老乡和朋友都在干这种事情，自己如果不干的话有压力，没办法，只好跟着做了；也有人回答说家人都不同程度地支持甚至引导自己去卖淫，周围的人都这样想并且这样做，也就觉得无所谓了……可见，周围人群的观念变迁及其行为示范对进城的农村女性影响很大。虽然群体的选择并不一定绝对正确，可一旦在群体内部得到扩散就很容易被其他成员所仿效，尤其是中国社会中长期以来存在"法不责众"的观念。在这里，卖淫是社会成员之间相互模仿的结果，自己选择卖淫不过是与群体成员保

持一致。

从社会大众来说，卖淫行为被社会大众理解和接受并不表明这种行为就是合乎法律和道德的，这里存在两种可能：一是人类普世价值的影响，任何人都有追求幸福和选择改变不利处境的权利，也即追求成功是人类的基本人权。只不过卖淫女选择了一种比较特殊的方式来达到改变农村苦难生活和城市弱势的处境，这种追求幸福的手段目前虽不被国家的法律和制度认可与接受，但在当前城乡差距日益扩大和农村社会不断凋敝的形势下，农民在缺乏其他机会的情况下为了生存作出这样的选择似乎能够被社会大众所理解。二是社会大众的同情心机制，社会大众在本质上是同情弱者的，当很多农村女性无法忍受农村的贫困生活，而她们进城后也无法忍受城市"血汗工厂"的恶劣生活时，她们所受的苦难和所处的弱势地位往往能够博得社会大众的同情，对于她们的行为选择即使是卖淫，人们都会抱同情和理解的态度，因为她们是迫不得已的。这样就形成"卖淫行为是行动者追求幸福的手段和途径，而幸福和成功是社会成员的基本人权"的理论。当然，这样的逻辑其实是有问题的，但是，一般来说，人们不会深究。

不管怎样，从个体、群体到社会，卖淫者自有为自己行为辩护的理由，这种辩护，实质上就是给予自己行为一个合法性的理由。

四　结论

结合实地访谈资料，本文主要分析了农村女性卖淫行为的合法性获得过程，从个体的卖淫行为发展为群体性的集体外出卖淫现象，并逐渐演变成一定范围里农村女性的共同行为，卖淫在一定范围里和一定程度上发展成为一种"广为接受"的事实，具有某种程度的"合法性"。

我们的分析表明，卖淫行为的合法性获得与去污名化是同时进行的，去污名化的过程就是合法性获得的过程。通过分析卖淫女的合法性获得过程，我们可以得出以下基本结论：

单一性别的全球工厂就业体制人为制造出庞大的性市场，巨大的性需求客观上刺激了卖淫女的出现；但是人类普遍的同情心形成了对卖淫者苦难生活的认可与理解，这无形中会大大降低她们的舆论责备和道德压力，并进一步减轻心中的负罪感。因此，这种社会舆论的宽松和个体负罪感的淡化会坚定卖淫女对自己行为的"合法性"认知，这种舆论观念的扩散进而形成了卖淫合法化的社会环境。

卖淫行为的去污名化过程是通过对个体行为选择的正当性辩护和话语权的控制来实现的，在这个过程中，卖淫行为获得了形式的合法性。在卖淫女看来，卖淫不仅是她们为了家庭利益而作出的一种自我牺牲，是一种利他行为，同时她们作出这种选择也是被迫和无奈的，是社会环境使然。

在集体进城打工的女工群体中，人们总是在不断模仿他人赚钱的行为，某种程度上，卖淫行为的扩散是通过相互之间模仿而形成的，在卖淫者看来，卖淫尽管是一种违反伦理和法律的赢利行为，但是，大家都在做，就没有什么了，群体成员的互相仿效，降低了外在压力，而且可以感受群体网络的支持和帮助，相反，不选择卖淫反而会感受到群体的压力。

总之，卖淫行为的合法性获得过程既是卖淫女自身的主观认同，又是卖淫女群体的相互模仿和集体认可，也是社会大众的同情心作用和普世价值使然。这种个体、群体和社会总体的共同作用，最终造就了不同层次的主体对卖淫女行为合法性的看法和评价。

参考文献：

1. 艾华、李银河："关于女性主义的对话"，《社会学研究》2001 年第 4 期。

2. 阿尔蒙德：《比较政治学：体系、过程和政策》，上海译文出版社 1987 年版。

3. 蔡一平："并非荒谬的存在——'存在于荒谬——中国地下"性产业"考察'简评"，《妇女研究论丛》1992 年第 2 期。

4. 何春蕤："认同的体现：打造跨性别"，《台湾社会研究季刊》2002 年第 46 期。

5. 黄淑玲：《思索台湾色情政策：研究、运动、女权主义》，"性别、心理及文化——本土女性主义的开展"科技学术研讨会发表论文，淡江大学 2001 年。

6. 黄淑玲："本地妇运哪堪'反色情'"，《骚动》1998 年第 5 期。

7. 黄盈盈、潘绥铭："中国东北地区劳动力市场中的女性性工作者"，《社会学研究》2003 年第 3 期。

8. 李银河："卖淫非罪化"，《人民公安》2000 年第 18 期。

9. 林芳玫："当代台湾妇运的认同政治：以公娼存废为例"，《中外文学》1998 年第 27 期。

10. 吕昌莉："浅析卖淫嫖娼行为屡禁不止的社会因素"，《北京人民警察学院学报》1995 年第 5 期。

11. 宁应斌："性工作与现代性：现代自我的社会条件"，《台湾社会研究季刊》2004 年第 53 期。

12. 宁应斌："性工作是否为'工作'？——马克思的商品论与性工作的社会建构论"，《台湾社会研究季刊》2002 年第 46 期。

13. 潘绥铭："修改'禁娼法'已当其时"，《学习月刊》2005 年第 8 期。

14. 裴谕新："女性卖淫行为的特征研究"，《中华女子学院山东分院学报》2000 年第 1 期。

15. 任焰、潘毅："跨国劳动过程的空间政治：全球化时代的宿舍劳动体制"，《社会学研究》2006 年第 4 期。

16. 斯密：《道德情操论》，蒋自强、钦北愚等译，商务印书馆 1997 年版。

17. 佟新："女性违法犯罪问题初探"，《社会学研究》1995 年第 5 期。

18. 谭深：《妇女与性别研究的理论推进》，1994 年，http：//www. sociology. cass. cn。

19. 王金玲：《误入歧途的女人——中国大陆卖淫妇女透视》，江苏人民出版社 1998 年版。

20. 韦伯：《经济与社会》，商务印书馆 1968 年版。

21. 肖毅："谈卖淫嫖娼的社会原因及治理"，《当代法学》1999 年第 5 期。

22. 于慎鸿、孙伟英："农村女性卖淫罪错现象浅析"，《河南政法干部管理学院学报》1998 年第 3 期。

23. 张纯俐："我国卖淫嫖娼的发展态势、原因及对策研究"，《警学研究》1998 年第 1 期。

24. 周雪光：《组织社会学十讲》，社会科学文献出版社 2003 年版。

25. 朱勇："'三陪'女郎"，《青少年犯罪问题》1994 年第 3 期。

26. Briton，Mary C.，1993，*Women and the Economic Mircle：Gender and Worker in Postwar Japan*，California：University of California Press.

27. Erhard Friedberg［法］，Emoretta Yang（译），1997，*Local Orders Dynamics of Organization Action.*

28. S. M. Lipset，1959，"Some Social Requisites of Democracy：Economic Development and Political Legitimacy"，*American Political Science*，53.

制度合法性压力与劳动合同签订[*]

——对珠三角农民工劳动合同的定量研究

一　研究背景和文献回顾

企业劳动关系的实质是一种契约关系，而建立和维持这种契约关系的基本形式和主要手段就是签订劳动合同，尤其是书面劳动合同的订立，明确了劳动者和用人单位双方的权利义务，对劳动者的劳动权益保障具有重要意义。

但从现实来看，由于城镇新增人口就业、农村富余劳动力转移就业等因素并存，我国劳动力市场长期处于供大于求的基本格局，造成了劳资关系严重不对等。2004 年全国抽样调查数据显示，劳动合同平均签订率并不高，特别是建筑业、餐饮服务业的签订率只有 40% 左右。而农民工劳动合同签订率在 30% 左右，中小型非公有制企业签订率不到 20%（杨柳，2006）。法律意义上劳动权的无保障，被认为是导致农民工群体权益受损的重要表现和原因之一。而新劳动合同法的出台，又使得农民工劳动合同问题再一次凸现出来。

学术界直接针对农民工合同问题的实证研究不多。已有的研究主要从以下几个视角展开：从组织社会学角度，提出企业性质、企业规模、企业所在行业对农民工是否签订正式的劳动合同有不同程度的影响（刘林平、郭志坚，2004；刘辉、周慧文，2007）；从劳资双方力量对比和农民工劳

---

　　*　本文最初发表于《中山大学学报》（社会科学版）2010 年第 1 期，署名作者为刘林平、陈小娟。

动特点的角度，认为"在强资本弱劳动的总体格局下，用人单位不愿与农民工签订劳动合同是劳动合同缺失的根本原因"，同时也有一些其他的原因如"农民工大都缺乏相关技能、行为习惯相对散漫，达不到劳动合同规定的标准和要求"，"一部分农民打工具有季节性、短期性特征，无法签订时间稍长的劳动合同"，"部分农民工抱有跳槽的意愿，不希望受到劳动合同的制约"等（雷佑新、雷红，2005）；从社会网络的角度，认为不同地区和不同类型的企业劳动契约实施机制有很大差异，在正式制度不完善的情况下，非正式制度和关系网络在实施劳动契约的过程中起到了很大的作用（郑莜婷、王珺，2006）；从农民工自身权利意识的角度，认为农民工权利意识差，而雇主的强权和维权成本过高，抑制了农民工的维权要求和意识（刘东，2006）；从劳动合约建立和执行过程的关系对比角度，提出国家劳动法规与实际执行的非对称、劳动契约中用工企业与农民工劳动权利的非对称、农民工与用工单位的信息不对称性，构成当今中国新型工业化进程中农民工劳动合约问题的关键（郑英隆、王勇，2008）；等等。

劳动合同的研究视角涉及经济学、组织理论和社会学等学科，但在具体分析中，研究者多采用了单一分析视角且未进行清晰归类，只突出影响因素的某一方面，而未对合同问题做出综合分析。因此，本文基于珠三角农民工问卷调查数据，整合以上研究视角，实证检验影响农民工劳动合同签订的因素，比较不同变量内涵的解释意义，探讨其决定机制，并回应现存有关合同问题的争议，分析签订劳动合同对于农民工的重要意义。

合同首先是一个经济学议题。从经济学角度来看，企业是一个遵循利益最大化和交易成本最小化的经济体。劳动合同的签订只有促成这两方面的实现才是可能的和有效率的。那么依据市场的效率机制逻辑，企业将和那些能最大限度创造效益和降低交易成本的劳动者签订合同，由此提出本文的一组市场效率机制的假设。

假设1：农民工的人力资本越高，岗位匹配程度越好，越可能创造多的经济效益，企业越可能与其签订劳动合同。

假设2：农民换工次数越多，越可能增加企业劳动力流动成本，企业就越不可能与其签订劳动合同。

组织理论认为，企业作为一种组织要同时面对着两种不同的环境：技术环境和制度环境。技术环境要求组织服从"效率"机制；制度环境要求组织服从"合法性"机制，采用那些在制度环境下"广为接受"的组织形式和做法，而不管这些形式和做法对组织内部运作是否有效率（周雪光，2003）。由于不同企业面临制度环境时的压力是不同的，距离主导制度环境近的企业（如国有企业）比距离远的企业（如私有企业）制度合法性压力更大；规模越大的企业制度合法性压力越大。由此，我们推导出制度的合法性机制假设。

假设3：国有企业和外资企业农民工签订合同的比例要高于私营企业。

假设4：企业规模越大，越可能与农民工签订劳动合同。

在社会学视角下，劳动合同所体现的劳动关系是社会关系的重要构成，因此合同问题是嵌入社会关系之中的。在本研究中，我们认为，网络与合同关系的研究内容包含两个方面：一是考察网络起不起作用，即农民工拥有的社会网络是否对签订劳动合同起作用；二是考察什么网络起作用。从网络构成和功能的角度，本文区分出了普通关系网络（农民工拥有的普通朋友和老乡）和特殊关系网络（农民工与企业管理人员和老板之间存在朋友关系），情感性网络（同乡会）和工具性网络（工会）。中国不是一个公私分明的团体格局社会，有特殊关系网络意味着在企业内存在上下级之间产生庇护关系的可能，由于老板和管理人员既掌握着资源，又具有分配资源的权力，所以，这样的关系网络有可能增加农民工劳动合同签订的可能。而从网络的功能来看，参加工会意味着扩大了交往网络，但这主要是工具性的，工会存在的主旨就是维护工人的权益，因此在农民工劳动合同签订上可能起到积极作用。由此，推出本文的网络人情机制假设。

假设5：在本企业，有老板朋友的农民工，签订劳动合同的可能性更大。

假设6：参加工会的农民工，劳动合同签订的可能性更大。

以上研究假设的提出，综合了文献中的已有研究思路，并对自变量代表的解释机制做了明确区分。下文将应用数据，通过统计模型的建立，对各变量的显著性和解释力进行检验。

二 数据与模型

（一）数据来源及一般情况描述

本文所使用的数据来源于2008年广东省普通高校人文社会科学重点研究基地重大项目"流动与权益——珠三角农民工的追踪研究"课题组对珠三角地区农民工进行的问卷调查。该调查以珠三角城市外来人口比例作为样本分配依据，着重控制了行业、性别和地区分布3个指标，共发放问卷2576份，回收有效问卷2510份，有效回收率为97.44%。其中农业户口2072人，占调查对象的82.9%。为了与2006年的农民工调查数据进行对比，本文仅对其中户籍为农业人口的样本进行分析。回归分析中所用变量的描述性统计见表1：

表1　　　　　　　　　回归分析中所用变量的描述性统计

项　　目	类　别	样本量(人)	比例(%)	项　　目	类　别	样本量(人)	比例(%)
企业规模	100人以下	751	36.92	劳动合同	没有签订	867	41.86
	100—999人	789	38.79		签订	1204	58.14
	1000人以上	494	24.29	最低工资标准	不符合	548	27.54
					符合	1442	72.46
产业	第一产业	61	2.96	劳动法的认知	熟悉和很熟悉	173	8.36
	第二产业	1581	76.82		一般	791	38.23
	第三产业	416	20.21		不熟悉、不知道	1105	53.41
企业性质	国有企业	113	5.53	工资支付方式	月薪制	754	36.41
	集体企业	33	1.61		计件	339	16.37
	私有企业	951	46.50		计时	514	24.82
	外资企业	502	24.55		提成	228	11.01
	个体与其他	446	21.81		按天计算	109	5.26
工种	生产工、其他普工与服务人员	1360	65.99	企业一般好友	没有	711	38.06

续表1

项 目	类 别	样本量(人)	比例(%)	项 目	类 别	样本量(人)	比例(%)
	技工	540	26.20		有	1157	61.94
	企业管理人员	129	6.26	企业老板朋友	没有	1635	93.43
	其他	32	1.55		有	115	6.57
工会	没有参加	1942	93.91	同乡会	没有参加	1977	95.55
	参加	126	6.09		参加	92	4.45

注：百分比依据有效样本计算。

问卷询问了有关劳动合同签订的情况，相关的问题包括是否签订劳动合同，是否参与合同内容的协商，合同的期限、类型、签订或不签订的原因，对合同的满意度和评价等。

调查结果显示，2008年的被调查者中，58.14%的农民工签订了劳动合同，签订率较2006年的调查结果提高了15.37%，说明新劳动合同法的出台大幅提升了劳动合同的签订率。对签订者，问卷询问了在合同签订过程中是否参与了内容协商，令人遗憾的是，近69.69%的人给出了否定的答案。《劳动合同法》在总则中明确规定，"在制定涉及劳动者切身利益的规章制度或者重大事项时，应与职工平等协商确定"。"劳动合同的订立，应当遵循合法、公平、平等自愿、协商一致、诚实信用的原则。"可见该原则在执行过程中并未得到很好的落实，劳动合同大多成为了由企业制定、职工签字的单方协议。

所签合同中有973份为固定期限合同，占签订总数的82.46%。其中固定期限合同签订的年限平均为1.56年。所签合同类型以个人合同为主，集体合同只占13.88%，且只有57.94%的人自己保管了一份合同。对所签合同的评价中，回答比较满意和非常满意的比例占46.22%，回答可以接受以上程度的比例占70%以上，说明调查对象对所签劳动合同的评价大部分是正向的。

在没有签订合同的原因中，82.48%的被调查者回答主要是企业没有和他们签，并且有92.13%的人对此情况并未采取任何行动。在采取行动的小部分人中，有2.33%的人是个人找企业反映；1.9%的人是集体找企业反映；0.15%的人是找工会；0.15%的人是向政府有关部门投诉；

0.58%的人是通过私人关系找企业协商；2.77%的人采取了其他行动。由此可见，在劳动者权益保护问题上政府是缺位的，大多数人遇到侵权问题要么保持沉默，要么无处伸张。在自己不想与企业签合同的情况中，不想受到企业束缚的占35.45%；认为反正签了没用的占11.11%；大家都不签，所以我也不签的占7.41%；和老板关系好，签了反而生分的占15.34%；互相信任，不用签的占21.16%；其他原因占9.52%。将这些原因进行归纳，自由、人情和信任因素占到了自己不愿与企业签合同原因的七成以上。

因此，问卷调查数据结果显示，农民工劳动合同签订比例不到60%，但所签合同以固定期限为主。在劳动合同签订上企业掌握着绝对主导权。

（二）模型设定及变量选择

根据我们的理论假设，本文的研究目的分为两个方面，一是研究影响劳动合同签订的因素；二是检验签订劳动合同对农民工的权益保障所起的作用。由于工资是农民工权益最重要的表现形式之一，所以，我们以合同是否对农民工月工资数额及其工资是否符合最低工资标准起作用，来检验劳动合同对农民工权益保障的作用。基于此，本文的模型设定如下：

1. 是否签订劳动合同的 logistic 模型

为了对影响农民工劳动合同签订各层次变量的解释机制进行区分和对比，本文建构了农民工劳动合同签订的人力资本模型（模型1）、社会资本模型（模型2）和企业制度模型（综合模型3）三个嵌套模型。

三个模型均以"是否签订劳动合同"为因变量。在人力资本模型中，以教育年限、是否有证书、是否参加培训、本企业工龄、法律认知和换工次数为自变量；在社会资本模型中，控制模型1中的所有变量，自变量中加入一般好友、上司好友、是否参加同乡会和是否参加工会四个社会资本变量；而企业制度模型则在控制社会资本模型中所有变量的前提下，加入工种、企业性质、企业规模和产业四个变量表示企业制度。

由于因变量"是否签订劳动合同"是二分变量，所以本文采用了Logistic 二元回归模型进行分析。

2. 工资模型和是否符合最低工资标准模型

依据经典的工资研究模型和国内学者研究得出的农民工工资决定模型

（刘林平、张春泥，2007），本文建构了农民工工资和是否符合最低工资标准两个模型，判断劳动合同是否对农民工以收入为基础的权益保障起作用。模型的因变量分别为农民工月平均收入的对数、是否符合最低工资标准；模型自变量包括农民工人口学特征、人力资本、社会资本、企业制度和工资支付方式以及主要检验变量——是否签订劳动合同。前一个模型将使用 regression 分析方法，后一个模型仍将使用 Logistic 分析方法（因变量是二分变量）。

综上，本文的因变量有三组：是否签订劳动合同、月平均收入的对数、是否符合最低工资标准。自变量包含个体和企业两个层次。个体层次由人力资本和社会资本变量构成，分别体现出市场的效率机制和网络（关系）的人情机制；而企业层次变量则体现出制度的合法性机制。

三 实证结果及分析

本部分对前文设定的模型进行实证检验，并对结果进行分析，所使用的分析软件为 stata 9.0。

（一）影响劳动合同签订的因素

对模型 1、2、3 的实证检验结果见表 2。

三个嵌套模型解释力的横向比较结果显示，企业制度层次变量是影响农民工劳动合同签订的主要解释变量。在模型 1 中，将个人特征作为前置控制变量，纳入的 6 个人力资本变量有 5 个通过显著性检验。该模型的解释力（Pseudo R2）为 8.44%；在模型 2 中继续纳入的 4 个社会资本变量中，仅有参加工会变量系数通过了显著性检验。模型中其他变量的显著性未发生改变，仅系数有微小变动。该模型的解释力为 8.39%，即社会资本层次变量的纳入并未提高模型解释力；模型 3 在模型 2 的基础上，加入企业结构性制度变量，其中工种、性质、规模和产业变量中有部分系数值通过显著性检验。模型 2 中教育、换工次数和参加工会变量显著性消失，但模型解释力却显著增加，提高到 27.31%。因此，由模型结果可见，人力资本和企业制度是影响农民工劳动合同签订的主要解释变量。

表 2 是否签订劳动合同的 logistic 模型结果

	模型 1		模型 2		模型 3	
	Coef.	S. E	Coef.	S. E	Coef.	S. E
个人特征						
性别	−0.0726	0.102	−0.0341	0.117	0.237*	0.139
年龄	0.115***	0.0386	0.101**	0.0447	0.0613	0.0522
年龄^2	−0.002***	0.00059	−0.002***	0.00069	−0.00121	0.0008
人力资本						
教育	0.0961***	0.0227	0.0747***	0.0261	0.0322	0.0311
证书数	0.0319	0.133	−0.059	0.15	0.0862	0.179
培训	0.735***	0.114	0.742***	0.131	0.582***	0.155
本企业工龄	0.142***	0.0411	0.152***	0.0509	0.145**	0.0591
本企业工龄^2	−0.007***	0.0028	−0.009**	0.004	−0.008*	0.004
对劳动法的熟悉程度（以不熟悉、不知道为参照）						
一般	0.620***	0.106	0.638***	0.12	0.624***	0.142
熟悉、很熟悉	0.676***	0.191	0.776***	0.223	0.730***	0.254
换工次数	−0.0391**	0.0153	−0.0397**	0.018	−0.0313	0.0215
社会资本						
一般好友			−0.0836	0.114	−0.0824	0.134
上司朋友			0.237	0.238	0.403	0.276
同乡会			0.00552	0.263	−0.0923	0.307
工会			0.783***	0.277	0.367	0.324
企业制度						
工种（以生产工、其他普工和服务员为参照）						
技工					−0.344**	0.156
管理人员					0.341	0.312

续表2

	模型1		模型2		模型3	
	Coef.	S. E	Coef.	S. E	Coef.	S. E
工种（以生产工、其他普工和服务员为参照）						
其他					-0.117	0.54
企业性质（以国有企业为参照）						
集体企业					-0.878	0.594
私有企业					-1.001***	0.337
外资企业					0.495	0.372
个体户与其他					-0.960***	0.351
企业规模（以100人以下为参照）						
100—999人					1.238***	0.146
1000人以上					2.119***	0.214
产业（以第一产业为参照）						
第二产					0.891**	0.449
第三产					0.71	0.46
常数项	-2.515***	0.613	-2.118***	0.71	-2.335**	0.971
PseudoR^2	0.0844		0.0839		0.2731	
Log likelihood	-1237		-941.2		-726.1	
自由度	11		15		26	
样本量	1992		1521		1480	

注：***$p<0.01$，**$p<0.05$，*<0.1，表3同。

对综合模型3的统计结果分析以及假设检验可得：

第一，控制其他变量，农民工参加培训、本企业工龄和法律认知是影响劳动合同签订的人力资本变量。

参加过培训的农民工，签订劳动合同的发生比增加了78.9%。本企业工龄每增加一年，签订劳动合同的发生比提高15.7%。对《劳动法》

的认知程度越高就越可能签订劳动合同。但农民工每换工一次，签订劳动合同发生比下降3%。

本企业工龄越长，表明工人在该企业内工作经验越丰富。尽管农民工在大多数企业缺乏内部晋升机会，但在某企业中工作时间较长、工作经验较丰富的农民工还是能比新手更可能签到劳动合同。同时，从模型结果中年龄和本企业工龄平方的系数值为负来看，它们对劳动合同签订的影响是一条下拱的曲线，或者说是呈倒 U 型的。这是因为农民工多从事低端工作，他们在很短的时期内就能积累到工作所需的一定熟练程度的经验，之后再增加的劳动时间并不能帮助他们有效提高可以产生收益的工作经验（刘林平、张春泥，2007）。同时，一系列现存制度障碍使得农民工群体的工龄得不到企业承认，不具有累积效应。因此，工龄和年龄的增长没有必然带来工作保障性的增强。

换工反映了职业流动，在西方理论中它代表了工作选择和职业匹配（Jovanovic，1979），因此流动会带来工资的增加。但由于农民工群体主要分布在低端劳动力市场，工作具有强可替换性，因此，对他们而言，换工在更多意义上是地理空间的平行流动而非向上的职业匹配。人员的流动和更新增加了企业招聘雇佣成本，这种不稳定的预期使企业担心对工人培训会因劳动力的迅速流动得不到相应的回报，从而减少或者不愿对工人进行技能培训，这在很大程度上制约了企业和工人的发展。因此，从企业方面而言，工人流动具有负面作用，不利于稳定劳动关系的建立。

模型结果充分支持了市场的效率机制假设 1（人力资本越高者越可能与企业签订劳动合同）。假设 2（农民换工次数越多，企业就越不可能与其签订劳动合同），虽然得到了数据支持，但未通过系数显著性检验。这基本说明在农民工的劳动合同签订上，市场的效率机制是起作用的，农民工可以通过提高人力资本，增加职业稳定性来增加签订劳动合同的可能性。

第二，企业规模是最显著影响农民工劳动合同签订的企业制度变量。

在企业制度层次变量中，技术工人相比普工签订合同的发生比下降29.1%，且系数通过显著性检验。对此我们的解释是，技术工人本来应该是受企业青睐、是企业愿意建立稳定劳动关系的对象，但调查数据中农民工不愿意签订合同原因与工种的交互分类结果显示，其中有22%的技工是自己不愿意与企业签订劳动合同的，该比率高出普工6%。这表明技工具有较高的人力资本，不愿意受到合同约束在一家企业内固定下来。这一点提示我们，劳资双方之间的互动关系是复杂的，以什么样的方式留住企业所需人才是值得思考的。

从企业性质来看，在私有企业和其他性质企业（股份公司、个体户、非企业和其他）就业者相比国有企业就业者签订合同的发生比均降低了60%以上，且系数通过了显著性检验。其中在外资企业就业者签订合同的发生比增加了64%，高于国有企业签订情况，是几种企业性质中签订情况最好的企业，但该系数未通过显著性检验。因此，该数据在较大程度上支持了制度合法性机制假设3：国有企业和外资企业农民工签订合同的比例要高于私营企业。

伴随企业规模从百人以下增加到千人以内和千人以上，签订合同的发生比分别增加了2.5倍和7.3倍。假设4（规模越大的企业，越可能签订劳动合同）得到数据支持并通过显著性检验。

究其原因，首先，企业规模越大，科层化管理的需求就越强烈，企业管理的制度化要求提高，签订劳动合同是制度化管理的重要手段之一。其次，大企业承担着更多来自政府和社会的合法性压力。他们既置身于政府的严密监管之下，同时又高度依赖政府的各项政策决议，两者的紧密互动使得规模较大企业对政府制定的各项政策更为敏感，因此，对国家行政强力推行的劳动合同法，大规模企业的响应程度要远远高于小企业。再者，社会声誉是企业的重要组成部分，规模较大的企业具有更强的社会影响力，也产生了更大的制度压力。从现实来看，规模以上企业也是劳动部门监管的主要对象。因此，其签订劳动合同情况普遍较好。

第二产业和第三产业劳动合同签订情况均远远好于第一产业，但其中只有第二产业系数值通过显著性检验。第二产业相对第一、第三产业人数集中，企业分布也较为集中，因此新劳动合同法的落实首选第二产业企业，这在一定程度上展现了制度合法性的效力。

第三，社会资本变量中，有上司好友和参加工会均不影响农民工劳动合同签订。

模型3中，有本企业内一般好友和参加同乡会的农民工签订劳动合同发生比分别降低了7.9%和8.8%，而有上司朋友和参加工会的农民工劳动合同签订的发生比分别增加了49.7%和44.3%。虽然假设5（在本企业有老板朋友的农民工，签订劳动合同的可能性更大）和假设6（参加工会的农民工劳动合同签订的可能性更大）都得到了数据支持但系数均未通过显著性检验。

特殊关系假设未通过显著性检验，说明特殊关系的庇护功能对农民工群体可能是不完全适用的。但需要指出的是，问卷中是否有老板朋友是农民工主观认定的，该样本比例较低，这是否会导致偏差；亦或是这种朋友关系由于资源的严重不对等造成了与既有解释理论的背离，需要做进一步考察。同乡会是以地缘关系为纽带建立的网络，其功能可能多为情感支持，所以对劳动合同签订无显著影响。

在现代资本主义社会中，工会是解决劳资冲突、保障工人权益的重要制度性设置，是工人与资方、与政府进行集体协商的重要手段之一。但在中国，工会身份具有二重性，即在系统外部，受党政委托并贯彻其意志；在系统内部，受职工委托，代表和维护职工权益。因此，外界质疑的焦点是：在市场化改革不可逆转的大背景下，职工的具体利益和国家的整体利益出现冲突时，工会应首先服务于谁（任小平、许晓军，2009）。本研究结果显示在劳动合同签订上，工会虽然有正向作用但未通过显著性检验。因此，在劳资关系研究中，我们需要细致审视工会的角色和职能，研究工会如何能在农民工权益维护中发挥作用。

综上所述，农民工的培训，本企业工龄，劳动法的认知程度，所在企业性质、规模、产业和从事工种是影响农民工劳动合同签订的显著变量。即企业制度是决定性解释变量，人力资本变量也具有重要作用。

（二）劳动合同对农民工工资的影响

根据前文设定的农民工工资和是否符合最低工资标准模型，将相应变量分别纳入 regression 模型和 logistic 模型，便得到表 3 结果。

表 3   工资模型和是否符合最低工资标准模型

自变量		工资模型		是否符合最低工资标准模型	
	Coef.	S. E	Coef.	S. E	
个人特征					
	性别	0.142***	0.0168	0.386***	0.134
	年龄	0.0237***	0.0061	0.294***	0.056
	年龄平方	-0.000***	8.7E-05	-0.00459***	0.00083

续表3

社会资本						
教育和培训	教育年限	0.027 ***	0.0039	0.163 ***	0.0319
	证书	0.044 **	0.021	0.154	0.191
	培训	0.030	0.0182	0.226	0.153
工龄	本企业工龄	0.039 ***	0.0070	0.201 ***	0.0616
	本企业工龄平方	− 0.002 ***	0.0004	− 0.0106 **	0.00411
	总工龄	0.017 ***	0.0052	− 0.00031	0.0426
	总工龄平方	− 0.000	0.0002	0.00207	0.00175
换工次数		0.003	0.0029	− 0.0129	0.024
对劳动合同的认知（以不熟悉、不知道为参照）					
	一般	0.046 ***	0.0175	0.182	0.141
	熟悉、很熟悉	0.103 ***	0.0296	0.394	0.261
社会资本	有企业内好友	0.016	0.0168	− 0.0969	0.137
	参加了工会	− 0.007	0.0338	0.637 *	0.365
	参加了同乡会	0.011	0.0365	0.421	0.345

企业制度					
工种（以生产工、其他普工和服务员为参照）					
	技术工	0.127 ***	0.0191	0.516 ***	0.163
	管理人员	0.316 ***	0.0349	1.121 ***	0.423
	其他工种	− 0.004	0.062	0.00632	0.468
企业性质（以国有企业为参照）					
	集体企业	− 0.097	0.0713	− 1.296 **	0.561
	私有企业	− 0.039	0.0362	− 0.366	0.33
	外资企业	− 0.016	0.0375	− 0.122	0.348
	个体户与其他	− 0.061	0.0383	− 0.482	0.344
企业规模（以100人以下为参照）					
	100—999 人	0.004	0.0203	− 0.0841	0.156
	1000 人以上	0.094 ***	0.0254	0.427 **	0.213
产业（以第一产业为参照）					
	第二产业	0.077	0.0497	− 0.185	0.404
	第三产业	0.002	0.0507	− 0.577	0.412

续表 3

	工资支付方式（以月薪制为参照）			
计件	0.070 ***	0.0249		
计时	0.003	0.022		
提成	0.146 ***	0.0274		
按天计算	0.099 ***	0.0365		
签订合同（以否为参照）	−0.002	0.0192	0.23	0.149
常数项	6.222 ***	−0.108	−5.264 ***	−0.957
R − squared	0.37			
Pseudo R^2			0.1656	
样本量	1617		1574	

　　表 3 的两个模型结果显示，在控制其他变量的前提下，纳入的签订劳动合同变量均未通过显著性检验。其中签订劳动合同对农民工收入有微弱的负向作用，但增加了其收入符合最低工资标准的发生比。

　　签订合同为什么会对农民工收入起到了负向作用？我们用 2006 年数据做出同样的模型，与此结果相比，签订合同对收入的作用方向发生了改变。2006 年模型中该系数值为正的 0.056，且通过系数显著性检验，但在新的调查中显著性消失，作用方向改变。排除技术因素的干扰，从现实情况来看，最大的变异是制度环境的变化——劳动合同法的实施。对此我们的判断认为，是政府强制推行劳动合同普及政策改变了签订劳动合同的实际效用。2006 年以前在外部环境制度压力较弱的情况下，劳动合同的签订在某种程度上更可能体现出劳资双方实质力量的博弈，或者说这样的合同更代表了签订者双方的真实意愿，因此，签订合同对以工资保障为起点的农民工权益反而具有真实效用。而 2008 年以来，在企业经营和内部管理均无重大改变的情况下，签订合同的百分比有了 15% 以上的提高，而从 2009 年①数据来看，一年时间劳动合同签订百分比几乎没有变化，因此，无法排除迅速增长的原因主要是由于签订劳动合同被以法律的形式确认下来强制推行。国家政策和法律法规建构起的外部制度环境对处于市场化发育不完全的企业而言是至关重要的，因此，这样的制度安排无论是否符合效率机制，企业只有首先从形式上积极响应。这样一种运动式的制度

---

① 我们在 2006 年、2009 年都对珠三角农民工进行了较大规模的问卷调查。

建设导致了签订率的迅速提高，却失去了它还尚存的不多的实际效用。当然，对此还要进行深入的研究。

回归结果显示，签订劳动合同对是否符合最低工资标准具有积极作用，这说明，虽然合同签订在实质上，即提高工资上，未能起到积极作用，但作为外部植入的制度安排，还是具备了在一定程度上约束企业严重违规行为的可能性。因此，我们认为规范化的劳动关系制度从建立到落实需要多方的互动和博弈，但积极的制度安排却为未来的发展指明了正确的方向。

因此，由模型结果分析可以得出：首先，劳动合同在以工资为基础的权益保障上的作用是复杂的，呈现出阶段性和层次性的变异。其次，农民工劳动合同的主要作用不是用于工资谈判，而是劳资关系的合法化象征。再次，通过签订劳动合同提高农民工权益保障的作用不是通过提高收入来传导的，合同究竟在哪些方面保障了农民工的权益还需要进行深入研究。工资只是我们衡量劳动合同作用的起点，是在与西方研究的对话中选择的比较点。在中国，劳动合同的作用机制是迥异于西方的。

四 结论与讨论

本文通过对劳动合同的定量研究所得出的总的结论是：在农民工劳动合同签订上，企业层次变量代表的制度的合法性机制起主导作用，人力资本变量体现的市场的效率机制起补充作用，而社会资本变量代表的网络人情机制基本不起作用。因此，在市场、制度和网络对农民工劳动合同的影响中，制度是关键，市场是补充，网络是调节。下面，我们将研究结论具体化并进行讨论。

（一）结论

第一，农民工劳动合同的签订是资方主导的，但农民工人力资本在劳资关系博弈上是起作用的。农民工所参加的培训、本企业的工龄、对劳动法的认知都会提高农民工劳动合同签订的概率。

第二，企业制度是决定农民工劳动合同签订的关键变量。在企业性质、企业规模和产业等变量中，代表制度压力越大的变量，其显著性越强，这从实质上反映出劳动合同可能是制度合法化压力的产物，而并非企业劳动关系管理制度的迫切要求。

与国有企业相比，私有和个体户性质的企业更多处于制度压力的边缘，因此对国家政策的响应程度表现得较弱，体现在劳动合同的签订情况上也是最差的。从劳动合同法的正式实施到本次调查的开展，时间为7个月，在不算太长的一个时间段里，与2006年调查数据结果相比，2008年签订了劳动合同的比率在100人以下规模企业增加了10%，100人到1000人以内规模企业增加了18%，1000人以上规模企业增加了20%，即规模越大的企业签订劳动合同的百分比增加幅度越大。由此可以判断，企业规模越大对国家政策变化的敏感度越强，同时受到的政府监管也越多，因此签订合同情况越好。在产业变量中，对比2006年数据，第二产业劳动合同签订率显著提高，这同样表明，受政策监督压力越大的企业劳动合同签订情况越好。因此，以上结果在很大程度上反映出劳动合同的签订其实是企业与国家政策博弈过程中审时度势的权宜之计。该行为表面上被企业普遍遵守，但在实际运作上又可能被形式化，成为一纸空文。因此，企业制度虽然是决定劳动合同签订的关键变量，但企业并非将其作为劳动关系管理的手段，实际上只是企业应对制度合法化压力的符号象征。

第三，社会资本变量对农民工的劳动合同签订无显著影响。

按照本文对网络的划分，可以看出在劳动合同签订上，农民工拥有的特殊性网络比一般性网络作用更大，工具性网络比情感性网络作用更积极。但该结果未通过显著性检验。因此，我们认为农民工的网络对其权益的维护是可以起作用的，但是，这种作用还不够普遍。

(二) 讨论

我们还可以对以下两点进行讨论：

第一，回应不同学科对劳动合同法出台所持有的争议。本研究认为，在"强资本，弱劳动"格局下，劳动关系的重构，即便是政府意志，也最终要在企业遵守规则前提下，通过劳资双方实质性力量对比的变化来实现。《劳动合同法》出台前后，争议的焦点之一是认为该法律具有严重的劳动者保护倾向。从自由市场经济学观点来看，这是政府干预市场的行为，严重违背了市场经济规律，会对自由竞争机制产生"恶"的影响。

但本文的研究结果表明，劳动合同的签订和执行之间是可以断裂和分割的。劳动合同法的出台只是从法律意义上明确了劳动关系的未来发展方向，为劳资关系的调整建立了法律依据，但如果劳资双方力量没有实质性的变化，任何外力的介入，作用都是有限的。

第二，如何改善和解决农民工劳动合同签订的现状和问题。在中国，"弱劳动"的形成原因并不完全来自劳动力自身。首先，户籍制度所造成的城乡分割、就业身份的地位等级效应，制度性地限制了农民工的市场机会。其次，城乡社会资源分配的不均、国民社会待遇的差异，部分剥夺了该群体享受教育培训提高人力资本的机会和权利，弱化了农民工的市场能力。

第三，国家法制环境不健全以及相关部门劳动关系监管的缺失和不到位，使企业敢于有法不依，有机可乘。因此制度实施安排的不公正是导致劳动合同签订现状和存在问题的重要原因之一。

参考文献：

1. 杨柳："立法建构和谐劳动关系"，《瞭望》2006 年 3 月 27 日。

2. 刘林平、郭志坚："企业性质、政府缺位、集体协商与外来女工的权益保障"，《社会学研究》2004 年第 6 期。

3. 刘辉、周慧文："农民工劳动合同低签订率问题的实证研究"，《中国劳动关系学院学报》2007 年第 3 期。

4. 雷佑新、雷红："论农民工劳动合同缺失的成因及解决思路"，《经济体制改革》2005 年第 4 期。

5. 李亮山："我国政府在劳动关系调整中的角色分析"，《社会科学论坛》2008 年第 8 期。

6. 刘东："也论权利不对称情况下的劳动契约运行机制——兼与梁东黎教授商榷"，《探索与争鸣》2006 年第 8 期。

7. 郑英隆、王勇："劳动合约：新型工业化进程中的农民工问题研究"，《经济评论》2008 年第 1 期。

8. 城市化进程中的农民工问题课题组："珠江三角洲农民工调查报告"（2006），《珠江经济》2007 年第 8 期。

9. 万向东、刘林平、张永宏："工资福利、权益保障与外部环境——珠三角与长三角外来工的比较研究"，《管理世界》2006 年第 6 期。

10. 刘林平、张春泥："农民工工资：人力资本、社会资本、企业制度还是社会环境？——珠三角洲农民工工资决定模型"，《社会学研究》2007 年第 6 期。

11. 任小平、许晓军:"劳资博弈:工资合约中的制度救济与工会行为",《学术研究》2009 年第 2 期。

12. 周雪光:《组织社会学二十讲》,社会科学文献出版社 2003 年版。

13. Jovanovic, B. , 1979, "Job Matching and the Theory of Turnover", *Journal of Political Economy*, 87.

农民的效益观与农民工的行动逻辑[*]

——对农民工超时加班的意愿与目的分析

2006 年 3 月 14 日，为了了解珠三角农民工的状况，我们在顺德劳动局访谈了该局的一位官员，他给我们讲了一件事情，说最近在顺德出现了一起工人堵马路要求工厂加班的事件，原因在于希望多加班多拿些工资。最后，政府与有关工厂协商，通过月定额的方式灵活划定加班时间，以满足农民工的要求。

这一个案出人意料，引发了本文作者长时间的思考。

学者们对于农民工的研究，基本上将超时加班作为权益受损的严重问题之一。从法律的角度来看，作出这样的判断并没有错，但是，如果深入思考，就会发现这样的认知也许过于简单：研究者是从外人的角度，或是从普遍人权或劳动权益的角度出发，并没有（或少有）征求或顾及农民工自身的意见或看法，更没有深入了解农民工的意愿。当然，如果上述案例只是个案，或者普遍来说，农民工的超时加班是被逼迫的，那就另当别论。

显然，要追问的问题是：农民工超时加班是自愿的还是被逼迫的呢？如果是自愿的，他们又为了什么？是什么样的价值观念支持着这些行为？

---

* 本文最初发表于《中国农村经济》2010 年第 9 期，署名作者为刘林平、张春泥、陈小娟。

一　文献回顾:农民的"效益观"和"剥削观"

(一) 从恰亚诺夫到黄宗智:农民的效益观

恰亚诺夫在《农民经济组织》一书中认为,农民进行农业生产的基本组织形式是家庭,家庭受制于人口学规律和特殊的社会关系,是作为一个完整的单位而劳作和收获的(家庭中的个人不是资本主义企业中受雇佣的工人,他不用计算工资,也不用特别计较个人的收入,个人服从于家庭),它在劳动辛苦程度与需求满足程度之间寻求均衡,这种均衡和资本主义企业追求产出最大化或利润最大化不同,这就是解释家庭农场或农民农场(或劳动农场)一切行为的出发点(恰亚诺夫,1996)。

恰亚诺夫认为,农民的家庭经营或家庭农场关注的是全年劳动收益,而不是单位时间的劳动报酬效率,为了一年总的收获,农民可以提高自己的劳动强度,而不惜降低单位劳动报酬效率(恰亚诺夫,1996)。

可以将恰亚诺夫的理论概念化为农民的"效率观"或"效益观"——家庭总体年收益优先,单位时间(比如工资/小时)效益不计,劳动强度可以达到身体许可的边际水平,副业(或外出打工)收益以家庭收益为参照。

农民的效益观和现代资本主义企业雇佣工人的效益观是有本质差异的:前者以家庭为收益单位,后者则是以个人为收益单位;前者以较长时段(年)为效率单位,后者则以较短的时间为单位(小时、月);前者对副业收益的参照系是农村农业,后者则是城市市场。其中,时间单位的差异具有重要意义。

恰亚诺夫之后,黄宗智提出,中国农村(具体指长江三角洲)的经济变迁是所谓过密化("内卷化")模式,即总产出在以单位工作日边际报酬递减为代价的条件下扩展。小农经济过密化的程度往往取决于人口与资源间的平衡关系。相对于资源的人口密集的压力会造成过剩劳动力数量的增加以及高度的生存压力,导致极端过密化的发生(黄宗智,2000)。

和黄宗智一样,赵冈(Chao,1986)也认为,中国人均耕地过低是影响历史发展的一个决定性因素。

赵冈对农民的效益观念的看法也是以人地比为基础的。他认为,农民的家庭生产会比采用雇佣劳动的企业更加有效率地使用稀缺资源——

土地。在同样的生产技术条件下，家庭农场的亩产量要高一些，而资本主义农场每人每天的产量要高一些。当土地—人口比率很低之时，家庭的小农生产导致了一种土地有效率（在一定数量的土地上获得更高产量）而劳动无效率（在一定单位的产出下吸纳大量劳动）的生产体系（Chao，1986）。

赵冈（Chao，1986）的论述告诉我们，农民的效益单位就劳动对象来说是土地。企业制的农场看重单位时间劳动力—土地的产出效益，农民家庭生产则看重土地的总产出。中国农民辛劳耕作自己的土地，劳动投入高度密集，为的是总产出足以养家糊口。他们没有办法去计较单位时间的效率。

从恰亚诺夫到黄宗智、赵冈等人，对于农民家庭经营不同于资本主义企业的特点以及这种特点在中国的表现所做的论述，尤其是关于农民效益观的思想，是我们理解中国当代农民工行动逻辑的基本出发点。

（二）马克思与斯科特：工人和农民的剥削观

恰亚诺夫关于农民具有不同于资本主义企业的行为特点的论述揭示，在现在的经济体系中，有两种行动动机或逻辑：其一，完全市场化的行动逻辑，例如现代企业及其雇佣工人；其二，非市场化（或半市场化）的行动逻辑，例如农民。

在马克思看来，工人的剩余劳动时间创造了剩余价值。工人对剩余价值的认识是分阶段的：首先是感性的阶段，然后才进入理性的阶段。在前一阶段，工人只是觉得受到资本的剥削和压迫，但到底是怎么压迫和剥削的，他们并不清楚，甚至怪罪于外在的设备（如机器）；在后一阶段，工人了解了剩余价值的本质，了解了资本是怎么占有剩余价值的，即通过剩余劳动时间来获取剩余价值（马克思，1965；马克思、恩格斯，1972）。对马克思的论述，我们可以将之概念化为工人的"剥削观"（或被剥削观），即作为自为的工人阶级对资本剥夺剩余价值有较为清晰的认识。

从恰亚诺夫的理论出发，斯科特将农民的行动动机或逻辑定义为生存伦理。他认为，由于生活在接近生存线的边缘，受制于气候的变幻莫测和别人的盘剥，农民家庭对于传统的新古典主义经济学的收益最大化几乎没有进行计算的机会。农民耕种者的行为是不冒风险的；他要尽量缩小最大损失的主观概率，首先考虑可靠的生存需要，实行"安全第一"的原则（斯科特，2001）。

斯科特关于农民对待剥削的认识和马克思不同。他说："生存伦理为典型的农民看待同村人、土地所有者或官员对自己资源的不可避免的盘剥提供了基本观点。最重要的一点是，它表明农民评价这些索要的标准，主要的不是根据它们的绝对水平，而是看它们使自己维持在生存危机水准之上的问题是更加难办了还是容易解决了。……农民的标准是'交够了外部的索要之后还剩下多少——够不够维持自己的基本需要'，而不是索要本身的数量多少"（斯科特，2001：36—37）。斯科特的这些思想，可以概念化为农民的"剥削观"（或"被剥削观"）。

（三）小结

本文认为，农民的"效益观"和"剥削观"是分析农民外出打工者（即农民工）的两个基本点，它们是农民工打工行为最基本的行动逻辑。如果进一步归纳，农民的"剥削观"也可以纳入"效益观"，因为，关于效益的观念当然涉及收益在不同的主体（个体或群体）之间的分配，这些主体，既涉及资本的占有者（如商业伙伴）之间的关系，也涉及资本和劳动之间的关系。

二　假说与变量

（一）假说

通过上述对文献的总结与分析，本文得到了影响农民行动逻辑最基本的价值观念，即"效益观"和"剥削观"。前者是说，农民不是以单位时间（例如小时）作为评价效益的基本尺度，而是以一个较长的时段（例如年）来评估所获得的总收益的多少，收益单位不是个人而是家庭，看重总收益而不是单位时间收益；后者是说，农民在自己工作（或劳动）所获能够维持基本生存的前提下，不会太在意雇主的所得，也就是说，农民对于资本的相对剥削并不敏感，而对于绝对剥削（拖欠工资和工资不足以维持基本生存）则较为敏感。

农民外出打工，是从农村家庭走入现代企业，但他们并没有成为或彻底转型为职业工人，所以，他们具有双重性：既是原来家庭的一员，工作的目的是增加家庭福利或收益，而这种收益的参照体系主要是作为家乡的农村而不是打工所在地的城市；又是企业的雇佣工人，必须按照企业的管理制度工作或行动。因而，他们的行动逻辑可能具有双重性：既是农民又是工人。

农民的行动逻辑不同于工人，但是，农民工是农民的行动逻辑和工人的行动逻辑的混合物，本文的假设就建立在这两种逻辑的基础上。

1. 农民效益观及其行动逻辑

农民工对加班工作的忍耐和接受是基于传统农民的生存理性。这种理性将家庭总收益作为其经济活动的首要目的，而不计单位时间（比如工资/小时）的效益。效益观不仅影响农民工的加班意愿，而且还影响加班目的。由于农民效益观并不或较少考虑单位时间的工资收益，因此，持该效益观的农民工更倾向于通过延长总工作时间来增加经济收益，而不是通过提高单位时间工资水平来提高收入，也就是说，持农民效益观的农民工的自愿加班首要取决于经济原因。

家庭环境对人们价值观念的形成具有重要影响，家庭关系是最基本和最重要的社会关系，家庭结构对人的价值观念和行为方式有直接的作用。中国人对家庭的责任感是最基本的价值观念，而农民又是最重视家庭价值的群体。婚姻是建立家庭的基础和标志，婚姻意味着家庭责任，在农民效益观的影响下，有家庭负担的农民工相对于无家庭负担者应该更愿意接受加班工作，或者更倾向于为经济目的而加班。婚姻和年龄反映了人在生命周期中对家庭负担的承受。因此，在个体层面上，可以提出以下假设。

假说1：婚姻状况对农民工加班意愿和加班目的有显著影响，具体说来：假说1a：已婚农民工较之未婚农民工更愿意加班；假说1b：已婚农民工较之未婚农民工更倾向于为了经济目的加班。

一般说来，价值观念会随着时代变迁，而年龄是区分时代变迁对个人影响较为恰当的变量。新一代农民工和老一代农民工的价值观念和态度、行为应该具有差异，所以有以下假设。

假说2：年龄对农民工加班意愿和加班目的有显著影响，具体说来：假说2a：年龄越大的农民工越愿意加班；假说2b：年龄越大的农民工越倾向于为了经济目的加班。

中国农村人地矛盾的现实是影响中国农民效益观的基本因素。这种现实所产生的影响能够超越农民个体及其家庭的特征，并以区域性的方式作用于生活在其中的农民的行动逻辑。总体来说，中国的人均耕地面积远远低于西方（欧洲和美国）。中国是一个大国，地区差异较大，地区差异会表现在人们的价值观念和行为方式上，形成不同的性格类型。如果一个农民工来自人地关系紧张或经济负担较重的区域，他的行动逻辑更可能符合传统农民的效益观，因此，在地区层面上，可以提出以下假设。

假说 3：人均耕地面积对农民工加班意愿和加班目的有显著影响，具体说来：假说 3a：来自人均耕地面积比较低省份的农民工，较之来自比较高省份者，更愿意加班；假说 3b：来自人均耕地面积比较低的农民工，较之来自比较高省份者，更倾向于为了经济目的加班。

假说 4：（乡村）抚养比对农民工加班意愿和加班目的有显著影响，具体说来：假说 4a：来自（乡村）抚养比较高省份的农民工，较之来自（乡村）抚养比较低省份者，更愿意加班；假说 4b：来自（乡村）抚养比较高省份的农民工，较之来自（乡村）抚养比较低省份者，更倾向于为了经济目的加班。

2. 工人效益观及其行动逻辑

现代工人对加班工作的意愿是接受企业制度安排的结果。在这一观念的影响下，农民工作为工人更看重单位时间的劳动收益，而不是在家庭总收益基础上的边际收益，因此，持工人效益观的农民工较不倾向于以延长总工作时间的方式提高经济收益。但是，由于企业生产的需要或制度规定，现代工人能够自觉接受一定程度的加班安排。工人效益观的产生是规训的结果，即将普通人规训成为适应现代工业生产的工人。在这个过程中，现代教育和城市工作的经历（工龄）能够促使外出打工的农民学习和接受现代生产中的劳动纪律和劳动时间。因此，可以提出以下假设。

假说 5：教育程度对农民工加班意愿和加班目的有显著影响，具体说来：假说 5a：受教育程度越高的农民工越愿意加班；假说 5b：受教育程度越高的农民工越不倾向于为了经济目的加班。

对于农民工来说，他们价值观念的产生是复杂的，家庭、农村社区和打工所在企业都有影响。显然，农民工外出时间越长，价值观念越有可能发生改变，由农村社会塑造的价值观念可能由于工作场所的实践经历而改变。由此，可以提出以下假设。

假说 6：外出打工时间（工龄）对农民工加班意愿和加班目的有显著影响，具体说来：假说 6a：工龄越长的农民工越愿意加班；假说 6b：工龄越长的农民工越不倾向于为了经济目的加班。

3. 剥削观

如上所述，在农民关于剥削的观念中，对绝对剥削较为敏感，那么，具体怎么评判绝对剥削呢？本文认为，农民外出打工，所得收入一定要超出个人生活必需支出，才可能有一定盈余，以供养家庭。由此，可以提出以下假设。

假设7：生活必需支出与工资的比率对农民工加班意愿和加班目的有显著影响，具体说来：假设7a：生活必需支出与工资的比率越大者越愿意加班；假设7b：生活必需支出与工资的比率越大者越倾向于为了经济目的加班。

在上述假说中，理论逻辑是，农民工是农民和工人的混合体，处于农民和工人两端的农民工都愿意加班，也就是说，传统农民和现代工人都愿意加班，前者是传统农民效益观的影响，后者是现代企业制度的规训，而处在这两端中间的人会不愿意加班。但是，农民愿意加班是为了经济目的，而工人愿意加班可能更多的是为了非经济目的，例如我们问卷中所设置的一些选项："获得升迁的机会"、"为企业分忧"，等等。

（二）数据来源

本文所使用的数据由中山大学社会学系课题组调查的两期数据合并而成。第一期数据来自2006年7—8月对珠三角农民工的调查，调查以珠三角9市外来人口比例为样本分配依据，着重控制了行业、性别和地区分布，该调查的样本筛选条件为：至少发生了跨县（区）迁移，教育程度在大专及以下的农村户籍者，即农民工；第二期数据来自2008年7—8月进行的调查，抽样方式与2006年相同，但样本中包含了一部分非农村户籍的外来工。这两次调查对外来工（农民工）加班情况的询问基本相同。两次调查的样本量加总为5591人，除去含缺失值的个案后得到的有效样本量为5034人，其中，2006年调查的有效样本量为2897人（均为农民工），2008年为2407人（包括401名非农村户籍的外来工）。

（三）变量处理

1. 因变量

（1）加班意愿。该变量有两个选项：自愿加班和非自愿加班，"自愿加班"赋值为1，"非自愿加班"赋值为0。

（2）自愿加班的原因。自愿加班的个案中"为了增加收入而加班"的赋值为1，"自愿加班但不是为了增加收入"的赋值为0。

2. 几个重要的自变量

（1）生活必需支出与工资之比。生活必需支出由住宿和伙食两项月开支相加得出，再除以月平均工资。计算出的月生活必需支出平均为272.28元（标准差285.79），月平均工资为1293.44元（标准差731.64），两者之比的平均值为0.224（标准差0.223）。

（2）人均耕地面积。本文采用《中国统计年鉴2006》[①] 所载"各地区农村居民家庭土地经营情况（2005年底）"表中"人均经营耕地面积"数据。

（3）抚养比。本文采用《中国人口统计年鉴2006》[②] 所载"各地区乡村人口年龄构成和抚养比"表中"总抚养比"数据。

（四）变量描述

纳入模型的自变量的描述见表1。

表1 　　　　模型中类别自变量的统计描述（N = 5304）

变量		比例（%）	变量		比例（%）
年龄	1979 年以前	30.2	婚姻	未婚	56.1
	1979—1985 年	52.9		已婚	43.9
	1985 年以后	16.9	工龄	2 年及以下	25.2
性别	女性	44.7		3—5 年	26.7
	男性	55.3		6—10 年	25.5
受教育程度	小学及以下	16.2		10 年以上	22.6
	初中	49.1	加班工资	没有	33.2
	高中	17.0		有	66.8
	中专、职高、技校	12.5	调查时间	2006 年	54.6
	大专	5.2		2008 年	45.4

① 国家统计局：《中国统计年鉴2006》，中国统计出版社2006年版。

② 国家统计局人口和就业统计司：《中国人口统计年鉴2006》，中国统计出版社2006年版。

在问卷中关于农民工工作时间有一组问题，回答结果见表2。

表 2　　　　农民工工作时间情况（不含非农村户籍外来工）

	样本量	均值	标准差	最小值	最大值
周工作天数	4855	6.3	0.75	0	7
月休息天数	4793	3.1	2.91	0	30
日工作时数	4851	9.5	1.87	1.5	20
周工作时数	4805	60.4	15.42	0	140

在表2中，可以看到，农民工的周平均工作时间为60.21小时，大大超出法定的44小时，说明农民工工作时间过长已经是非常普遍的情况。

在4903个农民工样本中，将近70%的被访者（3641人）在目前企业中需要加班。对这部分有过加班事实的被访者，我们进一步在问卷中询问了他们的加班意愿和原因，回答结果见表3。

表 3　　　　农民工加班意愿和原因（不含非农村户籍外来工）

问题	回答结果
是否自愿加班（N = 3641）	是（53.9%）；有时是，有时不是（12.0%）；不是（27.7%）；说不清（6.4%）
自愿加班原因（多选题）（N = 2241）	增加收入（69.7%）；获得升迁机会（5.7%）；为企业分忧（28.9%）；没其他事可干（15.6%）
非自愿加班原因（多选题）（N = 1349）	企业规定（72.7%）；大家加班，我也加班（14.2%）；不加班罚款（23.5%）

注：自愿加班原因各项百分比的计算所基于的总数为"是否自愿加班"中选择"是"和"有时是，有时不是"两项的加总；非自愿加班原因各项百分比计算所基于的总数为"是否自愿加班"中选择"不是"和"有时是，有时不是"两项的加总。此处，仅列举几项选择较为集中的自愿或非自愿加班原因。

从表3中可以看到，大部分农民工都自愿加班，明确表示不自愿的人只有不到30%。而在自愿加班者当中，增加收入是最为重要的原因。

三　模型与结果

对农民工超时工作的研究有必要首先区分加班的现实和加班的意愿。加班的现实指的是农民工在法定的工时之外延长工作时间的事实，加班的意愿指的是农民工对待加班的态度和接受加班的目的。对农民工而言，通常，加班的事实首先是一种工作制度的安排，这一安排首先是由其所在的工作组织（企业等）强加的，个体根据意愿自由选择的机会较少：如果企业开工不足，就算打工者希望加班，也无工作可做；如果企业有订单压力，打工者就算不愿加班，也难以拒绝，因为他们可能因此面临被惩罚的风险。

在本文的问卷中，对农民工加班意愿性和加班原因的调查是建立在他们已经存在加班事实的基础上，即只有已经发生了加班事实的农民工才填答是否愿意加班，以及出于何种目的愿意或不愿意加班。这里就存在不完全样本的问题：我们只能知道那些需要加班的农民工是愿意加班还是不愿意加班，以及为什么加班，但我们不知道不需要加班的那部分农民工的加班意愿。如果我们又不能排除农民工对待加班的偏好对加班事实所产生的影响，那在接下来对已存在加班事实的农民工样本进行分析时则可能陷入选择性偏误（selectivity bias）（Heckman，1979）：具有某些特征的农民工比另一些农民工更愿意或更不厌恶加班，故更愿意进入需要加班的企业中或在工作中主动选择加班。这种个体偏好对结果的选择性会导致随后对已发生加班事实的样本的系数估计不准确。

为此，有必要先建立并检验一个前提假设：农民工对加班的个人偏好不影响他是否加班的事实，即加班主要是由企业方面决定的，而不是由工人的个人特征所决定。

我们先以外来工[①]是否加班为因变量建立 Logit 模型：$P = \dfrac{1}{1 + e^{-(a+bx)}}$，回归结果显示（见表4），外来工是否加班的事实主要是

①　在本文中，"外来工"指农民工加城市户籍的外来工，"农民工"则只指农村户籍的农民工。本文主要使用"农民工"的概念，只在个别地方为了研究的需要而使用"外来工"的概念，这两个概念在数据上也作出了区分。

由企业制度决定的：企业越大，加班发生的可能性越高；外资企业中加班发生的可能性最高。而个体特征，例如受教育程度和性别对他们是否加班的事实没有显著影响，年龄虽然有显著影响，但年龄对加班优势比的影响微小：年龄每增加1岁，加班的优势比仅降低3%。也就是说，外来工的个人特征并不影响他们的加班事实或他们对加班的选择。

值得注意的是，农村户籍的外来工（农民工）加班的优势比是城市户籍的外来工的1.6倍，这说明农村户籍的外来工更多地分布在需要加班的企业中，或更多地分配在需要加班的工作岗位。由于随后分析的样本主要集中在农村户籍的外来工，故这一个体特征上的差异并不影响随后的估计。

以上对前提假设的检验有两个作用：一是我们随后可以放心地在不完全样本的基础上建立农民工加班意愿的模型，而不用担心选择性偏误；二是以上的检验也说明了为什么我们不以农民工是否加班或加班时长等客观事实作为他们自愿劳动（或自愿被剥削）的测量，因为加班事实的产生是集体性的，不以他们个体特征为先决条件。

在解决了选择性偏误的前提下，本文通过建立二分类数据的混合效应模型对农民工的加班意愿和加班原因进行探讨。二分类数据的混合效应模型同时包含层1、层2单位的自变量及对截距设置的随机效应。模型用公式表现为：

层1：农民工个体

$$\text{Logit}(p_{ij}) = \beta_{oi} + \Sigma \beta_{ki} z_{ijk} \qquad (1)$$

层2：农民工来源地

$$\beta_{oi} = \gamma_{oo} + \Sigma \gamma_{ok} x_{ik} + u_{oi} \qquad (2)$$

表4　　　　　　　　　　　是否加班的 Logit 模型回归结果

	优势比①	标准误
2008 年数据（2006 年为参照）	1.090	0.073
个人特征		
性别（女性为参照）		
男性	0.923	0.060

① "优势比"（Odds Ratio）在一些文献中又称"发生比率"。

受教育程度（小学及以下为参照）	优势比	标准误
初中	1.138	0.102
高中	1.060	0.116
中专、技校	0.925	0.114
大专	0.813	0.131
年龄	0.970**	0.004
工作经验（2年及以下为参照）		
3—5年工作经验	1.157	0.102
6—10年工作经验	1.127	0.102
10年工作经验以上	1.179	0.121
农村户籍（城市户籍为参照）	1.621**	0.201
企业特征		
企业规模（30人及以下为参照）		
30—99人	2.495**	0.245
100—299人	2.653**	0.254
300—999人	2.644**	0.273
1000—2999人	3.056**	0.370
3000人及以上	3.034**	0.388
企业性质（党政、事业单位为参照）		
国有及集体所有制	1.621	0.495
私营企业	1.701	0.494
外资及合资	3.180**	0.940
其他类型	1.504	0.450
对数似然值	−3057.430	
皮尔逊 χ^2	477.560	
自由度	20	

注：样本量=5304（包括非农村户籍外来工）。**表示 $P<0.01$；*表示 $p<0.05$。

在（1）式、（2）式中，下标 i 表示聚类，即来源地；下标 j 表示在特定 i 聚类下的个体；下标 k 表示第 k 个变量（$k \geq 1$）。p 表示农民工自愿加班的概率或其为经济原因加班的概率。β、γ 表示估计的系数；Z 表示层1变量，即农民工个体特征；X 表示层2变量，即来源地特征；

u 表示层 2 随机效应，假定 u 服从以 0 为均值、以 σ2 为方差的正态分布。

模型 1 以"是否自愿加班"作为因变量，模型 2 以"是否为经济目的加班"为因变量，两个模型都以农民工个体特征作为层 1 变量，以来源地省际层面的人地比、乡村抚养比为层 2 变量。其中，模型 1 和以"是否自愿加班"为因变量的随机截距模型（零模型①）的随机效应项均显著（模型 1 结果见表 5，零模型结果略），这说明，来自不同来源地的农民工在加班意愿上呈现出区域化的差异，也说明采用分层模型是恰当的。而以"是否为经济目的加班"作为因变量的随机截距模型的随机效应项虽然显著（零模型结果略），但加入各层自变量后的模型 2 的随机效应项并不显著，也就是说，来自不同来源地的农民工在加班原因上没有呈现出显著的区域化差异，故根据简化原则，不再考虑模型 2 的随机效应项。

模型的回归结果报告如表 5。

表 5 模型结果报告

	模型 1[a]：是否自愿加班		模型 2[b]：是否为经济目的加班	
	优势比	标准误	优势比	标准误
2008 年数据	1.232*	0.105	1.013	0.096
个人层面变量				
性别	0.946	0.081	1.062	0.102
1979—1985 年	1.008	0.124	0.990	0.134
1979 年以前	1.392	0.249	1.143	0.230
初中	1.092	0.130	0.710*	0.105
高中	1.219	0.182	0.507**	0.088
中专、技校	1.542**	0.256	0.445**	0.083
大专	1.878*	0.516	0.323**	0.090
已婚	1.044	0.123	1.426**	0.188

① 零模型即只包含截距项和层 2 随机效应项但不纳入任何自变量的模型，用以检验是否有必要在层 2 添加随机效应项。零模型中该项若不显著，则没必要做多层次模型。

	模型1[a]：是否自愿加班		模型2[b]：是否为经济目的加班	
	优势比	标准误	优势比	标准误
3—5年工作经验	0.879	0.100	0.904	0.115
6—10年工作经验	1.066	0.144	0.806	0.121
10年工作经验以上	1.063	0.160	0.698*	0.119
生活必需支出与工资之比	0.523*	0.108	1.699*	0.410
有加班工资	1.980**	0.190	7.183**	0.836
省际层面变量				
人均耕地面积	1.007	0.103	0.937	0.085
乡村抚养比	1.009	0.010	0.991	0.008
对数似然值	−1735.464		−1423.093	
σ_u	0.140		—	

注：在本模型中，我们基本没有将企业性质、规模等企业层次变量纳入，是为了模型的简洁，而且这些变量的纳入几乎对因变量没有影响。＊＊表示 P＜0.01；＊表示 p＜0.05。

a 模型1：层1样本量=2789（均为农民工样本）；层2样本量=25；对组内相关系数的检验结果为：χ^2（01）=3.77，Prob≥χ^2=0.026。

b 模型2：样本量=2486（均为农民工样本）。

根据回归结果，本文逐一进行分析：

（1）婚姻。在模型1和模型2中，可以看到，已婚者比之未婚者更愿意自愿加班和更愿意为经济目的加班，不过，该变量在模型1中并不显著，而在模型2中则是显著的。假设1a被否证，假设1b得到证实。

（2）年龄。虽然年龄较大者更倾向于自愿性加班以及更倾向于为经济目的加班，但这个差异并不显著。假设2基本被否证。

（3）人地比和抚养比。人均耕地面积和乡村抚养比对农民工的加班意愿和加班原因没有显著影响。假设3和假设4基本被否证。

（4）受教育程度。总的来说，受教育程度越高的农民工越倾向于加班，且越不倾向于为经济目的而加班。当然，在是否自愿加班的问题上，初中、高中和小学及以下受教育程度者并无显著性差异。假设5被证实。

（5）工龄。城市工作经验（工龄）对农民工加班意愿性没有显著影响，但城市工作经验达 10 年以上的农民工较不倾向于通过延长工作时间来增加收入。假设 6a 被否证，假设 6b 被证实。

（6）生活必需支出与工资之比。在模型 1 和模型 2 中，这该变量都是显著的，但是方向不同。假设 7a 被否证，假设 7b 得到证实。在模型 1 中，生活必需支出与工资之比的优势比表明，生活必需支出与工资之比越高，越不愿意自愿加班。为什么呢？可能的解释是，因为工资太低，人们加班所得到的刺激不大。

在控制变量方面，表 5 中的结果显示，2008 年调查的农民工较之 2006 年调查的农民工更愿意加班。男工和女工在加班意愿和加班原因上没有显著差异。有加班工资则人们更愿意加班，也更倾向于为了经济目的加班。

四　结论与讨论

通过上面的讨论，可以得出如下结论：第一，农民工超时加班是一个不争的事实，但是，大部分的农民工都是自愿加班的，增加收入是自愿加班最重要的原因。第二，农民工是否加班的事实是由企业决定的，与农民工个体特征几乎无关。第三，显著影响农民工是否自愿加班的变量是受教育程度和生活必需支出与工资之比等，受教育程度越高者越愿意加班，这可能是教育训练的结果。第四，显著影响农民工是否为经济目的加班的变量是受教育程度、婚姻状况、工龄和生活必需支出与工资之比等，受教育程度越高者越不愿意为经济目的加班，已婚者比之未婚者更愿意为经济目的加班，有 10 年以上工龄者比之 10 年以下工龄者更不愿意为经济目的加班，生活必需支出与工资之比越高者越愿意为经济目的加班。第五，来自不同来源地的农民工在加班意愿上具有系统性差异。尽管如此，在加班原因的模型中，这一区域化差异并不显著。第六，作为控制变量的企业是否有加班工资对农民工的加班意愿和加班目的都有显著影响。

从上述结论中，可以看到，农民工的加班自觉性主要是由受教育程度决定的，而农民工加班的目的性主要是由受教育程度、婚姻状况、工龄和生活必需支出与工资之比决定的。受教育程度和工龄主要体现了农民向职业工人转变过程中的规训机制，婚姻状况是家庭责任的体现，生活必需支出与工资之比表现了资本与劳动之间的分配关系。① 农民工的加班意愿与加班目的体现了农民向职业工人转变的复杂性，这更深层地表现了农民和现代工人的效益观、剥削观（被剥削观）。对此作简单化的理解是错误的。

从传统的农民效益观出发，逻辑上，农民工之所以自愿加班是由于对单位时间效率的不敏感而以总收益为基本效益评估依据，但是，可以看到，在回归模型中，代表传统观念的结构性因素例如婚姻、年龄等并没有显著影响，而代表现代规训机制的教育程度却有显著性影响，这说明，农民工加班的自觉性是由现代规训机制决定的。但是，这种现代规训机制并不是布若威（2005）所认为的生产场合或企业，而是教育。

不过，就加班的目的性来看，以受教育程度、工龄为代表的现代规训机制，和以婚姻、生活必需支出与工资之比为代表的传统机制共同作用于人们的目的选择：现代学校和现代企业培养的是工人对企业管理制度的服从，而传统的家庭责任和经济责任使得工人始终以经济收益为基本和首要的目的。

一个基本的事实是：大部分农民工愿意加班，愿意为经济收益加班。这说明，珠三角的企业通过种种制度安排使工人可以接受加班，但是，这种接受的"心甘情愿"，也只不过是"心甘情愿"地去通过加班获得经济收益。

本文研究农民工能够接受或"同意"超时加班的问题，是想透过这个问题，深入理解中国农民的传统价值观念的力量。本文认为，中国农民的传统效益观和剥削观是农民工接受超时加班的内在因素，如果只是外在的压力，农民工尽管也可能接受超时加班或超时工作，但不会表现得这么"心甘情愿"，而且，他们更不会主动要求加班。

本文的研究表明，纳入现在中国企业体系中的农民工，与西方古典和现代资本主义条件下的职业工人都不同，这种不同，不是简单地表现为受教育程度、职业技能等外显的东西，而是反映了中国农民传统的价值观

---

① 资本或企业付给工人的工资应该包括工人维持劳动力再生产（简单再生产和扩大再生产）的全部费用，生活必需消费仅仅是工人维持劳动力简单再生产的部分，它和工资之比，反映了资本的付出和工人所需的比例关系，也反映了资本与劳动之间的分配关系。如果生活必需消费占工资比例太高，则表明工人工资仅仅只能维持生存，也表明资本没有"足额地"支付工资，维持劳动力扩大再生产的那一部分被资本"剥夺"了。

念，反映了中国人不同于西方的家庭责任观，反映了中国人不同于西方的人口与土地压力而产生不同的效益观，[①] 这是影响作为当代中国工人重要组成部分的农民工在现代企业体系下工作和在城市生存的基本因素。这是我们建立不同于西方理论的本土性劳动关系理论所不能忽视的重要变量。

因而，回到本文开始所提出的问题，本文认为，对于农民工超时加班的问题，只是将其归于劳动权益受损是简单的认知。当人们理解了农民的效益观，理解了现代企业对所雇佣的农民工的规训过程，然后理解了农民工对超时加班的接受或同意，那么对农民工权益的认知就会深入一步。权益受损的问题当然是一个法律问题，但也是一个社会心理问题，如果当事人对其权益的认知不同于外界，不同于外界的学者、新闻记者和社会公众，更不同于西方的人权活动家时，人们是不是也要考虑一下其中的原因，考虑一下当事人的意见呢？

为此，本文作者认为，应该将农民工的权益划分为绝对权益（或底线权益）和相对权益。前者是指受到法律、法规保护的不容侵害的权益，后者则是在法律底线之上的相对利益分配。政府保护绝对权益，市场调节相对权益。但即使是绝对权益，也可以分出轻重缓急，就当前的情况而论，解决工资拖欠、强迫劳动、工作条件损害工人健康等是农民工权益保护的重中之重。至于超时工作问题，在取得农民工同意的基础上，就可能不是大的问题。进一步，可以将权益受损划分为可以接受的和不能接受的。所谓可以接受的权益受损，对农民工来说，就是从法律的标准来判断是违法或不合法的，但是，他们对这种不合法性并没有清晰的认知，或者在他们的观念中，这些是合理的，也即是说，不合法但合理。之所以要强调这一点，不是说要为不合法的行为辩护，而是说，权益及其受损的范畴，不仅仅是一个法律的范畴，而从来都是一个历史的、社会的范畴，是一个社会心理的范畴。不认识到这一点，就会对权益问题作简单化的理解，就会脱离实际状况，在权益保护问题上分不清轻重缓急，眉毛胡子一把抓，对实际的政策制定和执行并不会起到好的作用或效果。

---

① 我们认为，回归分析的结果表明，人地比对于中国农民的效益观的确发生作用，但是，这种作用并不显著地表现为省际差异。黄宗智和赵冈的论述是有意义的，如果将中国农民和欧洲农民进行比较，这种差异可能更为明显。在现代中国，各省之间的人口—土地比率已经相当接近，而且更为复杂的是，土地的贫瘠程度也不同，对人口—土地比率关系应该进行更深入的研究。

参考文献：

1. A. 恰亚诺夫：《农民经济组织》，中央编译出版社 1996 年版。

2. 黄宗智：《长江三角洲小农家庭与乡村发展》，中华书局 2000 年版。

3. 马克思："哲学的贫困"，《马克思恩格斯全集》（第 4 卷），人民出版社 1965 年版。

4. 马克思、恩格斯："共产党宣言"，《马克思恩格斯选集》（第 1 卷），人民出版社 1972 年版。

5. 迈可·布若威：《制造甘愿——垄断资本主义劳动过程的历史变迁》，群学出版有限公司 2005 年版。

6. 詹姆斯·C. 斯科特：《农民的道义经济学：东南亚的反叛与生存》，译林出版社 2001 年版。

7. Chao, Kang. , 1986, *Man and land in Chinese History：An Economic Analysis*, Stanford：Stanford Uiniversity.

8. Heckman, James J. , 1979, "Sample Selection Bias as a Specification Error", *Econometrica*, 47.

劳动权益与精神健康[*]

——基于对长三角和珠三角外来工的问卷调查

　　2010 年上半年，富士康、台州、佛山等地外来工自杀事件（"两岸三地"高校富士康调研组，2010；田国垒、吉玲，2010；陈荣炎等，2010）接连发生，这些事件迅速成为全国乃至全世界的新闻焦点，外来工的精神健康也因此受到政府官员、企业家、学者以及民众的普遍关注，并且产生了诸多争议，如员工精神健康更多与管理体制还是人格特质有关；更多地与工作场所，还是生活空间有关？有一种观点认为富士康的工资并非珠三角最低的、加班不是珠三角最严重的，因此推测劳动权益状况不是影响外来工精神健康的主要原因（黄小伟，2010；徐明天，2010），这类观点建立在富士康个案之上，缺乏对珠三角地区和其他区域外来工精神健康状况的全面调查，是有待证实或证伪的。

　　对于白领而言，劳动权益或许不是一个严重问题，他们的工作环境较好、福利待遇较高、劳动权益较少遭受侵害，在这样的状况下，其存在的精神健康问题与劳动权益保障可能关联度不高。而外来工则不同，诸多研究表明，由于制度和人力资本的约束，他们的工作环境一般较差、福利待遇较低，劳动和人身权益经常受到侵害，这直接关系到他们的生存状况，因而劳动权益与其精神健康之间可能直接相关。

---

　　[*] 本文初次发表于《社会学研究》2011 年第 4 期，署名作者为刘林平、郑广怀、孙中伟。

2010 年 7 月，我们对珠三角和长三角 4000 余位外来工①进行了大规模问卷调查。本次调查采用国际上常用的 12 项一般健康量表（12 item General Health Questionnaire，以下简称 GHQ - 12）对外来工精神健康状况进行了专项测量。本文正是基于这一测量数据，在总结此前研究的基础上，对外来工精神健康现状以及劳动权益的影响进行深入探讨。

一　文献回顾和研究假设

（一）心理学和医学研究的现状及不足

目前对外来工精神健康的已有研究主要集中在心理学和医学领域（何雪松等，2010），大致分为精神健康现状描述和影响因素分析两个方面。就前者而言，既有研究主要有如下发现：首先，外来工较普遍地存在精神健康问题（李晓芳，2004；何雪松等，2010）；其次，外来工精神健康状况较全国平均水平差，心理问题发生率较一般群体高（李晓芳，2004；徐香芬等，2006；龚承柱等，2008；廖传景等，2010）；再次，外来工精神健康状况比本地工差（Shen et. al，1998）。

就影响因素而言，既有研究集中分析了流动压力、社会支持、生活事件及应对方式等对外来工精神健康的影响。何雪松等（2010）的研究认为，移民压力、社会支持和迁移意义以不同的路径影响外来工的精神健康。斯诺等（Snow et. al，2003）则分析了工作场所压力源②、社会支持和应对方式对员工精神健康的影响。该研究发现，工作相关的社会支持可以降低工作压力，同时提高积极应对方式的使用；工作压力源是工作相关

---

①　本次调查的外来工是指大专及以下学历、跨区县流动、被企业或单位正式雇佣的外来工务工人员，也包括少量符合条件城镇户口者，但主体是农民工（占 83.5%）。我们在模型中曾尝试加入了户籍变量，但发现对精神健康状况没有显著影响，也不影响其他变量的显著性和作用的方向性。此外，虽然有一些外来工拥有大专学历和城镇户籍，但他们从事的工作性质、环境、待遇与低学历农民工基本一致。因此本文中，我们对"农民工"和"外来工"不作区分。

②　心理学上认为，心理问题是个体与环境相互作用的结果（Lazarus & Folkman，1984），当个体意识到不能恰当应对发生在他们身上的威胁时，压力就产生了，若缺乏有效应对措施，就会产生焦虑、抑郁、沮丧、失眠，甚至失去信心等心理问题。压力（stress）概念是指个体不能有效应对身体或环境刺激所导致的生理或心理失去平衡的一种紧张状态，而那些具有威胁性或伤害性并因此给个体造成压力的事件或环境就是压力源（Selye，1976）。由此，压力可理解为由压力源、对压力源的评估及可能产生的生理和心理反应所构成的动态过程。

的社会支持与心理症状之间的中介变量。黄富强和梁淑雯（Wong & Leung, 2008）的研究发现，流动压力（特别是"经济和就业的困难"和"人际关系困难"）是影响精神健康的显著因素之一。钱胜等人（2008）则指出，负性生活事件①是影响外来工精神健康的重要因素。

尽管上述研究较为深入和全面地讨论了外来工的精神健康问题，但也有意无意地忽略了一个可能影响外来工精神健康的重要因素——权益状况（包括人身和劳动权益），而在当代中国，外来工的权益普遍被侵犯是一个既存并被公认的事实（Chan, 2001; Chan & Zhu, 2003; Chen, 2007; "外来农民工"课题组，1995；刘林平、郭志坚，2004；万向东等，2006；谢勇，2008；蔡禾等，2009）。在此情况下，分析外来工的权益状况对其精神健康的影响就尤为必要。

（二）社会学研究的现状和不足

与心理学从个体角度解释心理问题不同，社会学主要从社会结构的角度进行解释。早在100多年前，马克思就探讨了生产劳动对个体心理的影响。他认为，劳动对于工人来说是外在的、不属于他的本质的东西，是异化劳动。"因此，劳动者在自己的劳动中并不肯定自己，而是否定自己；并不感到幸福，而是感到不幸；并不自由地发挥自己的肉体力量和精神力量，而是使自己的肉体受到损失、精神遭到摧残"（马克思，1979：47）。马克思的论述包含着两个含义：其一，生产劳动过程直接影响工人精神健康；其二，工人的精神健康问题主要是在其工作单位或工作场所产生的。

在马克思之后，布雷弗曼（1974/1978）、布若威（1979/2008）等人基本都坚持了马克思的观点。潘毅（2007）则具体研究了20世纪90年代后期深圳工厂女工的个案，她对一位女工的梦魇和尖叫作了深入分析，认为这主要是由工厂超时劳动所引发的一种类似创伤性精神官能症的病症。

与马克思关注劳动过程不同，迪尔凯姆（1897/1996）则从社会整合的角度对个人的精神健康进行解释，他认为社会失范是造成精神健康问题的主要原因之一，而一定程度的社会整合有利于个人的精神健康。迪尔凯

---

① 负性生活事件是指个体在社会生活中所经历的诸如亲人丧亡、夫妻离异、失恋、失业或退休、疾病或伤残、被侮辱等给身体或心理造成不良影响的事件，它会使个体产生不安、消沉、焦虑、恐惧等情绪，是个体产生各种心理问题的重要因素之一（胡军生、程淑珍，2008）。

姆的理论可以视为社会网络学派分析精神健康问题的先声。

社会网络是近年来外来工研究的主要视角之一，社会网络具有向其成员提供功能性、情感性和社会交往支持的功能（Van del Poel，1993；Sherraden & Martin，1994）。大量经验研究发现，人们的社会网络关系无论对身体健康还是精神健康都起着相当重要的作用（Jacobson，1986；House et al.，1988；Lin & Ensel，1989；赵延东，2008；何雪松等，2010）。黄富强和梁淑雯（Wong & Leung，2008）研究发现社会伙伴支持对外来工精神健康有显著影响，工具性支持显著影响外来男工的精神健康，而尊重支持显著影响女工的精神健康；此外，该研究还发现，社会伙伴支持是影响流动压力和外来女工精神健康关系的调节变量。

尽管大量的社会学研究关注到了外来工的权益状况，但并未在权益状况与个体精神健康之间建立联系，本文认为，这主要由以下原因造成：其一，社会学主要从社会结构的角度关注外来工的公平感、认同感和归属感等群体心理，认为户籍制度以及由此所衍生的城乡二元结构是造成农民工普遍感到被排斥，产生自卑、孤独、失落、不满等心理的主要原因（王春光，2001、2006；朱力，2002；朱考金，2003；康来云，2004；李培林、李炜，2007、2010），相对忽视了行动者个体的心理因素；其二，国内社会学界主要使用问卷调查，较少使用成熟的心理或医学量表，难以对心理问题进行客观和全面的测量（赵延东，2008；陈黎，2010）；其三，一些研究采用个案进行分析，对权益状况影响精神健康的解释主观性较强，难以确证这二者之间的因果关系，更难推论到整个群体。

综上所述，就外来工精神健康而言，心理学和医学的研究忽视了权益状况这一重要影响因素，而社会学的研究则缺少有效的测量工具。为了弥合既有研究的不足，本文尝试在控制个人特征、组织特征等其他影响因素的前提下，探讨权益状况与精神健康的关系。

（三）研究假设

基于既有文献，我们认为，权益受损和劳动条件恶劣可能损害外来工的精神健康，而社会支持则有益于外来工的精神健康。为此，我们提出三项基本假设。

假设 1：劳动权益状况影响外来工精神健康，具体而言：

1a：被拖欠工资者，精神健康状况更差；

1b：加班时间越长，精神健康状况越差；

1c：被强迫劳动者，精神健康状况更差；

1d：对劳动权益有意见者，精神健康状况更差。

外来工精神健康是当下生存状态的反映，而劳动权益状况直接决定了他们的生存状态。外来工工资水平较低，生存压力较大，被拖欠工资者往往感受到较大的经济压力。在工作中，一般来说，工作时间越久，越缺乏自由活动与放松身心的机会，身心会越疲惫，员工越可能产生心理压力以及焦虑、烦躁等情绪，也可能因为疲劳而发生工伤。被强迫劳动导致劳动者工作并非出于自己的意愿，影响到他们对工作的态度和工作时的情绪，可能会损害精神健康。对劳动权益是否有意见是一个主观变量，反映了不同外来工对权益状况的敏感程度和主观认识，对劳动权益有意见者精神健康状况可能更差。

假设2：劳动条件影响外来工精神健康，具体而言：

2a：冒险作业者，精神健康状况更差；

2b：工作环境有危害者，精神健康状况更差。

我们采用是否冒险作业以及工作环境是否有危害两项指标来测量外来工的劳动条件。劳动安全保障是劳动权益的基本要求，但实际上许多工人因为工作原因经常暴露在对身体健康有毒有害的粉尘、气体或噪音中，或者缺乏基本的安全措施，这样的劳动条件会直接影响外来工的身体健康，一旦身体受到损害，往往会表现在精神健康上。即使身体健康一时没有受到侵害，但外来工也可能出现焦虑、紧张或恐慌等影响精神健康的心理状态。

假设3：社会支持有益于外来工的精神健康，具体而言：

3a：有企业内部朋友者，精神健康状况更好；

3b：生产班组中有老乡者，精神健康状况更好；

3c：参与社会组织（如工会、共青团和妇联）者，精神健康状况更好；

　　3d：与本地人交往有困难者，精神健康状况更差。

　　在假设 1 和假设 2 中，我们主要想探讨的是哪些因素损害了外来工的精神健康，而假设 3 则试图从社会网络的角度分析哪些社会支持有益于外来工的精神健康。朋友是社会支持的重要来源，是否在本企业内部有朋友反映了外来工在工作场所的社会支持状况，有朋友，则可能获得更多的社会支持，精神状况也可能较好。对于外来工来说，老乡不仅仅能够提供物质帮助，也能够提供较多的情感支持。工作班组中老乡越多，则可能得到的帮助和支持也越多，精神健康状况可能越好。工会、共青团和妇联等组织能够为其成员提供一定的社会支持，因此我们假设参与这些组织者的精神健康状况更好。除以上指标外，是否存在交往障碍也可能影响外来工精神健康状况，如果外来工无法与本地人交往，难以融入当地社会网络，则精神健康状况可能较差。

二　抽样与测量

（一）抽样

　　由于缺乏珠江三角洲（以下简称珠三角）和长江三角洲（以下简称长三角）① 外来工总体的抽样框，我们难以按照随机抽样的方式开展调查，这也是几乎所有的流动人口或边缘人群抽样调查中曾经遇到的问题（Salgani & Heckathorn，2004）。因此，我们以城市外来人口的相对比例作为样本分配根据，将各省市政府部门公布的有关统计数据（上海市统计局、国家统计局上海调查总队，2008；江苏省人口抽样调查领导小组办公室，2006；浙江省 1% 人口抽样调查领导小组、浙江省统计局人口和社会科技统计处，2006；广东省 1% 人口抽样调查领导小组办公室，2008）中性别、产业、地区分布作为参数进行配额。具体而言，根据以上统计数据，计算出长三角和珠三角 19 个城市的外来人口总数，然后按照各城市占总体的比例分配样本再进行微调，将低于 100 样本的城市调至 100，最终确定各城市样本配额；在城市内部，又根据分性别、产业和地区外来工

---

　　① 珠三角包括广州、深圳、珠海、佛山、肇庆、东莞、惠州、中山和江门；长三角包括上海、南京、苏州、无锡、常州、南通、杭州、宁波、嘉兴和绍兴。

的分布制订了配额表，每个城市的分配方法是一致的；而在企业样本的数额分配上，我们规定：企业规模在 30 人以下的，只做 1 份；企业规模在30—299 人之间的可做 3 份；规模在 300 人以上的，则可做 5 份。多份问卷须选择不同性别、工种、年龄或来源地的外来工。本次调查的访问员由在读本科生和研究生[①]组成，根据配额信息与便利原则选择被访者。同时，在调查执行过程中，课题组与各地访问员之间每天汇总样本信息，随时调整使之符合配额分布。

最终，我们在两地区 19 个城市共获得有效样本 4152 份，分布在 3264家不同规模、性质和行业的企业中。

总之，这样的抽样方式是一种大样本、多地点、多机构合作的非概率抽样方式（nonprobability sampling）。相关研究表明，此种非概率抽样方式有助于克服抽样时的地理集中（geographic concentration）和隐藏的选择偏见（hidden selection bias），从而可以提高样本的代表性和推论统计的可靠性（Guo & Hussey，2004）。因此，本文所用数据尽管并非严格意义上的随机样本，但仍然具有一定的代表性。当然，它也不可避免地包含了非随机抽样的局限性，因而，本文可视为一个探索性研究。

（二）测量

本次问卷调查的主题是劳动权益问题[②]，"富士康事件"的发生引起了我们对外来工精神健康问题的关注，因此我们在问卷中加入了 GHQ - 12[③]来测量外来工精神健康状况。作为一种筛查量表，GHQ - 12 的目的在于快速筛查出精神疾病的高危人群。需要指出的是，GHQ - 12 所测量得出的高危人群不表示该群体存在严重的精神问题或精神疾病，只是表明与低危和中危人群相比，其中存在精神疾患的个体的比例较高。若想确认是否患病，还需要进一步客观、全面、准确的心理诊断。

---

① 包括中山大学社会学系（负责珠三角 9 个城市）、上海大学社会学系（负责上海市）、南京大学社会学系（负责江苏 5 个城市）、浙江工商大学社会工作系（负责浙江 4 个城市）。

② 利用此次问卷调查数据，我们已经发表了《劳动权益的地区差异——基于对珠三角和长三角地区外来工的问卷调查》（刘林平等，2011）一文。

③ 有关 GHQ - 12 的问题设计、使用方法、效度与信度分析参见：Goldberg et al.，1997；Makowska et al.，2002。有关该量表应用于中国人的情况参见：杨廷忠等，2003；张杨等，2008。

GHQ - 12 为总加量表，是将目前（1—4 周）的精神健康状况与平时进行对比。我们询问最近两周与平时相比的情况。该量表选择项为："完全没有"、"与平时一样"、"比平时多一些"、"比平时多很多"。按照世界卫生组织（WHO）的建议（石其昌等，2005），我们采用 0 - 0 - 1 - 1 赋分方法，即选择前两项均记为 0 分，选择后两项均记 1 分。因此，12 个条目之和的最低分为 0 分，最高分为 12 分，最佳分界值为 3/4 分（杨廷忠等，2003）。根据测量结果，参照石其昌等（2005）及张杨等（2008）的研究，我们将外来工分为高危人群、中危人群、低危人群三类。高危人群表示 GHQ - 12 测量结果大于等于 4 分，中危人群为 2 或 3 分，低危人群为 0 或 1 分。

三　统计分析

（一）外来工精神健康状况及与其他群体的比较

统计显示，外来工精神健康的低危人群占 66.4%，中危人群占 18.9%，高危人群占 14.7%。与近期相关研究（与本研究采用相同量表和相同赋分方法）的结果（见表 1 左栏）比较，外来工群体的精神健康状况并不比其他群体更为严重。如一般成人群体中高危人群最高比例为 36.9%，最低为 12.5%，大多高于 15%。与之相比，外来工精神健康也相对较好；与其他工作群体相比，也明显好于石油作业人员、护士和铁路女工；与其他青年群体（如大学生和青少年）相比，外来工中高危人群所占比例也相对较低。

表 1　　　　　　　　外来工精神健康状况与其他群体的比较

数据来源	调查地点	调查对象	样本量	分界值	高危人群比例
本调查（2010）	长三角	外来工	4152	≥4	14.7%
汤济松等（2002）	近海	石油作业人员	561	见说明 1	29.4%
石其昌等（2005）	浙江省	15 岁及以上人群	14639	≥4	20.7%
袁家珍等（2005）	上海市	16 岁以上社区人群	2749	≥3	15.2%
张燕敏等（2005）	浙江省	15—19 岁青少年	1194	2/3	23.2%
贝志红等（2009）	广西桂东	综合医院护士	190	见说明 2	42.1%
顾华康（2009）	不明	铁路女工	1965	3/4	41%

续表1

数据来源	调查地点	调查对象	样本量	分界值	高危人群比例
崔春青等（2009）	河北省	18岁及以上人群	14408	≥4	16.4%
陈婷婷等（2010）	广州市	医学院学生	538	≥4	64.9%
丁志杰等（2010）	天水市	18岁及以上人群	10249	≥4	17.9%
逄淑涛等（2010）	青岛市	18岁及以上人群	4776	≥4	16.2%
茹建国等（2010）	乌鲁木齐	18岁以上社区居民	1156	≥4	36.9%
宋志强等（2010）	青海省	18岁及以上人群	11178	≥4	12.5%
张敬悬等（2010）	山东省	18岁及以上人群	22718	≥4	14.2%

（二）自变量统计描述

本部分主要对自变量进行简要说明，并比较高危人群与非高危人群的组间差异。我们将个人变量、生活环境、企业特征作为控制变量，解释变量为劳动与人身权益状况以及社会支持状况（见表2）。

表2   自变量统计描述

控制变量	非高危人群	高危人群	总体	解释变量	非高危人群	高危人群	总体
年龄（均值）	30.93	27.75	30.45	拖欠工资（%）			
性别（%）				无	96.31	95.64	96.21
女	45.46	46.23	45.58	有	3.69	4.36	3.79
男	54.54	53.77	54.42	加班时间（%）			
教育年限	9.91	10.81	10	0≤小时<2	45.57	42.21	45.08
婚姻（%）				2≤小时<4	40.02	41.04	40.17
未婚	38.21	59.59	41.3	4≤小时	14.41	16.75	14.75
已婚	61.79	40.41	58.7	强迫劳动（%）			
身体健康（%）				无	95.56	91.62	94.98
不好	4.76	8.71	5.34	有	4.44	8.38	5.02
正常	95.24	91.29	94.66	冒险作业（%）			
地区（%）				无	95.96	94.64	95.77
珠三角	47.39	59.13	49.12	有	4.04	5.36	4.23

续表 2

控制变量	非高危人群	高危人群	总体	解释变量	非高危人群	高危人群	总体
长三角	52.61	40.87	50.88	工作环境危害（%）			
来源地是否本省（%）				无	82.03	75.54	81.07
本省	25.81	26.63	25.93	有	17.97	24.46	18.93
外省	74.19	73.37	74.07	对劳动权益有意见（%）			
收支比	2.92	2.52	2.86	无	79.23	69.85	77.85
居住地点（%）				有	20.77	30.15	22.15
企业内	38.08	42.45	38.72	本企业有无朋友（%）			
企业外	61.92	57.55	61.28	无	28.61	30.82	28.93
工种（%）				有	71.39	69.18	71.07
普工	47.36	44.93	47.01	班组有没有老乡（%）			
技工	23.02	19.76	22.54	没有	26.35	23.45	25.92
中低层管理人员	19.73	24.49	20.42	较少	49.85	51.76	50.14
其他	9.89	10.82	10.03	较多	23.8	24.79	23.94
产业（%）				组织参与（%）			
二产	71.92	67.84	71.32	无	86.23	85.76	86.16
三产	28.08	32.16	28.68	有	13.77	14.24	13.84
企业规模（%）				与本地人交往的困难（%）			
1—99 人	32.2	31.41	32.08	无	37.29	24.29	35.38
100—299 人	24.02	18.85	23.26	有	62.71	75.71	64.62
300—999 人	20.58	20.03	20.5				
1000 人以上	23.2	29.71	24.16				
企业性质（%）							
国有或集体	9.54	9.46	9.53				
私有	72.94	72.13	72.82				
外资	6.73	9.8	7.18				
港资	5.57	4.56	5.42				
台资	5.22	4.05	5.05				

1. 控制变量

在人口特征方面，总体平均年龄为 30.45 岁，其中高危人群平均为

27.75 岁；男性占 54.42%；总样本量中 58.7% 已婚，而高危人群中已婚者仅占 40.41%；平均教育年限为 10 年，而高危人群的受教育年限接近 11 年；身体健康状况的评估较为困难，我们采用自评法进行测量，有 5.34% 的外来工明确表示自身健康状况不好，而高危人群这一数字上升至 8.71%。

在地区方面，珠三角占总体的 49.12%，但在高危人群中，却高达59.13%，可能珠三角外来工的精神健康状况差于长三角；从来源地看，样本中大多数都是跨省打工的外省人，近 26% 为本省人，高危人群和非高危人群的组间差异并不明显。

收入和支出状况对外来工的生活影响甚大，在此，我们构建一个辅助变量收支比，即月收入与支出的比值，收支比越高则经济压力越小。从表2 可见，高危人群的收支比低于非高危者。居住环境会影响到个人的精神健康，我们将居住地点分为企业内和企业外，企业内主要指员工宿舍和工作场所，企业外则包括出租屋、自购房、借宿等。居住在企业内的外来工近 39%，高危人群略高；大部分外来工住在企业外。

我们把工种分为普工、技工、中低层经营管理人员、其他四类，其中普工近一半，占 47%。高危人群中，中低层经营管理人员比例较高，约24.5%。外来工主要从事制造业、建筑业和服务业，因此我们把产业分为二产（制造业与建筑业）和三产（服务业），高危人群中，三产比例占32.16%，比非高危人群高 4 个百分点。

企业规模和性质是重要的组织特征。一般来说企业规模越大，劳资关系越规范，但是劳动控制过程也可能越严格；不同性质企业的管理模式、劳资关系取向可能不同，一般来说，国有、集体或外资企业劳资关系较为规范。不同性质和规模企业的管理制度直接影响外来工权益状况，也会影响他们的精神健康。在规模上，高危人群中，在 1000 人以上规模企业者近 30%，明显高于非高危人群；在性质方面，只有在外企中高危人群所占比例相对较高，但差异并不明显。

2. 解释变量

本研究中，测量劳动权益状况主要指标包括工资拖欠、加班、强迫劳动、冒险作业、工作环境等。具体来看，3.79% 的外来工过去半年来曾经被拖欠过工资，高危人群中则有 4.36%；工作时间是反映劳动权益的重要变量，加班时间在 2 小时以下者占总体的 45.08%，加班 4 小时以上者占 14.75%，而高危人群中加班 4 小时以上者占 16.75%；是否存在强迫劳动通常反映企业的管理模式，5.02%的外来工在本企业遭受过强迫劳动，而高危人群则占8.38%；工作中存在冒险作业的占4.23%，而高危人群则占5.36%；工作环境有无危害是指外来工工作的场所是否存在有毒有害的物质、气体或噪音等，有近19%的外来工表示工作环境存在危害性，其中高危人群占24.46%。

另外，调查还直接询问了"您就劳动权益问题对企业是否有意见"。此处劳动权益主要指工资、工时、加班工资、福利保险、劳动合同、劳动安全与卫生等方面的问题。结果表明，过去一年来，22.15%的外来工对所在企业的劳动权益方面有意见，其中高危人群则高达30%以上。

在社会支持方面的数据表明，总体上28.93%的外来工没有本企业朋友，高危人群与非高危人群之间的组间差异并不明显。同时我们询问了他们所在班组中老乡的多少。如果是外省人，我们以省为界定义老乡；如果是本省人，我们则以市为界定义老乡。数据表明，近26%的表示没有老乡，约50%的表示老乡很少，近24%的表示老乡较多。高危人群与非高危人群的组间差异并不明显。

组织参与是指外来工是否是共产党、共青团、工会、妇联的成员，参与其中之一则表示有组织参与，数据显示13.84%的外来工有组织参与。另外，我们还在调查中询问了他们与本地人交往是否存在困难，64.62%表示存在困难，而高危人群中表示存在困难的达75.71%。

综上可知，从控制变量来看，年轻、未婚、教育程度高、收支比低、中低层经营管理人员、从事三产、在千人以上大企业者精神健康状况稍差，属于高危人群的可能性更高；在我们将要研究的解释变量中，强迫劳动、工作环境危害、对劳动权益有意见等都可能提高外来工成为高危人群的可能性。但这仅仅通过频数描述是不够的，因此我们将在下文中建立模型检验影响外来工精神健康的因素。

（三）Logit 模型分析

我们以外来工精神健康状况作为因变量。具体来说，根据 GHQ – 12 测量结果，我们将因变量分为高危人群和非高危人群（低危和中危人群），这是一个二分类别变量，因此采用二分 Logit 模型（见表3）。

从表3可知，控制变量中的教育年限、婚姻状况、身体健康状况、区域、月收支比是影响外来工精神健康的显著因素。值得一提的是，已婚者成为高危人群的发生比①只有未婚者的 63.3%，这表明婚姻本身存在一定的精神慰藉作用。另外，月收支比越高者，精神健康状况越好，这表明外来工的精神健康与经济压力密切相关。

表3　　　　　　　　　　外来工精神健康状况 Logit 回归结果

变量	回归系数	标准误	发生比率
年龄	- 0.00892	0.00816	0.991
女性（男性 = 0）	- 0.0462	0.101	0.955
教育年限	0.0829 * * *	0.0195	1.086
已婚（未婚 = 0）	- 0.458 * * *	0.139	0.633
身体健康正常（不好 = 0）	- 0.401 *	0.184	0.670
长三角（珠三角 = 0）	- 0.406 * * *	0.101	0.666
外省人（本省人 = 0）	- 0.171	0.116	0.843
月收支比	- 0.0678 *	0.0298	0.934
住在企业外（企业内 = 0）	0.0595	0.254	1.061
工种（普工 = 0）			
技工	- 0.189	0.132	0.827
中低层经营管理人员	0.0925	0.132	1.097
其他	0.115	0.167	1.121
服务业（制造业 = 0）	0.134	0.115	1.143
企业规模（1—99 人 = 0）			
100—299 人	- 0.219	0.138	0.804
300—999 人	- 0.134	0.139	0.874
1000 人以上	0.179	0.134	1.197
企业性质（国有 = 0）			
私有	0.0893	0.172	1.093
外资	0.301	0.223	1.351
香港	- 0.498	0.272	0.608
台湾	- 0.442	0.286	0.642
被拖欠工资（无 = 0）	- 0.102	0.241	0.903

---

① 发生比指事件发生与不发生的概率之比（郭志刚主编，1999）。自变量每变化一个单位，相应发生比的变化为（$e^{\beta} - 1$）100%。

续表3

变量	回归系数	标准误	发生比率
加班时间（0≤小时<2＝0）			
2≤小时<4	0.0769	0.112	1.080
4≤小时	0.188*	0.143	1.207
强迫劳动（无＝0）	0.393*	0.193	1.482
对劳动权益有意见（无＝0）	0.301**	0.111	1.351
冒险作业（无＝0）	0.218	0.228	1.244
环境危害（无＝0）	0.220*	0.123	1.246
有企业内朋友（无＝0）	−0.147	0.103	0.863
生产线（班组）老乡（无＝0）			
较少	0.188	0.12	1.206
较多	0.396**	0.141	1.486
组织参与（无＝0）	0.116	0.145	1.123
与本地人交往有困难（无＝0）	0.625***	0.111	1.868
截距	−2.242***	0.507	
样本数	3890		
PseudoR²	0.0757		
分类正确率①	85.50%		

注：*p<0.05，**p<0.01，***p<0.001。

在解释变量中，加班时间（4小时及以上）、强迫劳动、环境危害、对劳动权益有意见、生产线老乡（较多）、与本地人交往有困难是显著变量。具体而言，每日加班时间在4小时及以上的外来工成为高危人群的发生比是加班时间在2小时以下者的1.2倍，假设1b得到支持；被强迫劳动者成为高危人群的发生比是未被强迫劳动者的1.48倍，假设1c得到支持；对劳权有意见者成为高危人群的发生比是没有意见者的1.35倍，假设1d得到支持；工作环境有危害者成为高危人群的发生比是没有危害者的1.25倍，假设2b得到支持；与本地人交往有困难者成为高危人群的发生比是无困难者的1.87倍，假设3d得到支持。值得注意的是，尽管统计

① 分类正确率（correctly classified）指模型成功预测的个案数占总样本的比例，是反映Logit模型拟合程度的指标（汉密尔顿，2008）。

显示生产线老乡数量与外来工精神健康显著相关，但却与研究假设的影响方向相反，即生产线老乡较多者成为高危人群的发生比是没有老乡者的1.47倍；"被拖欠工资"在模型中不显著，假设1a未得到支持；同时，冒险作业、没有企业内朋友、组织参与等变量不显著，假设2a、3a、3b、3c未获得支持。

综上所述，我们有如下发现：第一，劳动权益状况对外来工的精神健康状况有显著影响，加班时间越长，精神健康状况越差；被强迫劳动者，对企业劳动权益有意见者，精神健康状况更差。第二，劳动条件显著影响精神健康，工作环境有危害者精神健康状况更差。第三，社会交往显著影响外来工的精神健康，同一生产线中有较多老乡者，精神健康状况更差；与本地人交往有困难者，精神健康状况更差。

四 讨论

本研究发现，与普通群体（如学生、护士、普通市民等）相比，外来工精神健康问题并不特别突出，仅有14.7%的外来工属于精神健康问题的高危人群。影响外来工精神健康的显著变量有两类：一是表明劳动权益状况的指标，包括加班时间、强迫劳动、工作环境等客观指标和对劳动权益有意见这一主观指标；二是表明社会支持状况的指标，包括生产线老乡比例和与本地人交往是否困难。下面，我们对这些变量及其相关变量的作用机制逐一讨论。

（一）劳动权益与精神健康

1. 工时和工作环境

一般来说，企业为节约用工成本，往往不愿增加员工数量，将有限的员工过度使用。我们的调查表明，16%的外来工每天工作12个小时或以上，31.6%的外来工每周工作7天，14%的外来工工作1个月也没有得到1天的休息。他们的身体长期处于疲劳状态，难以得到放松和调节，很容易产生无聊、烦躁等负面情绪，也容易造成工伤事故。我们的调查也表明，近20%的外来工所在的工作场所存在有害物质、气体或噪音等，而这不仅直接危害到他们的身体健康，也容易产生职业病，进而影响到精神健康。

2. 拖欠工资

被拖欠工资对精神健康的影响不显著，数据表明，53.7%的人已经得到了补发，再者两者之间可能存在某些调节变量和中介变量，如向朋友借钱可以缓解因工资被拖欠带来的经济压力，从而尚未恶化精神健康状况。但是，在控制变量中，收支比对外来工精神健康问题具有显著影响。当前外来工工资普遍较低，也缺乏良好的社会保障，尤其在城市物价水平较高并不断上涨，但工资却得不到同步增长的情况下，这不可避免地会给外来工造成心理压力。

3. 强迫劳动和冒险作业

回归分析中，强迫劳动对外来工精神健康具有显著影响，而冒险作业则没有。从事冒险作业的约74%是"80后"男性外来工，尽管意识到了工作存在危险，但他们往往习以为常，并没感觉到恐惧或压力。而强迫劳动（7%）直接违背劳动者意愿，其个人自主性没有得到充分尊重，会给劳动者心理造成直接、持续的压力。

4. 对劳动权益有意见

本文中，劳动权益主要由一系列客观指标构成，但是不同人的认识和感受不同，因而对劳动权益状况的评价可能不同。对劳动权益是否有意见反映了劳动者的心理敏感程度和权益意识，心理越敏感、权益意识越强，越能够感受权益问题的存在，更容易产生精神健康问题。

5. 地区比较

珠三角外来工精神健康状况明显差于长三角。我们发现，31项有关劳动权益保障的重要指标，珠三角和长三角地区有22项存在显著差异，除工伤保险和带薪休假外，其余20项长三角均好于珠三角地区，特别表现在工资水平、劳动合同签订率、社会保险购买率和工作环境等方面（刘林平等，2011）。因此，我们可以作出推测，劳动权益状况的差异是导致两地外来工精神健康状况差异的主要原因。

简言之，在现有的用工模式下，劳动权益是影响外来工精神健康的重要因素，马克思关于劳动异化恶化工人精神健康的分析仍然符合中国当前的现实。但是，我们也不必过分夸大外来工的精神健康问题，样本中外来工的精神健康状况处于正常水平。但与白领职员、大学生等由于情感、理想、就业、前途等问题所产生的迷茫、抑郁、焦虑情绪不同，外来工精神健康问题主要是由劳动权益问题引起的，而劳动权益又与他们的生存状况紧密相关，对他们来说，当务之急仍然是争取体面劳动，维持基本生存，因此，我们认为外来工精神健康问题仍然属于传统的生存型精神健康问题。

（二）社会支持与精神健康

本研究还表明，生产线上老乡数量较多者，精神健康状况更差。这可能表明，尽管老乡之间可能存在一定的社会支持，但同一生产线上的老乡因其同质性可能更容易形成相互竞争乃至攀比，从而恶化精神健康状况。同时，同一生产线上的老乡关系也可能是上下级关系（如拉长和普工），这也构成压力的来源。换言之，老乡关系可能与工厂内部的竞争关系和等级关系扭结在一起，从而构成外来工面对的新压力源。

本研究还发现，与本地人交往是否通畅是影响精神健康的显著因素。这可能与外来工相对封闭的社会交往模式乃至珠三角和长三角的用工管理模式存在关联。首先，相当数量的外来工居住在企业宿舍中，他们过着"宿舍—车间—食堂"三点一线的生活，其交往范围自然就限于工友和一同进厂的老乡，缺乏与本地人接触的机会。其次，由于大量企业存在超时加班现象，疲惫不堪的外来工在加班后的第一要务是休息，他们有效的社会交往时间也随之被压缩。由此可见，消除外来工与本地人的社会交往障碍既要消除语言和歧视等具体障碍，也要调整既有的用工管理模式，改变长期加班的现状。

此外，我们发现企业内部是否有朋友、是否有组织参与对外来工精神健康没有显著影响，这些因素并不能有效缓解外来工的精神压力，提高其精神健康水平，社会支持作用没有得到体现。根据我们在珠三角的调查，许多企业对亲友、老乡等非正式关系比较抵触，刻意切断外来工的网络关系，不允许亲友、老乡在一个班组工作，在一个宿舍居住，将他们原子化，以防他们拉帮结伙对抗企业正式管理制度，这在一定程度上阻碍了外来工社会支持网的建立和效用的发挥。而工会、妇联、共青团等社会组织在外来工中覆盖率较低，影响面较窄，而且具有浓厚的官方特征，一方面较少向他们提供维权或生活帮助，另一方面也很少深入到外来工中真正关怀他们的生活环境和精神健康。因此，我们希望这类社会组织尽快改变传统的组织方式和工作方式，在解决劳动争议、缓解工作压力、改善工作环境等方面发挥积极作用，成为向外来工提供企业社会工作服务的主要力量。

（三）精神健康应是劳动权益的组成部分

本文的结论还引申出工人精神健康本身是否构成劳动权益的组成部分的议题。与国际上存在的将精神健康与压力方面的问题纳入国际劳工标准的趋势（International Labour Organization，2003）不一样，中国的劳工标准还未将精神健康纳入议事日程。不仅如此，现行的劳动争议处理的某些制度还限制了工人主张精神损害赔偿的权利。以工伤为例，它不仅给个人带来身体损害，也带来巨大的精神创伤，工人主张精神损害赔偿理所应当却于法无据。不但《工伤保险条例》（2003 年公布，2010 年修订）未规定精神损害赔偿，《最高人民法院关于审理人身损害赔偿案件适用法律若干问题的解释》（法释〔2003〕20 号）第二十条更是排除了工伤者依据民事侵权中的精神损害赔偿向用人单位索赔的可能。该条规定："依法应当参加工伤保险统筹的用人单位的劳动者，因工伤事故遭受人身损害，劳动者或者其近亲属向人民法院起诉用人单位承担民事赔偿责任的，告知其按《工伤保险条例》的规定处理。"我们推测，导致劳工标准和劳动争议处理制度排斥工人精神健康议题的原因之一，可能是"分层次"解决劳动权益问题的思路，即认为相对于工人的精神健康，身体健康更具有紧迫性和重要性。这一观点是值得商榷的。在经验层次上，我们很难区分管理者对工人的一次辱骂对工人的损害大还是一次加班对工人的损害大，前者可能演变为工人的极端行为（如自杀或杀人），而后者足够休息就可能恢复。在理论层次上，马克思关于异化劳动的论述告诉我们，异化的过程是身体受损和精神受损的同步过程（马克思，1979）。因此，我们主张，精神健康是劳动权益的题中应有之义。

总之，本文利用调查数据建构模型，证实了劳动权益的若干变量对外来工人的精神健康具有显著影响。这说明外来工的精神健康问题不是偶然的、随机的，而是受到系统性因素的影响，它也主要不是个体的问题，而是一个群体的问题。进而言之，外来工的精神健康问题是体制性或制度性的，它的发生与资本稀缺、劳动剩余的基本国情有关，与"过度消耗"劳动力的粗放式经济发展阶段有关，与"规训"和"军事化"的企业管理制度有关，与立法不完善、执法不到位的劳动法体系有关，与专注经济发展、忽视社会后果的"GDP 主义"的意识形态有关，与社会管理和社会服务滞后于经济发展的制度建设有关，与维护劳工权益的社会力量弱小的社会环境有关。它同时也说明，劳动权益从拖欠工资、超时加班、工伤频发等外显的问题开始向工人精神健康的"内伤"发展，而对此进行的干预绝不仅是心理医生就可以解决的问题，绝不仅是一个人文关怀的问题，更需要反思"强资本、弱劳工"的总体格局，反思企业管理和社会管理的基本制度，反思经济发展的目的与社会和谐的真正内涵，从而对精神健康问题开出一个内外兼顾、辩证施治的"总体性"治疗方案。

需要说明的是，作为一项探索性研究，我们只是初步证实了劳动权益与外来工精神健康之间的关系，实际上两者之间的关系非常复杂，其中许多机制在本文中未能充分挖掘，例如，在劳动权益与精神健康之间可能还存在的应对方式、工作压力源等中介变量或调节变量未能充分考虑到；又如，社会支持不仅可能是与劳动权益共同作用于精神健康的因素，它也可能是劳动权益与精神健康之间的调节变量，即社会支持在有利于精神健康的同时促进劳动权益的保护。我们的观点与结论还有待进一步随机样本的、更大规模的专题实证研究来验证。

参考文献：

1. 贝志红、江乙、陈杏芝、薛梅、郑沛英、徐维俭："综合医院护士的心理健康状况与社会支持的相关性研究"，《齐鲁护理杂志》2009 年第 7 期。

2. 布雷弗曼：《劳动与垄断资本——二十世纪中劳动的退化》，方生、朱基俊、吴忆萱、陈卫和、张其骈译，商务印书馆 1978 年版。

3. 布若威：《制造同意——垄断资本主义劳动过程的变迁》，李荣荣译，商务印书馆 2008 年版。

4. 蔡禾、刘林平、万向东：《城市化进程中的农民工：来自珠江三角洲的研究》，社会科学文献出版社 2009 年版。

5. 陈黎："外来工社会排斥感探析：基于社会网络视角"，《社会》2010 年第 4 期。

6. 陈荣炎、胡珊霞、南公宣：《一路砍伤六女子 行凶男子坠楼亡》，2010 年 5 月 17 日《新快报》（http：//epaper. xkb. com. cn/view. php？ id = 506779）。

7. 陈婷婷、荆春霞、杨光、王养峰、方丽、黄怀颖、陈丽明、吴峰岳、罗子峰："医学生压力现状及影响因素分析"，《中国公共卫生》2010 年第 11 期。

8. 崔春青、陈红梅、刘翠欣、张亚红、屈建新、于慧静："河北省抑郁症的流行病学调查"，《临床精神医学杂志》2009 年第 2 期。

9. 迪尔凯姆：《自杀论》，冯韵文译，商务印书馆 1996 年版。

10. 丁志杰、王刚平、裴根祥、管让成、何蕊芳、费立鹏、李献云、张永录、汪东明、洪贵子、杜鹤宇、白爱萍、李刚、王小全、魏长礼、李宏、王军："甘肃省天水市 18 岁及以上人群精神障碍流行病学调查"，《中国心理卫生杂志》2010 年第 3 期。

11. 龚承柱、郑玲、郭俊、胡锐、郑璐："武汉市农民工精神健康水平状况调查"，《消费导刊》2008 年第 18 期。

12. 顾华康：《工作和家庭压力对铁路女工心理及生殖健康的影响》，昆明医学院硕士学位论文，2009 年。

13. 广东省 1% 人口抽样调查领导小组办公室：《2005 年广东省 1% 人口抽样调查资料》，中国统计出版社 2008 年版。

14. 郭志刚主编：《社会统计分析方法——SPSS 软件应用》，中国人民大学出版社 1999 年版。

15. 汉密尔顿：《应用 STATA 做统计分析》，郭志刚等译，重庆大学出版社 2008 年版。

16. 何雪松、黄富强、曾守锤："城乡迁移与精神健康：基于上海的实证研究"，《社会学研究》2010 年第 1 期。

17. 胡军生、程淑珍："师范大学生生活事件和应对方式对精神健康的影响"，《中国临床心理学杂志》2008 年第 2 期。

18. 黄小伟：《深圳市政府：富士康跳楼是多种原因叠加》，2010 年 5 月 27 日《凤凰财经》（http：//finance.ifeng.com/roll/20100527/2241319.shtml）。

19. 简新华、黄锟："中国农民工最新生存状况研究——基于 765 名农民工调查数据的分析"，《人口研究》2007 年第 6 期。

20. 江苏省人口抽样调查领导小组办公室：《2005 年江苏省 1% 人口抽样调查资料》，中国统计出版社 2006 年版。

21. 康来云："农民工心理与情绪问题调查及其调适对策"，《求实》2004 年第 7 期。

22. 李晓芳："青年民工心理卫生状况调查分析"，《中国健康心理学杂志》2004 年第 6 期。

23. 李培林、李炜："农民工在中国转型中的经济地位和社会态度"，《社会学研究》2007 年第 3 期。

24. 李培林、李炜："近年来农民工的经济状况和社会态度"，《中国社会科学》2010 年第 1 期。

25. "两岸三地"高校富士康调研组：《"两岸三地"高校富士康调研总报告》，2010 年（http：//down.tech.sina.com.cn/content/49003.html）。

26. 刘林平、郭志坚："企业性质、政府缺位、集体协商与外来女工的权益保障",《社会学研究》2004 年第 6 期。

27. 刘林平、雍昕、舒玢玢："劳动权益的地区差异——基于对珠三角和长三角地区外来工的问卷调查",《中国社会科学》2011 年第 2 期。

28. 廖传景、毛华配、宫本宏：《城市农民工精神健康及群体差异调查研究——以浙江省温州市为例》,《生态经济》2010 年第 5 期。

29. 马克思：《1844 年经济学—哲学手稿》,人民出版社 1979 年版。

30. 潘毅：《中国女工：新兴打工阶级的呼唤》,明报出版有限公司 2007 年版。

31. 逄淑涛、王冠军、孔伶俐、张永东、孙波、殷松、李献云、费立鹏："青岛市 18 岁及以上人群精神障碍流行病学调查",《中国心理卫生杂志》2010 年第 3 期。

32. 钱胜、王文霞、王瑶："232 名河南省农民工精神健康状况及影响因素",《中国健康心理学杂志》2008 年第 4 期。

33. 茹建国、马金凤、刘继文："2010 年乌鲁木齐市社区居民精神障碍流行病学调查",《新疆医科大学学报》2010 年第 4 期。

34. 上海市统计局、国家统计局上海调查总队：《2007 年上海统计年鉴》,中国统计出版社 2008 年版。

35. 石其昌、章健民、徐方忠、费立鹏、许毅、傅永利、顾卫、周夏江、王淑敏、张澄和俞敏："浙江省 15 岁及以上人群精神疾病流行病学调查",《中华预防医学杂志》2005 年第 4 期。

36. 宋志强、杜欣柏、韩国玲、简冶拉、刘川、费立鹏、李献云、安海生、申柏岭、郑涛、刘兰香、阿怀红："青海省 18 岁及以上人群精神障碍流行病学调查",《中国心理卫生杂志》2010 年第 3 期。

37. 汤济松、陈维清、林艳足、凌志明、黄子惠、余德新："561 名近海石油作业人员精神健康调查",《中华航海医学与高气压医学杂志》2002 年第 2 期。

38. 田国垒、吉玲：《他们的青春如何安放?》,2010 年 5 月 21 日《中国青年报》(http://zqb.cyol.com/content/2010 - 05/21/content_ 3242356.htm)。

39. "外来农民工"课题组："珠江三角洲外来农民工状况",《中国社会科学》1995 年第 4 期。

40. 万向东、刘林平、张永宏："工资福利、权益保障与外部环境——珠三角与长三角外来工的比较研究",《管理世界》2006 年第 6 期。

41. 王春光："新生代农村流动人口的社会认同与城乡融合的关系",《社会学研究》2001 年第 3 期。

42. 王春光："农村流动人口的'半城市化'问题研究",《社会学研究》2006 年第 5 期。

43. 谢勇："农民工劳动权益影响因素的实证研究——以南京市为例",《中国人口科学》2008 年第 4 期。

44. 徐明天：《媒体为何回避富士康员工跳楼真正原因？》，2010 年 5 月 27 日—财网（http：//www. yicai. com/news/2010/05/354625. html）。

45. 徐香芬、朱敏慧、李同归、施承孙："120 名私企外来务工人员精神健康状况调查及其与应付方式间的关系研究"，《实用预防医学》2006 年第 1 期。

46. 杨廷忠、黄丽、吴贞一："中文健康问卷在中国大陆人群心理障碍筛选的适宜性研究"，《中华流行病学杂志》2003 年第 9 期。

47. 袁家珍、朱为冰、李学海、朱紫青："2749 例社区人群一般心理健康问卷（GHQ）调查分析"，《上海精神医学》第 17 卷（增刊），2005 年。

48. 张敬悬、卢传华、唐济生、邱慧敏、刘兰芬、王松波、王爱祯、张天亮、费立鹏、李献云、张韶东、江永华、赵长英、胡伯文、曹学义、张艳、高春霓："山东省 18 岁及以上人群精神障碍流行病学调查"，《中国心理卫生杂志》2010 年第 3 期。

49. 张燕敏、肖晓芬、章健民："浙江省 15—19 岁青少年心理卫生状况的调查分析"，《浙江医学》2005 年第 8 期。

50. 张杨、崔利军、栗克清、江琴普、孙秀丽、高良会、韩彦超、李建峰、刘永桥、严保平、吕华、杨保丽："增补后的一般健康问卷在精神疾病流行病学调查中的应用"，《中国心理卫生杂志》2008 年第 3 期。

51. 赵延东："社会网络与城乡居民的身心健康"，《社会》2008 年第 5 期。

52. 浙江省 1% 人口抽样调查领导小组、浙江省统计局人口和社会科技统计处：《2005 年浙江省 1% 人口抽样调查资料》，中国统计出版社 2006 年版。

53. 朱考金："城市农民工心理研究"，《青年研究》2003 年第 6 期。

54. 朱力："论农民工阶层的城市适应"，《江海学刊》2002 年第 6 期。

55. Chan, A. , 2001, *China's Workers under Assault*, New York：M. E. Sharpe, Armonk.

56. Chen, F. , 2007, "Individual Rights and Collective Rights：Labor's Predicament in China", *Communist and Post - Communist Studies*, 40 (1) .

57. Goldberg, D. P. , R. Gater, N. Sartorius, T. B. Ustun, M. Piccinelli, O. Gureje, & C. Rutter, 1997, "The Va54. lidity of Two Versions of the GHQ in the WHO Study of Mental Illness in General Health Care", *Psychological Medicine*, 27.

58. Guo, S. & D. L. Hussey, 2004, "Nonprobability Sampling in Social Work Research", *Journal of Social Service Research*, 30 (3) .

59. House, J. S. , D. Umberson, & K. R. Landis, 1988, "Structures and Process of Social Support", *Annual Review of Sociology*, 14.

60. International Labour Organization, 2003, *ILO Standards - related Activities in the Area of Occupational Safety and Health：An in - depth Study for Discussion with a View*

to the Elaboration of a Plan of Action for such Activities, Geneva: International Labour Office.

61. Jacobson, D. , 1986, "Types and Timing of Social Support", *Journal of Health and Social Behavior*, 27.

62. Lazarus, R. S. & S. Folkman, 1984, *Stress, Appraisal and Coping*, New York: Springer Publishing Co. .

63. Lin, N. and W. Ensel, 1989, " Life Stress and Health: Stressors and Resources", *American Sociological Review*, 54.

64. Makowska, Z. , D. Merecz, A. Moscicka & W. Kolasa, 2002, "The Validity of General Health Questionnaires, GHQ – 12 and GHQ – 28, in Mental Health Studies of Working People", *International Journal of Occupational Medicine and Environmental Health*, 15 (4) .

65. Salgani, M. J. & D. D. Heckathorn, 2004, "Sampling and Estimation in Hidden Populations using respondent driven sampling", *Sociological Methodology*, 34.

66. Selye, H. , 1976, *The Stress of life*, New York: McGraw – I – LIL.

67. Sherraden, M. &J. Martin, 1994, "Social Work with Immigrants: International Issues in Service Delivery", *International Social Work*, 37.

68. Shen, Q. , Y. Lu, C. Hu, X. Deng, H. Gao, X. Huang & E. Niu, 1998, " A Preliminary Study of the Mental Health of Young Migrant Workers in Shenzhen", *Psychiatry and Clinical Neurosciences*, 52 (Suppl.) .

69. Snow, D. L. , S. C. Swan, C. A. Raghavan, C. M. Connell& I. Klein, 2003, "The Relationship of Work Stressors, Coping and Social support to Psychological Symptoms among Female Secretarial Employees", *Work & Stress*, 3.

70. Van del Poel, Mart G. , 1993, "Delineating Personal Support Network", *Social Networks*, 15.

71. Wong, F. K. D. & G. Leung, 2008, "The Functions of Social Support in the Mental Health of Male and Female Migrant Workers in China", *Health & Social Work*, 5 (4) .

劳动权益的地区差异[*]

——基于对珠三角和长三角外来工的问卷调查

2010 年，接连发生了一系列重大劳资关系事件。① 这些事件发端于珠三角地区，影响波及长三角乃至全国，凸显中国改革进入了社会矛盾多发的瓶颈期。如何正确处理劳资关系、保护外来工（农民工）权益已经成为中国社会面临的重大课题之一。

珠江三角洲和长江三角洲是中国经济最为发达的两个重要区域，同时也是大量外来工聚集的地区。国内外的研究者对珠三角和长三角的外来工劳动权益问题进行过不少的研究，其中有对两地分别进行的问卷调查（"外来农民工"课题组，1995；刘林平、郭志坚，2004；Ingrid Nielsen、Chris Nyland、Russell Smyth、Zhang Mingqiong & Cherrie Jiuhua Zhu，2005；郑功成、黄黎若莲，2006；李培林、李炜，2007；简新华、黄锟，2007；蔡禾等，2009），更多的则是个案或访谈类型的研究（Isabelle Thireau、Hua Linshan，2003；Anita Chan & Hong - zen Wang，Winter，2004、2005；Pun Ngai，2005；郑广怀，2005；Chloe Froissart，2006；Mary E. Gallagher，2006；余晓敏，2007；Eric Florence，2007；黄岩，2008；Chris King - Chi

---

* 本文最初发表于《中国社会科学》2011 年第 2 期，署名作者为刘林平、雍昕、舒玢玢。
① 例如深圳富士康"13 跳"事件、本田工人罢工事件等。

Chan，2009），少有同时针对两地的大规模问卷调查。① 在研究思路
上，已有关于劳资关系或劳工权益的研究或强调工人阶级的形成或团
结斗争，强调全球化条件下的企业社会责任运动，或强调国家法制的
完善和落实，强调工人个体的人力资本和劳动力供需的市场调节，只
有极少数研究关注到了地区差异问题。②

我们认为，要理解一个地方工人劳动权益的状况，必须深入当地社
会，了解其社会结构和运作逻辑，了解其传统和习惯，了解地方政府和企
业的复杂关系，从而将全球标准、国家法制和地方文化结合起来进行分
析。因而，本文尝试提出一种"地域—社会—文化"的解释思路，并将
这一思路落实到地区劳动权益比较的具体研究之中。

一般说来，个案研究所得结论难以推论总体，更难进行两个较大
规模地区的比较，而对两个地区不同时点的分别的问卷调查也难以进
行科学的比较。因此，2010 年 7—8 月，我们对珠三角和长三角地区
的外来工进行了大规模的问卷调查。本次调查对象是珠、长两地跨地
域（县、市、区）流动的大专学历及以下的外来务工人员，以两地城
市外来人口比例作为样本分配根据，控制了性别、行业和地区分布，
共发放问卷 4254 份，回收有效问卷 4152 份，有效回收率为 97.6%。
本文以问卷数据资料为基础，试图分析比较珠三角和长三角外来工劳
动权益的基本状况和地区差异。

---

① 根据对中国期刊网的检索，除了我们于 2005 年对珠三角和长三角的 1024 位外来工
进行过问卷调查外，国内学者没有过类似的调查。国外学者更没有进行过类似调查。往年
调查参见万向东、刘林平、张永宏："工资福利、权益保障与外部环境——珠三角与长三角
外来工的比较研究"，《管理世界》2006 年第 6 期；刘林平、万向东：《制度短缺与劳工短
缺》，社会科学文献出版社 2007 年版。

② 李静君研究发现，香港和深圳的制度安排不同而使两地的劳工招聘和劳动法实施存
在很大的差异。香港工厂的管理属于"家族式霸权"，厂房中的话语是家族式的；深圳工厂
的管理属于"地方主义专制"，利用工人的同乡网络，用制度化的强制性纪律控制外来劳动
力（Lee，C. K.，1995；Lee，C. K.，1998）。Anita Chan 和 Hong - zen Wang 对台资企业
在中国内地和越南的管理模式进行了对比研究，发现两国地方政府对待外来资本的立场和
态度的不同，对台资工厂中的劳资关系和工人状况产生极大的影响。由于中国户籍制度限
制工人自由流动、工会缺乏自主权、地方政府对资本的纵容等原因使得台湾厂商在越南采
用一种"软"管理模式，加班与拖欠工资的现象非常少，而在中国采用"军事化"管理模
式（Anita Chan & Hong - zen Wang，2004、2005）。

一 样本基本情况

本次调查在珠三角和长三角地区 19 个城市进行，样本的城市分布情况见表 1，样本基本特征见表 2。

从表 2 可以看出，两地样本的差别主要体现在以下方面。

（1）年龄：珠三角地区的平均年龄为 29.21 岁，比长三角小2.46 岁；珠三角"80 后"比长三角高出近 13 个百分点。

（2）婚姻状况：珠三角地区未婚人数近 50%，高出长三角近 18个百分点。

（3）教育程度：两地初高中学历者最多，珠三角地区为63.47%，长三角为 57.35%。珠三角地区的大专学历者比长三角少近 7 个百分点，但从整体受教育年限来看，两地外来工受教育水平相当。

（4）来源地：具有明显的地域特点。珠三角地区以广东、湖南、广西、湖北人为主，长三角则以江苏、安徽、浙江人居多。传统的劳动力输出大省，如四川、河南、江西等在两地比例基本一致。

表 1 　　　　　　　　　　　外来工样本的城市分布

地点		问卷数	地点		问卷数
珠三角（N=2046）	广州	317	长三角（N=2106）	上海	567
	深圳	553		南京	167
	珠海	101		苏州	263
	佛山	201		无锡	143
	肇庆	105		常州	142
	东莞	462		南通	100
	惠州	101		杭州	269
	中山	103		宁波	249
	江门	103		嘉兴	101
				绍兴	105
合计：N=4152					

表 2 样本的基本特征

描述项		珠三角 （N=2046）		长三角 （N=2106）		差距 （%）
		频数	百分比	频数	百分比	
性别	男	1131	55.28	1122	53.4	1.88
	女	915	44.72	981	46.65	-1.93
年龄	80前	737	36.0	1030	48.9	-12.9
	80后	978	47.8	865	41.1	6.7
	90后	331	16.2	211	10.0	6.2
	平均年龄（岁）	29.21	—	31.67	—	-2.46
户口性质	农业户口	1733	84.70	1770	84.05	0.65
	非农户口	313	15.30	336	15.95	-0.65
婚姻状况	已婚	996	48.7	1401	66.52	-17.82
	未婚	1019	49.83	677	32.15	17.68
	丧偶和离婚	30	1.5	28	1.33	0.17
教育程度	小学	287	14.03	374	17.8	-3.77
	初中	914	44.69	881	41.93	2.76
	高中	384	18.78	324	15.42	3.36
	中专	218	10.65	199	9.45	1.20
	技校	57	2.79	50	2.40	0.39
	大专	185	6.05	273	12.99	-6.94
	平均受教育年限（年）①	10.12	—	10.09	—	0.03
来源地	广东	538	26.31	6	0.29	26.02
	湖南	340	16.63	55	2.62	14.01
	广西	270	13.2	15	0.71	12.49
	四川	185	9.05	141	6.72	2.33
	湖北	173	8.46	75	3.62	4.84
	河南	128	6.26	162	7.72	-1.46
	江西	117	5.72	104	4.95	0.77
	安徽	25	1.22	518	24.68	-23.46

---

① 我们将外来工的"受教育程度"转换为"教育年限"，即分别将小学及以下、初中、高中、中专和技校、大专5个等级转换为6年、9年、12年、13年和15年。

续表2

描述项		珠三角（N=2046）		长三角（N=2106）		差距
		频数	百分比	频数	百分比	（%）
	江苏	7	0.34	537	25.59	-25.25
	浙江	3	0.15	125	5.96	-5.81
	其他	259	12.66	361	17.14	-4.48

表3 外来工工作基本情况

描述项		珠三角	长三角	差距
行业（%）	第一产业	0.83	0.14	0.69
	第二产业	75.22	66.67	8.55
	第三产业	23.95	33.19	-9.24
企业性质（%）	国有、集体	9.72	10.06	-0.34
	股份制	7.25	9.96	-2.71
	港澳台	15.86	5.79	10.07
	外资	6.6	8.05	-1.45
	私营、个体	60.57	66.14	-5.57
企业规模（%）	100人以下	28.50	35.76	-7.26
	100—299人	22.24	24.01	-1.77
	300—999人	22.09	18.82	3.27
	1000人以上	27.17	21.41	5.76
工种①（%）	普工	46.33	47.67	-1.34
	技工	22.48	22.43	0.05
	中低层经营管理人员	20.96	19.97	0.99
	其他	10.24	9.9	0.34
本企业工龄（年）		2.94	3.99	-1.05
培训情况（%）	参加过培训的比率	29.23	37.18	-7.95
资格证书持有情况	无	83.81	79.58	4.23
	1个	12.23	15.19	-2.96
	2个及以上	3.96	5.22	-1.26

① 该处的普工包括生产工、建筑工、服务员、保安、后勤人员等，而技工包括生产技工、司机等，中低层经营管理人员包括班组长、领班、文员、销售人员和中低层管理人员等。

表3、表4分别为外来工的工作及生活基本情况。

表3显示:

(1)在行业上,有3/4的珠三角地区外来工从事第二产业的工作,比长三角高出约9个百分点;在企业特征上,约六成珠三角地区外来工在私营企业务工,比长三角低约6个百分点,而在港澳台企业务工者则高出10个百分点;以300人作为企业规模的分界线,珠三角地区有一半外来工在较大规模的企业工作,比长三角高9个百分点。

(2)从个人的工作特征来比较,珠三角地区外来工在本企业的工龄大约为3年,较长三角要少1年;珠三角地区有近三成人参加过技能培训,比长三角低近8个百分点;珠三角地区有16%的人持有职业资格证书,比长三角低4个百分点。

表4   外来工生活基本情况

	描述项	珠三角	长三角	差距
生活开支	人均月开支(元)	859.62	932.66	-73.04
	人均住房开支(元)	163.83	197.12	-33.29
	人均伙食开支(元)	245.11	267.40	-22.29
	所在企业包吃包住比例(%)	44.69	25.15	19.54
生活节余	人均月节余(元)	987.72	1124.95	-137.23
	人均去年带(寄)回家(元)	8597.89	10460.13	-1862.24
居住环境	企业员工宿舍(%)	45.01	27.42	17.59
	外租房(%)	47.41	60.12	-12.71
	平均居住面积(平方米)	11.77	14.30	-2.53

从表4可以看出:

(1)2010年1—7月份,珠三角地区外来工平均月开支总和为860元,比长三角低73元。珠三角地区近45%的外来工所在企业"包吃包住",高出长三角近20个百分点。

(2)珠三角地区外来工每月节余约988元,低于长三角137元。2009年珠三角地区人均带回家约8598元,比长三角少1862元。

(3)珠三角地区45%的外来工居住在企业员工宿舍,47%在外租房;长三角地区住在员工宿舍的不到30%,60%以上都在外租房。

总的来看，珠三角地区外来工比长三角外来工更为年轻，未婚者更多，平均教育水平相当，有更多人在港澳台企业工作，更少人在私有企业工作，所在企业规模更大，生活成本较低，居住模式不同。

二 工资与福利

（一） 工资与工时

工资和工时是劳动权益中最关键的两项指标，表5是对外来工工资、工时状况的描述。

表5　　　　　　　　　　外来工的工资、工时状况

描述项		珠三角	长三角	差距
月平均工资（元）		1917.68	2052.69	-135.01
工资拖欠	比率（％）	4.99	2.66	2.33
	平均拖欠金额（元）	2804.12	5041.77	-2237.65
	平均拖欠时间（月）	1.94	2.74	-0.8
	平均补发金额（元）	1216.42	1511.50	-295.08
工资罚扣	比率（％）	13.83	12.16	1.67
	平均罚扣金额（元）	141.70	177.04	-35.34
工作时间（小时）	周工作时间	57.41	55.24	2.17
	天工作时间	9.34	9.18	0.16
加班情况	比率（％）	71.48	61.23	10.25
	日平均加班时长（小时）	2.74	2.75	-0.01
	有加班工资（％）	70.03	68.09	1.94
	每小时平均加班工资（元）	7.05	7.34	-0.29

在工资收入方面，两地外来工的月平均工资水平都在2000元左右，但长三角地区比珠三角高135元。考虑到生活成本的差异，两地工资水平差距并不大。但是，珠三角地区外来工工作时间较长，周工作时间高出长三角2小时，且加班现象更为普遍，高出长三角10个百分点。如果以小时工资计算的话，那么珠三角地区实际工资水平低于长三角。

表6 工资模型的回归结果报告

变量	模型一		模型二		模型三		模型四	
	系数	标准误	系数	标准误	系数	标准误	系数	标准误
个人特征								
男性(女性=0)	0.188***	0.011	0.192***	0.011	0.190***	0.011	0.192***	0.011
年龄	0.044***	0.004	0.043***	0.004	0.043***	0.004	0.043***	0.004
年龄²	-0.001***	0.000	-0.001***	0.000	-0.001***	0.000	-0.001***	0.000
农村户口(非农=0)	-0.097***	0.016	-0.098***	0.016	-0.098***	0.016	-0.099***	0.016
教育年限	0.018***	0.003	0.018***	0.003	0.019***	0.003	0.019***	0.003
本企业工龄	0.015***	0.001	0.014***	0.001	0.016***	0.001	0.015***	0.001
工作特征								
工种(普工=0)								
技工	0.142***	0.015	0.143***	0.014	0.142***	0.014	0.143***	0.014
中低层经营管理人员	0.204***	0.016	0.207***	0.016	0.205***	0.015	0.207***	0.015
其他	0.116***	0.020	0.119***	0.020	0.122***	0.019	0.123***	0.019
周工作时间	0.001***	0.000	0.001***	0.000	0.002***	0.000	0.002***	0.000
技能培训(无=0)	0.048***	0.012	0.042***	0.012	0.044***	0.012	0.041***	0.012
获得证书(无=0)	0.060***	0.015	0.057***	0.015	0.061***	0.015	0.059***	0.015
企业特征								
产业(一产=0)								
二产	0.209*	0.082	0.184*	0.081	0.203*	0.081	0.189*	0.081
三产	0.097	0.082	0.067	0.082	0.090	0.081	0.074	0.081
企业性质(国有、集体企业=0)								

续表6

	变量	模型一		模型二		模型三		模型四	
		系数	标准误	系数	标准误	系数	标准误	系数	标准误
企业特征	股份制企业	0.047	0.025	0.040	0.025	0.051*	0.025	0.046	0.025
	港澳合企业	-0.016	0.024	-0.004	0.024	-0.012	0.024	-0.005	0.024
	外资企业	0.039	0.027	0.033	0.027	0.034	0.027	0.031	0.027
	私营、个体企业	0.006	0.019	0.003	0.019	0.003	0.019	0.002	0.019
	企业规模(100人以下=0)								
	100—299人	0.009	0.015	0.013	0.015	0.016	0.015	0.017	0.015
	300—999人	0.034*	0.016	0.040*	0.016	0.039*	0.016	0.042**	0.016
	1000人及以上	0.056***	0.016	0.063***	0.016	0.064***	0.016	0.067***	0.016
区域	长三角(珠三角=0)			0.069***	0.011			0.040***	0.012
	最低工资标准(百元)					0.043***	0.005	0.036***	0.006
	常数项(Constant)	6.195***	0.114	6.205***	0.113	5.759***	0.125	5.838***	0.127
	样本数	3854		3854		3854		3854	
	R²	0.304		0.311		0.316		0.318	

注：*** $p<0.001$，** $p<0.01$，* $p<0.05$。

珠三角地区工资拖欠比例近 5%，高出长三角 2.33 个百分点，但长三角地区平均拖欠金额远高于珠三角，拖欠时间也较长。

（二）工资收入差异分析

工资收入是否存在地区差异难以从平均值对比中作出准确判断，为此我们建立回归模型进行分析。回归模型以个人特征、工作特征、企业特征等作为控制变量，以平均月工资的对数为因变量。[①] 为了考察珠、长两地是否存在差异，我们引入区域和最低工资标准两个自变量（模型二中纳入区域，模型三中纳入最低工资标准，模型四中同时纳入这两个变量）。

表 6 的四个模型是一个嵌套模型，结果显示：一方面，从模型二中可以看出，在控制其他变量后，两地外来工的工资收入具有显著差异，长三角地区比珠三角要高 6.9%；另一方面，综合四个模型来看，个人特征、工作特征、企业特征对工资收入的解释力为 30.4%，区域变量的解释力为 0.7%（31.1% − 30.4%），最低工资标准的解释力为 1.2%（31.6% − 30.4%），而区域和最低工资标准的解释力为 1.4%（31.8% − 30.4%），小于两个变量分开建构模型时的解释力之和（0.7% + 1.2%），这说明最低工资标准与区域不仅具有较强的相关性，而且可能是导致区域间工资差异的主要原因。为进一步说明这一问题，我们分别对珠三角和长三角地区建立模型，[②] 结果表明，在控制个人特征、工作特征、企业特征的情况下，最低工资标准对两地月平均工资均具有显著影响，其中，最低工资标准每提高 100 元，珠三角地区工资收入增长 3.6%，长三角增长 2.9%，这说明最低工资标准对珠三角地区外来工工资的影响更大。

（三）福利待遇

社会保险是外来工遭遇工伤、疾病、失业等风险时的重要保障。表 7 所示，除工伤保险外，长三角地区社会保险的覆盖率明显要高一些，除了医疗保险仅高出不到 3 个百分点，养老、失业和生育保险覆盖率均高出 10 个百分点以上。在工伤保险方面，珠三角地区比长三角高将近 5 个百

---

① 人力资本变量的选择及处理方法请参见 Jacob Mincer，1974。

② 由于篇幅所限，我们不再报告模型详细结果，如有需要，可向我们索取。

分点，且差异显著。在福利待遇方面，长三角地区病假工资高出珠三角 7 个百分点，珠三角地区带薪休假则高出长三角 4 个百分点。

表 7　　　　　　　　　福利与保险购买情况（％）

描述项		珠三角	长三角	差距
社会保险	工伤保险	53.91	49.19	4.72
	医疗保险	52.11	54.75	-2.64
	养老保险	37.67	50.39	-12.72
	失业保险	18.40	32.62	-14.22
	生育保险	14.54	29.01	-14.47
福利待遇	带薪休假	43.54	39.31	4.23
	病假工资	32.32	39.35	-7.03
	产假工资	31.94	33.83	-1.89

三　合同、环境与人权

（一）合同签订

劳动合同对于保障工人权益具有重要意义。按照《劳动合同法》的规定，用人单位必须与工人签订劳动合同，但是，无论是珠三角还是长三角地区，劳动合同的签订率显然并不能使人满意，具体情况见表 8。

表 8 显示：

（1）珠三角地区合同签订率近 65％，长三角近 70％，珠三角地区比长三角低 4.46 个百分点，但两地合同签订率均未超过 70％。

（2）珠三角地区无固定期限合同高出长三角 5.8 个百分点，但也不到二成。两地应当签订无固定期限合同而没有签的分别为 21.8％ 和 32.88％，长三角地区高出珠三角 11 个百分点。

（3）两地外来工所签合同都以个人合同为主，均超过 80％，集体合同仅占一成多。

（4）长三角地区外来工参与合同协商者不到一半，比珠三角高 10 个百分点。自己保管一份合同是必须的，但在长三角地区，26％ 的外来工自己没有保管合同，珠三角的情况甚至更差。

（5）珠三角地区外来工对合同的满意度不到45%，长三角的满意度尽管高出珠三角地区18.52%，但也不到2/3。

表8 两地合同签订情况（%）

描述项		珠三角	长三角	差距
是否签订合同	签订	64.79	69.25	-4.46
	没有签订	33.3	29.28	4.02
	不清楚	1.91	1.47	0.44
合同期限	固定期限	81.83	87.53	-5.7
	无固定期限	18.27	12.47	5.8
	应当签订无固定期限合同而没有签①	21.81	32.88	-11.07
合同类型	个人合同	82.89	84.78	-1.89
	集体合同	11.94	12.37	-0.43
	不清楚	5.18	2.84	2.34
是否参与协商	是	35.81	46.1	-10.29
自己是否保管	是	66.61	73.97	-7.36
合同评价	非常满意	5.68	8.99	-3.31
	比较满意	39.01	54.22	-15.21
	有些不平等但能接受	29.66	18.44	11.22
	不平等只能忍受	10.03	4.68	5.35
	说不清	15.62	13.67	1.95

有相当比例的外来工没有和企业签订劳动合同，主要责任在于企业，相关情况见表9。

从表9中我们可以看到：

（1）在没有和企业签订劳动合同的外来工中，无论是珠三角还是长三角地区，85%左右都是由于企业未履行责任。

（2）当企业拒绝签订劳动合同时，超过九成的外来工选择"不采取

---

① 该项指标通过两类情况计算得出：在本企业工龄满10年而没有签订无固定期限合同（含仍没有签订合同和仍签订的是固定期限合同）；在本企业连续签订超过2次固定期限合同而没有签订无固定期限合同。

任何行动"，"找企业支付双倍工资"、"找劳动部门仲裁"以及"找工会反映"的比例加起来不足一成。

（3）珠三角和长三角地区都有15%左右的外来工表示自己不想和企业签合同。究其原因，其中近一半表示不想受到企业的束缚，两到三成表示签了也没用，一到两成表示随大流，大家都不签，自己也就不签。

表9　　　　　　　没有签订合同的原因及应对方式（％）

描述项		珠三角	长三角	差距
没签订合同的原因	企业没有和我签	84.58	85.21	-0.63
	我不想和企业签	15.42	14.89	0.53
应对方式（多选题）	直接找企业支付双倍工资	1.34	0.97	0.37
	找劳动部门仲裁	3.01	1.36	1.65
	找工会反映	1.5	0.97	0.53
	其他行动	2.67	2.33	0.34
	不采取任何行动	92.15	94.75	-2.6
个人不想签的原因（多选题）	我不想受到企业束缚	47.41	44.33	3.08
	反正签了没用	30.17	22.92	7.25
	大家都不签，所以我也不签	22.41	11.46	10.95
	和老板关系好，不用签	17.24	26.04	-8.8
	不想买保险	3.45	8.33	-4.88
	其他	11.21	12.05	-0.84

为深入探讨影响外来工劳动合同签订的主要因素，我们以是否签订劳动合同为因变量，以区域为解释变量，采用二分 Logit 模型分别对总体、珠三角和长三角进行回归分析，[①] 模型结果显示，在控制个人特征、工作特征、企业特征的情况下，珠三角和长三角地区仍然存在明显差异，前者合同签订的发生比[②]仅为后者的 66.5%。另外，两地在以下方面具有异同。①相同因素：教育、工龄、技能培训、企业性质、企业规模都具有显著作用，且方向相同，系数大小有微小差

---

① 由于篇幅所限，我们不再报告模型详细结果，如有需要，可向我们索取。

② 发生比是指某一事件发生与不发生的概率之比。

异。②不同因素：在个人特征方面，性别只在长三角地区具有显著影响，男性签订合同的发生比更低；珠三角地区城镇户口的外来工签订合同发生比更高，而在长三角户籍则没有显著影响；在企业特征方面，珠三角地区股份制中外来工合同签订发生比显著低于国有集体企业，港澳台、外资性质的企业合同签订发生比则与国有集体企业无显著性差异，而长三角地区港澳台、外资企业则显著高于国有集体企业。

（二）押金与押证

押金与押证历来是表现权益是否受到侵害的两个重要指标。表10显示，珠三角地区外来工缴纳押金的比例略高于长三角，而长三角地区缴纳押金金额则高于珠三角。珠三角地区约6%的外来工被扣押证件，长三角比例略低。其中，扣押身份证的比例最高。

表 10 押金及证件扣押情况 （%）

描述项		珠三角	长三角	差距
押金	押金比例	10.78	8.52	2.26
	押金平均金额 （元）	475.84	560.39	− 84.55
押证	扣押证件比例	6.38	4.94	1.44
	身份证	4.21	2.19	2.02
	毕业证	0.44	0.71	− 0.27
	暂住证、居住证	0.59	0.76	− 0.17
	其他①	1.14	1.28	− 0.14

（"具体证件" 跨 身份证、毕业证、暂住证居住证、其他四行）

（三）工作环境与基本人权

我们用工作环境是否有危害、是否存在强迫劳动、冒险作业以及对工作环境综合评分②四项指标来度量工作环境状况。保障基本人权是保障外来工权益的根本要求，我们用是否遭到搜身搜包、罚

① 其他证件包括健康证、务工证、婚育证等。
② 综合评分是外来工对所在城市工作环境的直接评分，分值为0—4，0分表示非常差、1分表示差、2分表示一般、3分表示好、4分表示非常好，分值越高表示对工作环境越满意。

跪罚站、殴打、拘禁四项指标衡量外来工基本人权状况。调查结果见表 11。

表 11　　　　　　　　　　工作环境与基本人权（％）

描述项		珠三角	长三角	差距
工作环境	工作环境有危害	21.93	16.36	5.57
	强迫劳动	7.05	2.95	4.10
	冒险作业	4.94	3.66	1.28
	综合评分（平均值）	1.98	2.38	-0.4
基本人权	搜身搜包	2.35	0.71	1.64
	罚跪罚站	0.44	0.38	0.06
	遭管理人员殴打	0.29	0.33	-0.04
	拘禁	0.29	0.14	0.15

表 11 显示，在工作环境方面，与长三角地区相比，珠三角工作环境有危害的比例要高近 5.6 个百分点，强迫劳动要高出 4 个百分点，而冒险作业也高 1.3 个百分点。与此一致，在对工作环境的综合评分上，长三角地区分值较高，介于"一般"与"好"之间，而珠三角尚不到"一般"，这表明，相比于长三角，珠三角地区外来工工作环境较差，对工作环境也更加不满。

在基本人权方面，仍然令人感到遗憾，两个地区都没有完全杜绝上述四类事件的发生。尤其是珠三角地区，被搜身搜包的比例高达 2.35%，被殴打和拘禁者也占 0.29%。

四　权益维护

（一）法律认知

对法律的了解程度对外来工维护自身权益具有重要意义。为了测量外来工对法律的认知程度，我们列举了《劳动法》等 7 部法律法规，结果见表 12。

表 12 外来工的法律认知

描述项	样本数	熟悉程度（%）					平均分①（分）		差距（分）
		完全不知道	不熟悉	一般	比较熟悉	很熟悉	珠三角	长三角	
劳动法	4150	9.83	34.75	41.93	11.1	2.38	2.62	2.62	0.00
劳动合同法	4152	12.39	36.58	38.34	10.8	1.90	2.53	2.55	- 0.02
妇女权益保障法	4147	35.73	40.58	18.77	4.05	0.87	1.88	1.99	- 0.11
工伤保险条例	4150	26.65	41.88	23.30	6.53	1.64	2.13	2.18	- 0.05
工资支付条例	4150	19.25	32.55	29.86	14.48	3.86	2.13	2.18	- 0.05
最低工资规定	4147	29.52	38.03	23.00	7.45	2.00	2.51	2.53	- 0.02
就业促进法	4150	37.11	44.18	15.55	2.70	0.46	1.82	1.92	- 0.1

从表 12 可以看出，无论是珠三角还是长三角地区，外来工对这些法律法规的熟悉程度大多处于"不熟悉"和"一般"之间，两地没有明显差异。

（二）意见与投诉

表 13 显示，最近一年里，珠三角地区有超过 1/4 的受访者因劳动权益问题对企业有过意见，比长三角高近 9 个百分点。在意见反映方面，珠三角地区近 18% 的外来工反映了所有问题，比长三角高近 6 个百分点，约 38% 的长三角地区外来工从不反映问题，高于珠三角近 5 个百分点。

从反映意见的内容看，无论在珠三角还是长三角地区，首先，工资都是意见最为集中的问题，均超过 70%，其中珠三角地区比长三角高 5 个百分点，这说明工资问题依然是劳资纠纷的主要内容，也是外来工最为关心的权益；其次是工时，珠三角地区比长三角高 3.6 个百分点，达 30%；第三为工作环境、卫生和健康，两地差别较大，珠三角地区高于长三角 8 个百分点，这表明珠三角地区工作环境较为恶劣，外来工意见较多；第四是社会保险，两地也存在较大差异，珠三角地区比长三角高约 6.5 个百分

---

① 此处为平均得分，分值范围为 5—1 分，5 分为"很熟悉"，依次递减，1 分为"完全不知道"。

点。此外，关于企业管理制度、劳动保护等方面也是外来工意见较多的方面，但两地差别不大。

表 13　　　　　　　　劳动权益意见反映情况（％）

描述项		珠三角	长三角	差距
对企业有意见的比率		26.75	17.89	8.86
是否向企业反映	全部反映	17.67	11.97	5.7
	部分反映	49.18	50.27	-1.09
	从未反映	33.15	37.76	-4.61
反映内容（多选题）	工资	75.62	70.51	5.11
	工时	30.14	26.5	3.64
	环境、卫生和健康	25.21	17.09	8.12
	管理制度	24.11	23.08	1.03
	劳动保护	16.99	13.25	3.74
	社会保险	15.89	9.4	6.49
	劳动合同	9.59	9.83	-0.24
	其他	9.56	7.26	2.3
未反映原因	反正说了也没用	76.01	73.11	2.9
	大家都不说	23.45	28.15	-4.7
	怕被刁难	14.02	16.39	-2.37
	怕被炒掉	11.59	15.55	-3.96
	其他	8.89	8.02	0.87

表 14 显示，有 7.62％的珠三角地区外来工权益受损，高出长三角 3 个百分点。在权益受到侵害的情况下，两地都有超过 40％的人会到有关部门投诉。长三角地区更多选择个体的行动方式，珠三角选择群体投诉方式的比例远高于长三角地区。两地的受理情况比较复杂，珠三角地区外来工投诉后能够得到处理结果的比例较长三角高 13 个百分点，但根本不受理的情况也高出长三角 5 个百分点。两地对投诉结果的满意度存在差距，珠三角地区外来工对投诉结果满意和不满意的比例都较长三角高，分别高 6.78 和 4.45 个百分点。

表 14   外来工投诉情况（%）

描述项		珠三角	长三角	差距
权益受侵害者比率		7.62	4.46	3.16
是否投诉	是	42.31	45.16	-2.85
行动方式	一个人	54.55	76.92	-22.37
	几个人一起（不超过5人）	31.17	15.38	15.79
	一群人（5人以上）	14.29	7.69	6.6
受理情况	根本不受理	15.58	10.26	5.32
	受理了，却没下文	40.26	58.97	-18.71
	受理了，且有处理结果	44.16	30.77	13.39
处理结果	满意	14.47	7.69	6.78
	一般	2.63	17.95	-15.32
	不满意	73.68	69.23	4.45
	说不清	9.21	5.13	4.08

（三）群体性活动

群体性维权活动是外来工维权采取的另一种形式，调查结果如表15。从该表我们可以得出如下几点结论。

（1）在最近一年里，两地参与过群体性活动的比例接近3%，长三角地区略高，其中超六成的受访者表示自己之所以参与是由于"自身权益直接受损"。

（2）群体性活动最主要的类型是罢工，其次是集体上访，珠三角地区外来工采用罢工和游行等激烈形式的比例远高于长三角。

（3）"企业内部解决"是两地群体性维权活动的主要解决方式，比例超过六成。珠三角地区"政府出面解决"的比例要高出长三角10个百分点，"不了了之"和"劳资双方僵持"的比例则要低于长三角。

（4）两地外来工对群体性维权活动结果感到满意者均超过四成，珠三角地区比长三角略高，但两地仍然有超过三成的受访者对结果感到不满意，珠三角地区比长三角也略高。

表 15 外来工群体性活动情况（%）

描述项		珠三角	长三角	差距
参与群体性维权活动比例		2.74	2.90	−0.16
自身权益直接受损		66.67	62.85	3.82
活动类型（多选题）	罢工	63.49	53.62	9.87
	集体上访	20.63	18.84	1.79
	游行	9.52	2.90	6.62
	其他	7.94	24.64	−16.7
处理方式	企业内部解决	65.08	60.29	4.79
	政府出面解决	19.05	8.82	10.23
	一直对峙僵化	3.17	5.88	−2.71
	不了了之	9.52	14.71	−5.19
	其他	3.17	10.29	−7.12
是否达到诉求	满意	44.44	43.48	0.96
	一般	20.63	18.84	1.79
	不满意	31.75	30.43	1.32
	其他	3.17	7.25	−4.08

五 结论和讨论

（一）结论

上文中，我们从多个方面对比了珠三角和长三角地区外来工劳动权益状况，现将主要指标总结如表 16 所示。

表 16 两地外来工劳动权益的指标比较汇总

描述项		珠三角	长三角	差距
工资	月平均工资（元）	1917.68	2052.69	−135.01 * * *
	工资拖欠比率（%）	4.99	2.66	2.33 * * *
	工资罚扣比率（%）	13.83	12.16	1.67
工作时间	周工作小时	57.41	55.24	2.17 * * *
	加班比率（%）	71.48	61.23	10.25 * * *

续表 16

描述项		珠三角	长三角	差距
社会保险	工伤保险（%）	53.91	49.19	4.72***
	医疗保险（%）	52.11	54.75	-2.64
	养老保险（%）	37.67	50.39	-12.72***
	失业保险（%）	18.40	32.62	-14.22***
	生育保险（%）	14.54	29.01	-14.47***
福利待遇	带薪休假（%）	43.54	39.31	4.23*
	病假工资（%）	32.32	39.35	-7.03***
	产假工资（%）	31.94	33.83	-1.89
劳动合同	签订率（%）	64.79	69.25	-4.46**
	参与内容协商（%）	35.81	46.1	-10.29***
	感到满意（%）	44.69	63.21	-18.52***
押金与押证	押金比例（%）	10.78	8.52	2.26*
	扣押证件比例（%）	6.38	4.94	1.44*
工作环境	工作环境有危害（%）	21.93	16.36	5.57***
	强迫劳动（%）	7.05	2.95	4.10***
	冒险作业（%）	4.94	3.66	1.28**
	综合评分（平均值）	1.98	2.38	-0.4***
基本人权	搜身搜包（%）	2.35	0.71	1.64***
	罚跪罚站（%）	0.44	0.38	0.06
	遭管理人员殴打（%）	0.29	0.33	-0.04
	拘禁（%）	0.29	0.14	0.15
权益侵害与维权	对企业有意见的比率（%）	26.75	17.89	8.86***
	向企业反映比率（%）	66.85	62.24	4.61
	权益受侵害者比率	7.62	4.46	3.16***
	投诉比率（%）	42.31	45.16	-2.85
	参与群体性维权活动比例（%）	2.74	2.90	-0.16

注：1. ***$p < 0.001$，**$p < 0.01$，*$p < 0.05$。

2. 检验方法：月平均工资、周工作小时、综合评分三项采用 F 检验，其余各项指标采用卡方检验。

表16显示，在总共31项指标中，有22项存在显著差异，除工伤保险和带薪休假外，其余20项，长三角地区均好于珠三角。具体来看：

（1）珠三角地区外来工月平均工资为1918元，比长三角低135元，考虑到珠三角地区外来工每月开支（860元）比长三角低73元，那么两地区实际工资差距为62元。但是，珠三角地区每周工作时间（57.41小时）比长三角多2.17小时，加班情况更为严重。那么两地区实际工资差距可能不止62元，珠三角地区外来工用更多的加班换来相对较低的工资。

（2）珠三角地区的工伤保险购买率（53.91%）高于长三角4.72个百分点，医疗保险（52.11%）与长三角地区基本相当，养老（37.67%）、失业（18.40%）、生育（14.54%）三项保险则低于长三角12—15个百分点；珠三角地区企业较多提供带薪休假（43.54%，高出长三角4.23个百分点），但病假工资（32.32%）却低于长三角7个百分点。

（3）珠三角地区劳动合同签订率为64.79%，低于长三角4.46个百分点，对劳动合同的满意率（44.69%）更低于长三角18.52个百分点，参与协商（35.81%）的比例也低长三角10.29个百分点。

（4）珠三角地区工作环境有危害（21.93%）、强迫劳动（7.05%）、冒险作业（4.94%）的比例均显著高于长三角。在对工作环境的综合评分上，长三角地区分值（2.38）较高，介于"一般"与"好"之间，而珠三角（1.98）尚不到"一般"。珠三角地区搜身搜包（2.35%）的情况要多于长三角，两地仍存在殴打、拘禁等严重侵犯人权的事件。

（5）珠三角地区外来工对企业有意见的比例（26.75%）高出长三角8.86个百分点，劳动权益受过侵害的比例（7.62%）高出长三角3.16个百分点。珠三角地区外来工采用罢工和游行等激烈形式的比例远高于长三角。

综合来看可以发现，两地外来工权益状况存在显著差异，珠三角地区在工资收入、工作时间、保险与福利、劳动合同、工作环境、基本人权、综合评价等方面普遍不如长三角，这与我们2005年的发现基本一致。有所不同的是，这些差异并不太大，与2005年的调查数据相比，有缩小的趋势。

(二) 讨论

我们认为，在珠、长两地外来工劳动权益比较的数十项指标中，工资、劳动合同与工作环境是最为重要的三项。因为，工资是权益保障的核心问题，工资高则权益保障相对好，工人对其权益主观评价也相对较好；劳动合同也是权益保障最重要的指标之一，购买社会保险在很大程度上和劳动合同挂钩，劳动合同签订率低则权益保障的其他指标也会随之较差；工作环境既是工人所处的具体、微观、可接触的环境的直接测量，又会影响他们对劳动权益的主观感受。从这三项指标来看，长三角地区劳动权益状况要明显好于珠三角。导致这些差异的因素是什么？具体的作用机制又是怎样的？这是需要探讨的问题，在前文比较分析的基础上，我们从个体、企业特征和地区制度三个层面进一步解释。

从前文回归模型可以看出，人力资本是解释工资水平、合同签订差异的主要变量，同时也可以对两地区之间的部分差异进行解释。就学历来看，长三角地区的大专学历者比珠三角高近7个百分点，学历越高，则工资和劳动合同签订率越高。但仅有人力资本对于地区差异的解释是不够的。

在企业特征层面，我们原来强调了企业所有制性质的差异性及其对工人劳动权益的影响。这次调查显示，长三角地区国有企业比例略高于珠三角，但差异并不大，珠三角地区港澳台企业高出长三角10个百分点，尽管企业性质与工资高低无关，但是港澳台企业的劳动合同签订率仍然高于私有企业。这表明，从企业性质难以简单解释两地劳动关系差异。

另外，我们原来也认为长三角地区企业规模较大，因而工人劳动权益状况较好，现在看来这种认识过于简单，没有充分考虑到企业规模对工人权益影响的复杂性。一个明显的事实是，珠三角地区的企业规模要大于长三角，在我们的样本中，珠三角地区300人以上的企业占49.26%，比长三角高9个百分点；而企业规模越大，外来工工资收入越高，劳动合同签订率越高。

因此，从以上分析可见，人力资本与企业特征难以对两地区劳动权益的差异给出充分解释。在控制人力资本和企业特征的情况下，地区之间仍然存在显著差异，这又该如何解释呢？

我们认为，地区制度环境是影响劳动权益差异的重要原因。这里所说的制度环境差异主要不是国家层面的法律法规，而是指地方政府与社区管理者在有关劳资关系的政策制定和执行方面的差异。我们从三个方面来分析：

其一，最低工资标准。珠三角地区各城市平均最低工资标准为963.9元，而长三角为1039.4元，相差76.5元，与两地实际工资差距基本一致。回归模型也表明，在控制其他变量的情况下，两地工资差距基本上可由最低工资标准进行解释。地区间最低工资标准的差异是明显的制度差异。

其二，《劳动合同法》执行力度。从劳动合同的签订率来看，在控制人力资本、企业特征的情况下，两地仍然存在显著差异，长三角地区劳动合同签订率高出珠三角5个百分点，这显然与《劳动合同法》的执行力度相关。长三角地区包含三个省市，江苏的劳动合同签订率最高，达78%，上海次之（70.7%），均高于珠三角地区；但浙江仅为58.2%，较珠三角还低6.6个百分点。为什么江苏劳动合同签订率会较高呢？可能与该省近三年连续开展的《劳动合同法》执法专项行动有关。[①]

其三，外来工和本地人比例。珠三角地区工业密集度较高，外来工与本地工之比也较长三角高。在珠三角地区，企业工人中少有本地人。我们将本地人在职工中所占比例作为一个自变量纳入模型，结果表明，企业是否雇佣本地人对工资高低没有显著影响，但对签订劳动合同、减少工作时间具有显著影响。这并不难理解，企业制定工资标准时并不会因为是本地人就有特殊政策，但是雇有本地员工的企业，受到社区关系约束，劳动关系更为规范，合同签订率较高，而本地员工一般不会住在企业集体宿舍而是回家居住，这就使得企业难以统一工作时间，强迫所有员工都加班，外来工也受到影响，加班可能因此减少。不仅如此，由于社区人情关系影响，企业对本地工人管理较为宽松，较为人性化。因而，可以做出的一个

---

① 根据江苏省统计局的调查，2008年江苏省农民工劳动合同签订率仅为41.3%（参见江苏省统计局，2010）。2008年2月，江苏省制定了《江苏省农民工权益保护办法》，接下来，江苏省人力资源和社会保障厅又连续三年在全省范围内开展针对劳动合同签订的"春暖行动"，以"城镇规模以上企业农民工劳动合同签订率不低于95%，小企业中相对稳定就业的农民工劳动合同签订率不低于90%"为目标，有效地促进了《劳动合同法》的贯彻实施，提高了农民工劳动合同签订率（参见江苏省人力资源和社会保障厅，2010）。

判断是，人口密度与结构不同，对企业的管理制度会产生一定影响。①

我们原来的研究认为，在长三角地区，具有社会主义传统（国有企业）和社区人际关系网络（乡镇企业）的企业较多，这两类企业劳资关系的处理模式不是纯市场取向的，而可能是受社会主义传统影响并嵌入社区结构和人际网络之中的"人情型"模式，因而工人劳动权益状况较好（万向东、刘林平、张永宏，2006）。现在看来，关于"人情型"企业管理模式的论述仍然是合理的，但这种"人情型"管理模式主要不是通过企业所有制性质来体现，而是和企业中本地工人的比例密切相关。司马雅伦和林初升以地方资本主义、地方公民身份的概念来解释东莞对待本地人和外来工的不同的国民待遇。所谓地方资本主义是说资本所有者不以普遍的国家法律为基础，而是依赖地方社会关系支持而从事经济活动和企业管理。所谓地方公民身份是指只有具有本地户籍才能具有一定的公民身份，地方的福利具有排他性，外地人不能享受。地方资本主义带来了对外地人的剥削，这也明显地表现在企业的管理实践和外来工的劳动权益之中（Alan Smart & George C. S. Lin，2007）。我们认为，他们的观点具有启发性，进一步的逻辑推论是，由于企业中具有一定的本地工人，他们具有"地方公民身份"，对他们的管理当然就必须考虑地方反应，更人性化一些，这些人性化的管理制度也会延伸到同一企业的外来工。

在全球化的大背景下，资本会追求收益最大化流向劳动力低廉的地区，但也必然要与当地的制度、法律、文化和习俗相适应。同一资本在不同地区往往会根据当地的制度环境采取不同的管理模式，员工的劳动权益状况也不尽相同。在中国，珠三角和长三角两个地区之间就存在着明显的差异。

总之，在我们看来，在中国，不同地区的法规及其对法律、法规的执行力度存在差异，本地国有、乡镇和私有企业（或最早进入的外企）所形成的管理传统或习惯也各有不同，国际资本对投资地区的适应或同化是造成劳动权益地区差异的制度环境，这些制度既有硬的法律制度，也有软的传统习惯。我们提出理解劳资关系应该有一个"地域—社会—文化"的思路，这一思路属于中观层面，既不同于阶级分析的宏大话语体系，也

---

① Youngjin Choi 的研究揭示，在上海和昆山的日资和韩资企业中，本地工人和外地工人在劳动时间和安全性方面存在明显区别，本地工人的待遇要好得多（参见 Youngjin Choi，2008）。

不同于微观的个体行动视角；这一思路不同于经济学强调人力资本与市场调节、管理学强调对工人进行人性化管理、法学强调国家法制的完善和落实，而是从社会学角度综合地、多维度地进行分析，它将全球标准、国家法制和地方文化结合起来，重点落实到地区制度层面。我们认为，从这样的思路出发所作的分析可能较为切合实际，更容易提出切实可行的政策设想。

当然，关于劳动权益地区差异的制度环境可能远不止本文所提及的因素，我们现在只是试图指出最重要的几点。珠三角和长三角是中国两个较大的经济区域，制度环境复杂、多元、多变，对此还要作进一步的深入研究。

参考文献：

1. 蔡禾、刘林平、万向东等：《城市化进程中的农民工：来自珠江三角洲的研究》，社会科学文献出版社 2009 年版。

2. 黄祖辉、宋瑜："对农村妇女外出务工状况的调查与分析——以杭州市农村务工妇女为例"，《中国农村经济》2005 年第 9 期。

3. 黄岩："代工产业中的劳工团结：以兴达公司员工委员会试验为例"，《社会》2008 年第 4 期。

4. 简新华、黄锟："中国农民工最新生存状况研究——基于 765 名农民工调查数据的分析"，《人口研究》2007 年第 6 期。

5. 江苏省统计局：《2008 年江苏农民工现状简析》，2009 年 6 月 9 日，http：//www. jssb. gov. cn/jstj/fxxx/tjfx/200904/t20090416_ 109192. htm。

6. 江苏省人力资源和社会保障厅：《关于开展 2010 年农民工劳动合同签订"春暖行动"的通知》，2010 年 3 月 3 日，http：//www. js. lss. gov. cn/wswqzx/zcfg/201003/t20100304_ 61065. html。

7. 刘林平、郭志坚："企业性质、政府缺位、集体协商与外来女工的权益保障"，《社会学研究》2004 年第 6 期。

8. 刘林平、万向东：《制度短缺与劳工短缺》，社会科学文献出版社 2007 年版。

9. 李静君：《中国工人阶级的转型政治》，李友梅、孙立平、沈原主编：《当代中国社会分层：理论与实证》，社会科学文献出版社 2006 年版。

10. 李培林、李炜："农民工在中国转型中的经济地位和社会态度"，《社会学研究》2007 年第 3 期。

11. "外来农民工"课题组："珠江三角洲外来农民工状况"，《中国社会科学》1995 年第 4 期。

12. 万向东、刘林平、张永宏："工资福利、权益保障与外部环境——珠三角与长三角外来工的比较研究",《管理世界》2006 年第 6 期。

13. 谢勇："农民工劳动权益影响因素的实证研究——以南京市为例",《中国人口科学》2008 年第 4 期。

14. 余晓敏："跨国公司行为守则与中国外资企业劳工标准———项'跨国—国家—地方'分析框架下的实证研究",《社会学研究》2007 年第 5 期。

15. 郑广怀："伤残农民工:无法被赋权的群体",《社会学研究》2005 年第 3 期。

16. 郑功成、黄黎若莲："中国农民工问题:理论判断与政策思路",《中国人民大学学报》2006 年第 6 期。

17. Alan Smart & George C. S. Lin, 2007, "Local Capitalisms, Local Citizenship and Translocality: Rescaling from Below in the Pearl River Delta Region, China", *International Journal of Urban and Regional Research*, 31 (2).

18. Anita Chan and Hong – zen Wang, 2004/2005, "The Impact of the State on Workers Conditions—Comparing Taiwanese Factories in China and Vietnam", *Pacific Affairs*, 77 (4).

19. Chloe Froissart, 2006, "Escaping from under the Party's Thumb: A Few Examples of Migrant Workers' Strivings for Autonomy", *Social Research*, 73 (1).

20. Chris King – Chi Chan, 2009, "Strike and Changing Workplace Relations in a Chinese Global Factory", *Industrial Relations Journal*, 40 (1).

21. Eric Florence, 2007, "Migrant Workers in the Pearl River Delta Discourse and Narratives about Work as Sites of Struggle", *Critical Asian Studies*, 39 (1).

22. Ingrid Nielsen, Chris Nyland, Russell Smyth, Zhang Mingqiong & Cherrie Jiuhua Zhu, 2005, "Which Rural Migrants Receive Social Insurance in Chinese Cities? Evidence from Jiangsu Survey Data", *Global Social Policy*, 5 (3).

23. Isabelle Thireau & Hua Linshan, 2003, "The Moral Universe of Aggrieved Chinese Workers: Workers' Appeals to Arbitration Committees and Letters and Visits Offices", *The China Journal*, No. 50, pp. 83 – 103.

24. Jacob Mincer, 1974, *Schooling, Experience and Earning*, New York: Columbia University Press.

25. Lee, C. K., 1995, "Engendering the Worlds of Labor: Women Workers, Labor Markets, and Production Politics in the South China Economic Miracle", *American Sociological Review*, 60 (3).

26. Lee, C. K., 1998, Gender and the South China Miracle: Two Worlds of Factory Women, Berkeley, CA: University of California Press.

27. Mary E. Gallagher, 2006, "Mobilizing the Law in China: 'informed Disenchant-

ment' and the Development of Legal Consciousness", *Law & Society Review*, 40 (4) .

28. Mary E. Gallagher, 2001, *Contagious Capitalism: Globalization and the Politics of Labour in China*, *unpublished PhD dissertation*, Princeton University, Princeton, NJ.

29. Pun Ngai, 2005, *Made In China: Women Factory Workers in a Global Workplace*, North Carolina: Duke University Press.

30. Youngjin Choi, 2008, "Aligning Labour Disputes with Institutional, Cultural and Rational Approach: Evidence from East Asian – invested Enterprises in China", *The International Journal of Human Resource Management*, 19 (10) .

劳资矛盾的升级与转化[*]

——对潮州古巷事件与增城新塘事件的思考

2010 年对于广东这个处于中国经济改革前沿的大省来说，注定是不平凡的一年，这一年广州举办了规模盛大的亚运会，为广东赢得了国际声誉，而这一年真正令广东震动全世界的却是两起劳资事件：富士康事件与南海本田罢工事件。由此，这一年也被认为是中国 30 多年经济发展的"劳资关系转折点"（戴维·皮林，2010）。时隔一年，这两起事件的根源及性质尚无定论，而广东再次聚集了全球媒体目光。

2011 年 6 月，在不到半个月的时间里，广东潮州市古巷镇与增城市新塘镇接连发生两起大规模群体性事件（下文简称古巷事件与新塘事件），造成了重大的人身和财产损失，严重影响了当地及周边社会的稳定与和谐。如今事态基本平息，但我们的反思却刚刚开始。一些说法将其定性为少数不法分子借机寻衅滋事，但事情显然并非那么简单，仅仅澄清事实是远远不够的，需要我们通过现象看到事件的本质，以及事件背后更为复杂、广阔和深刻的社会背景。下文中，我们首先对这两起事件的基本过程和主要事实进行简要梳理，然后揭示这两起事件的内在关联及其背后所支撑的社会基础，最后，我们将深入剖析两起事件中所展现的劳资、官民和族群三种矛盾之间的关系，并提出相应的政策建议。

---

[*] 本文初次发表于《中国社会科学》（内部文稿）2011 年第 6 期，署名作者为刘林平、郑广怀、孙中伟。

一 事件经过

综合各家媒体的相关报道以及地方政府的情况通报，我们基本上可以确定以下事实。

（一）潮州古巷事件

潮州古巷事件起因于 6 月 1 日四川籍民工熊汉江与其父母到该地"华意陶瓷厂"向苏姓老板要工钱，但苏老板想拖欠工资，于是双方爆发矛盾。接着苏老板指使两个亲戚追砍熊汉江，并将其手脚筋挑断（廖奕文，2011）。6 月 4 日开始，四川民工到当地镇政府进行抗议，要求严惩凶手，但政府一直不理睬他们。6 月 6 日晚，四川民工约 200 人，聚集到古巷镇镇政府门口抗议示威，并向楼内投掷石块、燃烧弹，期间有过激民工将矛头转向当地人，对路过的当地人进行追砍，这造成当地人开始组织反击，引发了更大规模的当地人与四川人的族群冲突。① 据潮州当地政府通报：经调查核实，截至 6 月 7 日晚，6 月 6 日晚聚集事件中，共有 1 辆汽车被烧毁，3 辆汽车被毁坏，15 辆汽车受损；共有 18 名群众受伤，其中 15 名为外来工，3 名为当地群众，没有人员死亡。② 潮州市政法、公安部门已对 6 月 1 日伤害外来工熊某的 3 名犯罪嫌疑人予以正式批捕，并移交司法部门追究刑事责任。目前，该事件没有引发异常情况，社会秩序基本平稳。

（二）增城新塘事件

古巷事件尚未完全平息，6 月 11 日，广州增城市新塘镇再次发生大规模群体暴力事件。起因于 6 月 10 日晚 9 点左右，四川籍孕妇王联梅（女，20 岁，四川省开江县人）和丈夫在一超市门口摆摊卖牛仔裤。大墩村治安队出现后，没有任何交涉便将摊子没收，双方发生肢体冲突，孕妇见状上去保护丈夫，遭到殴打，并流血。在打斗过程中人群向小摊

---

① 《潮州市古巷事件》，维基百科，2011 年 6 月 20 日。
② 《我市积极稳妥做好"6·6"事件善后工作》，2011 年 6 月 8 日《潮州日报》，A1 版。

聚集。① 民警会同新塘镇相关部门领导赶到，欲将王某夫妇送医院治疗，但现场有群众不让孕妇上车，围观群众达 500 余人，情绪上涨，开始向现场的政府工作人员以及救护车、警车等投掷矿泉水瓶和砖块，公安防暴队赶到现场，投放烟雾弹试图驱散人群。随后从各个工厂集聚起来的外来工人向村广场方向进发。人数约在 2000—4000 人间。人群到达大墩派出所，焚烧了派出所及一些车辆。第二天白天，人群聚集数量超过前一天晚，下午 2：00 至 3：00 间人群突破大墩东西连接的桥，冲向村委大楼。村委围栏遭到破坏，人群涌进村委，未及时开走的警车遭到焚烧，在广场边的一栋治安办公楼也遭到焚烧。随后两天又有大规模人群聚集，但武警及时出动，人群逐渐散去（李戈洋，2011）。事态没有继续扩大。

从起因、过程与结果来看，这两起事件具有较强的共性：两起事件在时间和空间上具有很强的关联性，当事一方均是外来务工人员（四川籍外来务工人员），地方政府、村级权力机构及工作人员均作为矛盾所指向的对象，最终引发了当地人与外来人的对立。两起事件具有相同的发生机制：具有偶发性的恶劣事件②（例如讨薪被打、孕妇被打）引起争执和公愤；事件发生后地方政府处置不当，事件转变为针对地政府及工作人员的官民矛盾和冲突，并最终转变为外来人和本地人的族群矛盾和冲突。

二 社会基础

（一）外来务工人员劳动、人身及财产权益普遍受到侵害

古巷事件的起因是欠薪。事实上，近年欠薪情况已经好转，我们调查

---

① 另据增城市市长叶牛平介绍说：6 月 10 日 21 时许，四川籍孕妇王联梅在增城市新塘镇大墩村农家福超市门口违章占道经营摆摊档，阻塞通道，该村治保会工作人员见状后，要求其不要在此处乱摆乱卖，双方因此发生争执（参见董柳、周松、蒋铮《广州新塘镇群体事件当事孕妇丈夫称母女平安》，网易网，2011 年 6 月 12 日，http：//news. 163. com/11/0612/14/76BSCS7000014AED. html）。

② 所谓非常恶劣的事件，是指突破人的伦理道德底线和威胁人的基本生存的事件，这类事件往往是引发冲突的导火线。例如，2011 年 6 月 20 日发生在广州番禺化龙罢工事件，是由于韩国董事长到女厕所检查员工是否偷懒（参见曾实《抗议工资低和非人待遇 广州韩资企业四千工人罢工》，联合早报网，2011 年 6 月 24 日，http：//www. zaobao. com/special/china/cnpol/pages4/cnpol110624e. shtml）。

表明，2006 年珠三角 9% 的农民工被拖欠工资，而 2010 年下降至 5%，但广东地区有 3000 多万外来农民工，因此欠薪的影响仍然非常广泛。新塘事件起因于治安队的违规执法，类似不具有执法权的人员胡乱执法的现象在许多地方时有发生。广州番禺化龙罢工事件背后是这家韩资企业非人性化的管理模式。工人全天都必须站着工作，每天工作时间长达 12 个小时，而每工作 4 个小时，工人才获准去一趟洗手间；韩国人经常随意训斥员工，有员工声称自己的手机被管理人员没收。员工不堪忍受这样的待遇，遇到令其难以忍受的事件就很可能会罢工（曾实，2011）。外来务工人员劳动及人身权益经常受到侵害，积累了大量的不满，为大规模社会冲突的爆发奠定了基础。

（二）公共权力非法转让

政府执法权来自人民的赋予，因此权力本身是神圣的、公共的，不得随意转让。但在现实中，我们看到不少政府公共权力的转让和出租。新塘事件中，当事一方是村治安队员，这些人并不是具有正规编制的执法人员，只是聘用的协助人员，他们没有执法权，但却对路边摊贩、商店进行各种名目的执法检查，甚至明目张胆地收取保护费。这种现象屡见不鲜，普遍存在于地方社会中，不仅仅在珠三角，据《新京报》报道，北京一镇政府雇千余名群众演员扮演保安参与征地，以壮声势（刘泽宁、张永生，2011）。

珠三角地区很多镇的人口规模已经超过了内陆地区的一个县，但是，工作人员的编制仍然是按照常住人口配给的，大量的外来人口则没有被考虑，因此导致了政府编制的相对缺乏，工作任务较重，不得不大量聘请合同制工作人员。与正式聘用的工作人员相比，合同工学历水平、业务能力较低，这制约了他们的"执法"能力；再者，他们没有向上晋升的机会，不会像正式编制的公务人员那样恪尽职守，对于他们来说，这份职业是一种短期博弈，在短期博弈中他们追求短期利益的最大化，因此这些获得或未获得政府授权的治安队员往往打着执法的旗号为自己谋取私利。他们非但没有起到制止非法经营的作用，还经常给合法经营的商铺带来极大的负面影响，而最为严重的是，这类现象与行为严重损害了政府在民众中的公信力。

（三）地方社会黑社会化

黑社会介入地方社会历朝历代都有存在，在广东这个外来人口占近 1/3 的省份，一些具有帮派性质的同乡会始终存在。新塘与潮州这两起事件，都有黑社会的身影，带头打、砸、烧的多数具有黑社会背景，黑社会存在的主要理由之一就是收保护费，保护老乡或所属辖区的住户安全。一些地方政府在社会管理中缺位，正规的社会组织不能扎根基层使得外来工在自身权益遭到侵害时缺少可以依靠的力量，不得不转向黑社会，这给黑社会的存在提供了市场和空间。许多打工者都能解释"同乡会"存在的必要：老板都是本地人，有钱有权有关系，农民工只有"抱团"才能对抗，只有闹出气势，才会得到（政府）重视（于松，2011）。更令人感到震惊的是，不仅仅一些外来工同乡会具有黑社会性质，一些地方镇政府及村级权力机构的工作人员也表现出了黑社会化的倾向。治安队以维护治安的名义收取保护费的行为就是一种类似的黑社会行为，所不同的是，治安队是身穿制服以"执法"的名义进行强行收取，是光天化日之下的"依法敲诈"，也是赤裸裸的"依法施暴"。而这种地方政府及村级机构实行治安联防的做法，对外来务工人员形成了一个强大的地方专制体系这种体系在一定意义上成了地方政府维护社会稳定的"帮手"，作为个体的外来务工人员面对着毫无约束的地方强权，无可依靠，有的只是压抑在内心的愤怒，这股愤怒就像火山一样，一旦爆发将不可收拾，而且最终对准的矛头都是地方政府及工作人员。

（四）地方政府缺乏危机应对能力

在两起事件中，地方政府及工作人员在第一时间的反应都对事态的发展起到了推波助澜的作用。古巷事件中，四川农民工到镇政府抗议，请求严惩凶手、赔偿医药费和所欠工资，但是遭到政府工作人员的无视；新塘事件中，新塘镇领导的态度首先是劝解当事方，无视孕妇被打的事实，力图息事宁人。一些政府工作人员对民众的尊严与人身安全的冷漠与无视，对地方资本与强权的纵容，直接导致了围观民众的愤怒，加剧了事态的发展。因此，我们看到，两起事件最终所对准的矛头都是地方政府及工作人员（例如，被焚烧的车辆主要是警车）。

如果工作人员能够在第一时间与当事人进行良好沟通，明确态度，及时通报处理结果，并争取得到群众的谅解，事态绝不会发展成大规模的暴力冲突。一些地方政府在面对群体事件时，习惯上把民众看做对立的一方，采用官僚主义做法，装腔作势地掩盖问题而不是真心实意解决问题，这只会进一步激化民众的不满情绪，恶化事态发展。

以上四个方面是这两起事件赖以发生的社会基础。我们认为，这两起事件或许是偶然随机发生的，事件细节并不重要，重要的是其背后所广泛的社会基础。只要这些社会基础不能消除，类似的事件还会发生，只是时间、地点和表现形式的问题。

三　劳资矛盾的升级与转化

（一）劳资矛盾是这两起事件的核心矛盾

我们认为，这两起事件蕴涵了当前中国社会普遍存在的三种矛盾：劳资矛盾、官民矛盾与族群矛盾。这三种矛盾是相互交织的，共同构成了这两起事件的根源，但最基础的仍是劳资矛盾，另两种矛盾是劳资矛盾的演化与升级。许多人认为新塘事件与劳资问题无关，虽然新塘事件并非由典型的劳资争议引起的，但作为非正规就业的小商小贩们依然处在广阔的"中国劳工政治"（Gallagher, Mary E., 2005）中。首先，这两起事件的当事主体一方均是外来务工人员（主要是农民工），而外地人来广东主要是为了打工，这决定了与外来务工人员关系最密切的是与劳动就业相关的权利问题；其次，无论是正规就业的农民工，还是非正规就业的小摊小贩都处于低端劳动力市场中，而造成低端劳动力市场的根源在于以户籍制度为主的一系列社会制度；再者，从事非正规就业的人员，有相当比例者是被正规劳动力市场排斥或淘汰的，这部分人大多没有技术、没有文化或不能忍受工厂的苛刻管理；最后，一些地方政府奉行"地方法团主义"（Oi, Jean C., 1986、1995），把政府组织当做企业来经营，本身就有资本家性质。因此，尽管小摊小贩属于自雇群体，不存在明确的雇佣关系，但仍然处于广泛的劳资矛盾中。

马克思主义认为，劳资关系是最基本的社会关系，是其他社会关系的基础。自计划经济向市场经济转轨，随着中国劳动力市场的形成，国家与工人之间的劳动关系逐步转成了企业（老板）与工人之间的劳资关系。这其中，农民工首先被推向劳动力市场，成为产业工人，但由于人力资本与户籍制度的限制，他们只能从事低端的加工制造业、建筑业和服务业，劳动权益状况非常差，也没有能够代表自身利益的工会。而一些地方政府及村级权力机构为了追求 GDP 政绩和自身利益非但不保护农民工权益，还为资本对劳工的剥削大开绿灯。"资强劳弱"的劳资关系格局依然如旧，非常稳固，在这种格局下，工人没有罢工权和集体谈判权，较少渠道维护和表达自身利益诉求，劳资关系处于极度的不平衡中。

（二）劳资矛盾被转化为官民矛盾和族群矛盾

作为最基本的社会矛盾之一，劳资矛盾往往极容易被政治化，演化、升级为其他矛盾。古巷事件与新塘事件给我们提供了案例。这两起事件中，看似微观的劳资矛盾都升级为地方政府与普通民众尤其是外来务工人员的官民矛盾、冲突。

官民矛盾经常表现为民众对一些地方政府勾结资本、无视外来务工人员的基本权益、在处理劳资事件中行政不作为的强烈不满。这导致了民众对地方政府及工作人员的普遍愤怒，这种愤怒情绪极容易引起共鸣，在人群中相互传染，成为集群暴力事件发生的催化剂，也使得民众将冲突矛头指向了地方政府。以往爆发的这类事件，一些地方政府往往成为众矢之的，像一个矛盾黑洞，最终将各种社会矛盾吸收过来；但这两起事件的特殊之处在于，由于地方政府处置不力，矛盾进一步升级为本地人和外地人的族群冲突。

中国是一个以汉民族为主的国家，基本不存在种族主义，不同地区的文化和风俗之间具有鲜明的地域性，但也具有很强的包容性，这是中华民族赖以团结的基础之 。不同省份和地区之间的族群差异，往往主要体现在文化方面，由此而形成的较为正规的同乡会也更多是为了联络感情与增强互助，并不具有政治意义。但这两起事件的发生让我们看到，族群差异一旦与劳资矛盾和官民矛盾交织在一起，就可以引发激烈的群体性冲突。

2010 年国家统计局《2009 年农民工监测报告》显示，珠三角地区有3282 万农民工（国家统计局，2010），他们为珠三角乃至广东的经济社会发展作出了巨大的贡献，也为本地人带来了大量的廉价劳务、商品，交纳了房屋租金等；但是，外地人并非本地公民，缺乏对本地社会的归属感，他们除了经济活动之外，较少愿意投身到本地社区共同体的建设中，因此，加深了本地人对外地人在文化、习俗上的心理排斥。不可否认，本地人与外地人在文化和心理上的差异是客观存在的，但是，我们可以发现，从利害关系上讲，本地人与外来人并非对立关系，导致族群对立的根源在于制造族群区隔的户籍制度与地方专制资本主义。由于户籍制度的约束，拆分型劳动力的再生产模式①是中国当前基本的农民工制度，一些地方政府利用这一制度，通过制造区隔，对外地人施行严格的非法行政管制和非本地公民待遇，进一步强化了这一制度，使得农民工长期低工资和低福利的情况合法化，保证了廉价低端劳动力的不断供应。这种做法表面上是为了保护本地人的利益和维护本地的社会环境，实际上是地方政府与资本勾结的表现，是地方政府为了满足资本对廉价劳动力的需求。

四 地方专制资本主义

迈克尔·布若威（Michael Burawoy）认为资本主义的劳动体制已经从"专制"走向了"霸权"。前者建立在对工人的强迫上，后者则是奠基于工人的"同意"。同意的产生是建立在内部国家、内部劳动市场以及赶工游戏等企业内部的制度安排之上的（迈克尔·布若威，2008：46—50）。作为世界工厂，中国劳动体制非常复杂，布若威所描述的各种生产政体都汇聚至此，展现出复杂的多样性，就像一座工厂政体的博物馆，既有传统的父权制体制，也有现代的跨国厂商治理体制（沈原，2007：215），而"专制"与"霸权"仍然是生产政体这一体系中最重要的两个维度。劳工政体的专制与霸权不仅仅体现在工厂中，也同样体现在国家与地方所执行的劳工政策方面。据此，我们把政治体制分为国家霸权、国家专制、地方霸权与地方专制四个类型。国家专制的政治体制主要依靠强大的中央集权和暴力工具形成对经济和社会的独断与强制；国家霸权的政治体制主要依靠意识形态的灌输和社会福利的收买使

---

① 所谓拆分型劳动力再生产模式是指农民工在城市打工收入只够自己的基本生活需要（自身劳动力再生产），而不能满足抚养后代、居住、教育的费用，家庭的劳动力再生产只能由农村实现，造成了劳动力再生产的拆分（参见 Burawoy, M., *The Politics of Production*：*Factory Regimes Under Capitalism and Socialism*, London：Verso, 1985, p. 105）。

民众顺从权威；地方霸权则表现为地方依靠资源垄断以及地方主义意识形态的灌输来实现对辖区民众的控制；地方专制是地方不尊重国家法律，依靠暴力手段对辖区民众施行专制统治，是四种体制中最为恶劣的一种。

改革开放 30 多年来，中国总体上朝着更加民主、更加开放、更加自由的方向发展，但地方主义依然广泛存在。我们将一些地方政府（镇）及村级权力机构在经济利益的驱使下与资本勾结，并利用行政外包、通过强权"依法施暴"，对外来务工人员施行严格的行政管制和非公民待遇的现象概括为"地方专制资本主义"。这一概念的提出受到了阿兰·斯玛特和林初升（Alan Smart & George C. S. Lin）的"地方资本主义"以及李静君（Ching Kwan Lee）分析中国劳资关系的"无组织专制"（disorganized despotism）的启发（Alan Smart and George C. S. Lin, 2007；Ching Kwan Lee, 1999）。所谓地方专制资本主义是指资本主义不仅从属于地方社会和政治过程，而且从属于专制的政治和经济体系；这种从属的结果是地方权力体系并未因计划经济的解体而弱化，反而借助资本主义壮大其力量而强化。在劳资关系上，地方专制资本主义的突出表现是：第一，地方权力体系在面对劳资问题时不以国家制定的劳动法律法规为准绳，而是各行其是，默认、纵容乃至鼓励各种侵犯劳工权益的行为。第二，地方权力体系与资本不以产业民主、工人参与和集体谈判为基本原则处理劳资问题，而是采取强化劳动控制（如富士康式的准军事管理体制）、增加工人对工作的依赖（如宏观层面外来工失业保险的缺失和微观层面企业扣押证件、拖欠工资的具体实践）并运用经济惩罚（如工作场所名目繁多的罚款和工作场所外的各种以"税费"名义出现的"地方性"保护费）来处理劳资问题。地方专制资本主义的最终结果是劳资矛盾的激化，进而进一步激化官民对立和族群对立，危及执政党的合法性。这一概念既包含地方经济发展模式，也包含了地方社会管理的基本模式，核心是现代资本主义的唯利是图，加上家长制或类似权威的专制统治，既有古代恶霸经济的特点，又有"文革"时代群防群治的阶级斗争色彩。地方专制资本主义统治会形成《水浒传》中祝家庄式的"土围子"。这种地方专制资本主义成了底层外来务工人员难以冲破的社会樊篱，他们被压制在低端、非正规劳动力市场，从事着艰苦的劳动，承受着非公民待遇，久而久之必将激起心中的不满和愤怒，一有机会，便会以暴力的形式发泄出来。

综上所述，与 2010 年发生的富士康事件和南海本田事件相比，我们认为，2011 年的古巷事件与新塘事件的核心依然是劳资问题，与富士康事件和本田事件具有很强的关联性，一定意义上是 2010 年事件的深化与发展。但是，与 2010 年两起事件不同，2011 年的这两起事件没有被限制在企业围墙内，也不再是单纯的劳资问题，而是远远超越了劳资矛盾的范畴和界限，演化成了民众与地方政府的官民矛盾以及本地人与外来人的族群矛盾，并将三种矛盾纠缠在了一起。这充分反映了当前中国劳资问题的复杂性、多面性与易扩展性。劳资矛盾处于各种社会矛盾的核心，具有基础性、广泛性和普遍性，是当前中国社会管理所要面对的重要课题。

五　对策思路

基于以上分析和判断，为有效防范和应对此类事件，我们认为，地方政府必须痛下决心，要推出几条对外来工有切实效果的政策，起到立竿见影的效果（比如大规模解决外来工子女入学问题等）。在国家体制与一些全局性制度一时难以改变的情况下，我们提出以下具体的政策思路及建议，供有关部门参考。

（一）直面主要矛盾，防止劳资矛盾的泛政治化

通过对古巷事件和新塘事件的分析，我们可以发现，两起事件的基础是劳资矛盾，但事件的发展和影响远远超出了本来面目，不仅仅升级为政治问题，也演化为族群冲突。在对事件通报中，一些说法有意无意回避了根本矛盾，而是归之于"社会融合"，显然掩盖了事件的本质，没有直面事件本身。殊不知，妨碍社会融合的根源在于带有歧视性的户籍制度和地方专制资本主义。将事件解释为本地人与外地人族群冲突的归因方式是典型的泛政治化思维，非但无助于事件的解决，反而将事件引向更为广阔的族群对立。因此，我们强调，对待劳资问题，要直面事件本身，不要掩盖和转嫁矛盾，切莫作泛政治化思考。

（二）防止权力外包，重建地方政府的公信力

我们在珠三角调研发现，从市级政府到镇级政府均存在行政执法力量不足的情况，这使得一些地方政府部门不得不大量聘请合同工，甚至使用派遣工，来解决行政执法人员短缺的问题。

为什么政府机关工作人员总是缺乏人手呢？

显然，如果从官民比例来看，中国的政府机关工作人员或者公务员队伍是庞大的、不精简的。但是，吊诡的是，从事实际执法的人员又总是不足。

我们认为，其原因主要有如下几点：①在党政体系中，从事意识形态工作的人员较多，从事事务性工作的人员较少；从事经济管理工作的人员较多，从事社会管理工作的人员较少；领导职务较多，办事人员较少；中高层人员较多，基层人员较少。②由于缺乏外部监督，政府需要通过内部监督来加强公务员队伍的管理，耗费了大量的时间和精力；由下至上的信息渠道不通畅，所以政府决策需要进行大量的自上而下的调研工作，因而，调研、接待、迎来送往的活动太多，大大影响本职工作。

为了解决人手不足的问题，地方政府往往采取权力外包的方式，试图用市场的方式和权力来替代政府权力，一个典型的案例就是，前些年许多地方政府将拆迁、征地等一些政府应该承担的工作承包给房地产商。在严格的法律管控的情况下，市场也往往用各种方式去侵蚀权力，而权力外包则会导致资本、市场与行政权力的肆无忌惮地、赤裸裸地勾结，严重损害了地方政府的公信力。因此，我们认为，对于各种形式的权力外包均应给予高度的重视，从体制、法律、政策多种层面来解决这一问题，防止、限制权力外包、出租和滥用职权，重建地方政府公信力。

（三）发展社工组织，防止地方社会的黑社会化

在这两起事件中，均有涉黑性质的同乡会参与，非常值得我们深思。不仅仅在这两个地方，珠三角的其他城市也存在一些带有黑社会性质的同乡会，他们的存在反映了地方政府和社会组织在提供权益保护和社会服务中的缺位。30 多年来，随着人民公社和单位体制的解

体，基层社会组织逐渐弱化或作用降低，对社会的整合能力大大下降，导致了社会的无序状态。不仅如此，在经济利益的驱使下，基础社会组织的不作为、软弱无力或干脆黑社会化与民夺利现象非常普遍，这必将侵蚀执政党的合法性。外来务工人员在打工地权益受到侵害，依靠个人力量和司法途径很难得到有效解决，又找不到能够代表劳工利益的劳工组织，只得寻求类似黑社会组织的庇护和帮助。这是中国社会缺乏正规社会服务组织的一种替代性选择，因此重构基层社会组织、为弱势群体和普通民众提供利益诉求途径尤为必要。我们认为当前应该重点培育社区中的社工组织。外包的社工组织作为超脱社区街道的第三方机构能够及时获取群众意见，通过开展社区服务促进社会整合、化解社会矛盾、缓解政府压力，这将为外来务工人员以及地方居民提供便利的利益表达渠道，有助于防止地方社会的黑社会化。

参考文献：

1. 戴维·皮林："中国劳资关系的转折点"，FT中文网，2010年6月4日，http：//www. ftchinese. com/story/001032941。

2. 廖奕文："讨薪被砍伤 聚众要说法"，2011年6月8日《南方日报》，A11版。

3. 李戈洋："广州新塘骚乱独立调查：大敦村事件初步描述性报告"，羊城网，2011年6月17日，http：//gznf. cn/forum. php? mod = viewthread&tid = 108048&page = 1 #pid564425。

4. 曾实："抗议工资低和非人待遇 广州韩资企业四千工人罢工"，联合早报网，2011年6月24日，http：//www. zaobao. com/special/china/cnpol/pages4/cnpol110624e. shtml。

5. 刘泽宁、张永生："北京一镇政府雇群众演员扮保安参与征地"，2011年6月22日《新京报》，A14版。

6. 于松："广东潮州事件背后：劳动保障疲软 打工者靠同乡会出头"，2011年6月14日《东方早报》，A2—3版。

7. 国家统计局："2009年农民工监测报告"，2010年3月19日，http：//www. stats. gov. cn/tjfx/fxbg/t20100319_ 402628281. htm。

8. ［美］迈克尔·布若威：《制造同意——垄断资本主义劳动过程的变迁》，李荣荣译，商务印书馆2008年版。

9. 沈原：《市场、阶级与社会：转型社会学的关键议题》，社会科学文献出版社2007年版。

10. Gallagher, Mary E. , *Contagious Capitalism*: *Globaliztion and Politics of Labor in China*, Princeton University Press, 2005.

11. Oi, Jean C. , "Fiscal Reform and the Economic Foundations of　Local State Corporatism in China," *World Politcis*, vol. 45, no. 1, 1986, pp. 99 – 126; Lin Nan, "Local Market Socialism: Local Corporatism in Action in Rural China," *Theory and Society*, vol. 24, no. 3, 1995, pp. 301 – 354.

12. Alan Smart and George C. S. Lin, "Local Capitalisms, Local Citizenship and Translocality: Rescaling from Below in the Pearl River Delta Region, China," *International Journal of Urban and Regional Research*, vol. 31, no. 2, 2007, pp. 280 – 302; Ching Kwan Lee, "From Organized Dependence to Disorganized Despotism: Changing Labor Regimes in Chinese Factories," *China Quarterly*, no. 157, 1999, pp. 44 – 71.

后　记

这里所收集的文章是 2000 年之后我在《中国社会科学》、《社会学研究》等刊物陆续发表的。文章没有改动，保持了发表时的原样。之所以这样做，并不是因为这些文章不能修改，或者没有错误和缺陷，而是我想真实地记录我的学术思考历程，而原封不动地保留错误也许是一个好的做法。

我要自我检讨的是，这些文章从方法、技术到观点与逻辑可能都有错误，有些甚至是非常幼稚的错误。以我现在的理解，有些错误是可以避免的。但真实的错误好过华丽的掩饰，我从错误中走过来，不一定能追求到真理，但希望能保持真诚。而学术的真诚，在当今时代还值得我们去坚守，这或许有点傻。

我们为什么还需要真诚？

这个问题对费孝通等一代人可能不是一个问题，对于 50 年或 100 年后的中国学人或许也不是一个问题（但愿如此），但对我们这一代人来说，却是一个大问题，至少不是一个伪问题。不用列举种种事实，环顾中国的学术界，有时候你都不好意思说自己是个学者。

就我来说，我面对的是一个个被称作"外来工（农民工）"的普通人，我有时用数字有时用故事去记录他们的人生。他们中的大多数用平易的语言讲述着自己的苦难，我将这些东西总结成学术论文。我知道，我所做的，未必对他们的境遇改善有所助益，但除了真诚，我还有什么呢？还能做什么呢？

1993 年，我从湖南长沙来到了广州，转眼之间，18 年过去了。2000年以前，我基本上没有学术研究的可能，只好到社会上去瞎转悠。2000

年之后，我有了学术研究的自由，最初的目光就投向了我的平江老乡，所以本书的开篇就是"外来人群体中的关系运用——以深圳'平江村'为个案"一文。后来，研究的视野有所拓展，多次对珠三角（有时兼及长三角）的外来工（农民工）进行了问卷调查，本书的大多数文章都是建立在这些问卷数据的基础上。再过若干年，我想，这些问卷数据就是很好的历史资料。我研究的目的之一就是为未来的历史学家积累资料。

2011年下半年，南京大学社会学院邀请我加盟。我想，在珠三角待的时间已经足够久了，应该到中国另一个经济发达地区去看看，如果将珠三角和长三角进行对比研究，也许是很有意思的。所以，我非常感谢南京大学社会学院院长周晓虹教授和其他同事对我的接纳，也感谢《紫金社会学论丛》对本书出版的资助。

本书的文章大多是合作的，我和合作者进行了真正意义上的合作，我们共同研讨主题、处理数据、修改文字，这些合作的经历是愉快的。我非常感谢下列合作者：万向东、张永宏、郭志坚、王翊、郑广怀、张春泥、李超海、陈小娟和孙中伟、雍昕、舒玢玢。他们有的是同事，有的是学生，我们互相学习，教学互长，我从他们身上学习到了很多东西。我相信，今后我们还会有合作的机会。

我觉得，在学术的道路上，如果说有什么幸运的话，那就是我碰到了两位具有高度责任感和职业素养的编辑：冯小双和谭深。两位大姐细致地编辑了本书中的大多数文章，对这些文章的论述、结构和文字都有贡献。在此，我必须将我的感谢用文字正式表达出来。

广州的冬天尽管不太冷，但天空中的阴霾总是使人压抑。秦淮河畔的空气是否清新一些呢？明年的春天，我将会去南京，正式开始新的工作。我不敢有过多的奢望，但江南的春天还是令人期待的。我想，我将在春天里走入长三角无数的外来工之中，成为他们中的一员，呼吸着他们的呼吸，痛苦着他们的痛苦，和他们一起喝酒、交谈，至于还能写出什么样的文字，已经不重要了。

刘林平

2012年1月9日记于广州